项目资助：

山西省高等学校哲学社会科学研究项目（Supported by Program for the Philosophy and Social Sciences Research of Higher Learning Institutions of Shanxi，PSSR）“山西省易地扶贫搬迁社区韧性培育机制研究”（项目编号2019B178）

2019年山西省高等学校哲学社会科学课题“乡村振兴战略下山西省农村社区韧性培育研究”（项目编号2019W090）

2021年度山西省政府重大决策咨询课题“社区营造视角下山西易地扶贫搬迁社区长效发展机制构建研究”（项目编号ZB20212001）

公 共 管 理 研 究 文 库

社会保护政策的兴起：理论基础与实践经验的研究

赵会 著

WUHAN UNIVERSITY PRESS
武汉大学出版社

图书在版编目(CIP)数据

社会保护政策的兴起:理论基础与实践经验的研究/赵会著.—武汉:武汉大学出版社,2021.9(2022.4 重印)
公共管理研究文库
ISBN 978-7-307-22113-0

Ⅰ.社… Ⅱ.赵… Ⅲ.社会保障制度—研究 Ⅳ.C913.7

中国版本图书馆 CIP 数据核字(2020)第 273233 号

责任编辑:陈 红　　责任校对:李孟潇　　版式设计:马 佳

出版发行:**武汉大学出版社** (430072 武昌 珞珈山)
(电子邮箱:cbs22@whu.edu.cn 网址:www.wdp.com.cn)
印刷:武汉邮科印务有限公司
开本:720×1000 1/16　印张:15.5　字数:250 千字　插页:1
版次:2021 年 9 月第 1 版　2022 年 4 月第 2 次印刷
ISBN 978-7-307-22113-0　定价:49.00 元

目　　录

第一章　绪　　论

社会保护是目前国际发展议程中使用频率非常高的一个词。本书以社会保护为目标对象进行了探索性研究。这一章从阐释研究背景、研究意义入手，以研究综述为基础，对社会保护及相关核心概念做了界定，提出了研究的思路和方法，为进一步研究做铺垫。

一、研究背景和意义

（一）研究背景

社会保护是20世纪90年代末期在国际发展议程中兴起的一个重要议题。社会保护在国际发展议程中的兴起，与20世纪90年代末期以来，全球化进程中经济、社会和环境的迅速变化所导致的贫困问题进一步恶化密切相关。相关统计数据显示，这一时期，南亚贫困人口增加了4800万人；拉丁美洲和加勒比海地区贫困人口增长了约20%；撒哈拉以南非洲地区贫困人口从2.17亿增长到了2.91亿；即使是在较为富裕和发达的OECD成员国也仍有1.3亿人的人均收入低于居民平均收入的一半。①

贫困，不仅给一国带来了沉重的经济和社会负担，对一国政治和社会稳定构成威胁，它还使当代人及下一代人丧失了巨大的人力资源潜能。只有解决了贫困问题，世界上大多数人的福利才能够得到保证，人类社会才有可能在可持续的基础上进步。但是在全球化时代，社会问题的全球性特征意味着单凭任何一个国家的力量都难以将该问题作为纯粹的国内问题予以有效应对。为此，贫困问题被重新列入了国际发展议程中，并被视为有待解决的首要问题。2000年联合国召开

① 世界银行．全球化、增长与贫困．北京：中国财政经济出版社，2003：1.

了千年首脑会议，制定了以消除贫困为主题的《千年发展宣言》，提出了 8 项“千年发展目标”（millennium development goals，MDGs），所有目标的完成时间是 2015 年。这 8 项目标中的每一项都与贫困有关，都是针对贫困问题的某一方面。千年发展目标被提出后，国际组织和民族国家掀起了解决生计不安全的新高潮。鉴于传统社会政策在削减贫困方面的无效性，许多重要的国际发展机构提出了“社会保护”这一新概念，纷纷将社会保护作为实现千年发展目标的重要手段。世界银行明确指出，“没有适当的社会保护机制，到 2015 年千年发展目标将无法实现”。①

2001 年，世界银行发布的社会保护部门战略文件（social protection sector strategy paper）中，将社会保护作为指导其减贫工作的重要指南。与此同时，国际劳工组织、联合国儿童基金会、联合国开发计划署等其他联合国专门机构，亚洲开发银行、英国国际发展署、欧盟、经济合作与发展组织、国际关怀协会、国际助老协会、牛津饥荒救济委员会以及“拯救儿童”国际组织等机构均积极参与到了社会保护行动中。特别是 2009 年联合国首席执行委员会提出社会保护底线的倡议（social protection floor initiative，SPF-I）后，社会保护得到了越来越多国际组织和民族国家的认可与广泛采纳。在此背景下，社会保护作为应对全球化挑战、减少脆弱性和贫困、实现经济社会可持续发展的重要手段被明确纳入国际发展议程中，特别是在发展中国家的反贫困议程中，社会保护这一概念使用得越来越广泛。

经过几十年的不懈努力，中国反贫困实践取得了巨大成就，特别是近年来精准扶贫战略的大力实施，使得绝对贫困人口已消除，人民生活水平得到了质的改善。但是，经济社会的深刻变革在铸造中国经济辉煌的同时，也使中国进入了一个高风险的发展阶段。2018 年习近平总书记在党的十九大报告中明确指出：“我国社会主要矛盾已经转化为人民日益增长的美好生活需要和不平衡不充分的发展之间的矛盾。”目前看来，新时期我国面临的主要挑战包括：

一是城市化、工业化进程中产生了大量游离于社会保障体系之外的无保障人群和边缘贫困人口。改革开放以来，随着城镇化、工业化进程的推进，由农业向

① The World Bank. The contribution of social protection to the millennium development goals. Washington D. C.: the World Bank, 2003.

非农产业转移的劳动力持续增长，我国城乡结构发生了显著变化，城镇化水平已经由2000年的36%上升到了2019年底的60.6%。① 每年都有大批农村剩余劳动人口涌入城市。受传统户籍制度的限制，这些进入城市的农村剩余劳动力被排斥在城市主流社会之外，成为一个特殊的群体，他们也同城里人一样面临着失业、工伤等风险，但是他们却无法受到和城市居民一样的风险防范机制的保护。与此同时，与他们相联系的流动儿童、留守儿童、留守老人、留守妇女等问题也日益突出，需高度重视。城市化进程加快带来的另一大社会风险是失地农民增多。随着城市的扩张，农村土地被大量征用，越来越多的农民成为失地农民。土地是农民安身立命之本，失去土地意味着失去了生产资料与生活来源。尽管失地农民会获得一定的征地补偿款，但却并不足以解决其长远生计问题。同时由于他们文化水平低、市场竞争力弱、缺乏稳定的谋生渠道，再加上基本社会保障的缺乏，这部分人群通常被称为“种田无地、上班无岗、社会保障无份”的新“三无”人员。②

二是劳动力市场的变化。在从计划经济向市场经济转型的过程中，传统的“铁饭碗”被打破，越来越多的“单位人”变成了“社会人”，人们所面临的绝大部分社会风险也相应地由原来依靠单位承保转向了依靠个人和社会来化解。与此同时，随着市场化、信息化进程的加快以及企业竞争的日趋激烈，劳动力市场更加弹性化，就业形式也越来越灵活多样，个体户、自我雇用者、自由职业者、无业者等构成了一个相对较为特殊的群体。非正规的劳动关系、就业岗位和工作时间的不确定性、工资收入的不稳定性等，均对传统的以正规就业者为保障对象的社会保险体系提出了挑战，因此需要寻找新的社会保护方式为处于正规就业部门之外的脆弱群体提供保护。

三是利益关系的复杂化和多元化。随着经济体制的改革、社会结构的调整，改革开放前形成的大一统的一元化社会格局发生了深刻变化，利益均衡态势逐渐被打破，利益主体呈多元化趋势。由于不同利益主体的群体意识和群体归属感不

① 中国经济网．国家统计局：2019年中国城镇化率突破60% 户籍城镇化率44.38%.（2020-02-28）［2020-05-16］http：//www.ce.cn/xwzx/gnsz/gdxw/202002/28/t20200228_34360903.shtml.

② 周建明．社会政策：欧洲的启示与对中国的挑战．上海：上海社会科学院出版社，2005：279.

同，必然会产生不同的价值观念、利益诉求、利益表达和利益维护方式，一旦这些复杂的利益关系得不到有效协调，将可能导致矛盾的对立甚至激化，严重影响到社会的稳定与发展。此外，随着经济发展水平的提高，人们对改革发展的社会预期也在不断提高，越来越多的人不再只追求于“吃饱穿暖”等基本需求的满足，社会需求持续扩张并呈多元化趋势，这样就使得统筹协调不同利益需求的难度加大。如果不同群体的利益诉求无法得到有效满足，同样会导致不满情绪的产生，直接影响到社会的稳定。

四是人口老龄化加速。目前我国已经进入人口老龄化快速发展期，智研咨询集团发布的《2020—2026年中国人口老龄化市场研究及发展趋势研究报告》显示，到2018年年末，中国60岁以上的人口为24949万人，占总人口的比重达到了17.9%，预计到2050年左右，60岁以上的人口将会达到4.83亿人，80岁及以上老人将达到1.08亿人。① 可以看出中国人口老龄化的问题已经迫在眉睫，老龄人口的增多，对养老保障、医疗卫生服务及为老社会服务的需求压力也不断增大。然而与发达国家的老龄化不同，我国现在面临的是“未富先老”问题，无论是物质的，还是制度的、组织的准备都还很不充分。同时，由于我国正处于转型期，人口老龄化进程与工业化、城镇化进程相互交织，再加上家庭规模的小型化和人口流动所导致的传统家庭保障功能的弱化，这样就使得应对老龄化问题时，中国要比其他国家面临更大的挑战。

五是全球化的负面影响。全球化已经成为一种不可阻挡的趋势，经济全球化在给中国带来发展机遇的同时，也带来一系列新风险、新挑战。这些挑战主要包括：（1）人的脆弱性增加。资本在全球范围内自由流动，全球气候的变化、核武器的生产、转基因食品的生产等，这些都可能带来无法预测的风险，增加了人们的脆弱性；（2）社会不平等加剧。全球化进程中由于不同地区（东部、中部、西部）、不同行业在发展对外贸易和吸引外资水平方面存在差异，必然会导致不同地区及不同行业之间收入差距的扩大，收入差距的拉大又会进一步加剧社会的不平等；（3）对就业的不利影响。经济全球化使得各国企业之间的竞争更加激烈。在激烈的国际竞争中，部分行业和地区因遭受不同程度的冲击而造成结构性

① 资料来源：全国老龄委办公室.（2019-10-29）[2020-05-20]. http://www.cncaprc.gov.cn/channels/37.html.

和地区性失业。学者郑功成认为，全球化带来的最显著影响将会是失业率的持续攀升，而且将呈现出从发达地区到不发达地区、从传统产业到现代产业、从城市到农村的累进形态冲击波；① (4) 劳动者福利水平的下降。不得不承认，全球化导致了全球范围内“强资本、弱劳工”格局的形成。为了在国际市场竞争中拥有竞争力，各国（尤其是发展中国家）倾向于采取降低劳动力成本的方式来吸引或留住资本。我国也不例外。为了吸引外资、确保在国际市场中具有较强的竞争力，不少企业难免会走以牺牲劳动者福利为代价的发展道路。这种竞争策略使得劳动者处于不利地位，而且这一状况在较长时间内并不会得到有效改善。

除上述因经济社会结构变化带来的社会风险外，地震、台风、洪涝灾害、旱灾等自然灾害的频发、生态环境的恶化、自然资源的匮乏等自然风险对人民生命财产安全的威胁也不容忽视。

总之，经济社会结构的深刻变革、经济全球化的冲击以及全球气候的变化等，使得我国目前正处于社会风险的高发期。这些风险无论是从广度、强度、复杂性还是从长期性来看都不能被轻易忽略，能否有效应对这些挑战将直接关系到中国社会的稳定和发展，关系到居民幸福指数的提升。而已有的发展经验证明，单靠经济的高增长并不能有效降低和化解这一系列风险和挑战，社会政策在解决上述问题中发挥着重要作用。要想有效应对上述问题与挑战，我们所需要的社会政策应当是：既能够对上述风险做出有效回应，同时又不会对经济发展产生消极影响，要有助于促进国家竞争力的提升和国民长期福祉的增进。很显然，与工业化时代的社会条件相适应的社会保障制度已经无法对当前风险社会所面临的各种新风险、新挑战做出有效回应。鉴于此，必须对我国现有的社会保障制度进行适当的调整，即应当将回应上述这些挑战整合到自己的目标体系中来，以应对这些问题为出发点，重构自己的理论框架。国际社会目前所提倡的社会保护政策除了强调基本的收入保障外，还将风险管理、人力资本投资、劳动力就业政策、消除社会排斥等理念纳入自己的目标体系中，能够对上述一系列的社会风险做出有效回应。因此，寻求由社会保障向社会保护的转变是我国应对新形势新挑战、增强国家竞争力、提升公民福祉的必然选择。

---

① 郑功成．加入 WTO 与中国的社会保障改革．管理世界，2002（4）：37-44.

（二）研究意义

选择将社会保护作为研究对象，不论是从学科建设来讲，还是从中国的发展需求来讲，都是一个很有意义的研究主题。

1. 理论价值

当前，社会保护已经成为国际社会研究的一大热点。但是，到目前为止，国际社会仍未形成一套系统完整的理论体系，关于社会保护的研究仍比较零散。因此，选择“社会保护”作为研究主题，对于全面把握社会保护理论的发展脉络、构建系统完善的社会保护理论体系具有一定参考价值。此外，对社会保护政策的研究有助于弥补国内研究的空白。从国内研究来看，目前有关社会保护的研究文献少之又少，从搜集到的少量研究资料来看，这些研究文献或是对国外相关研究的翻译介绍，或是从微观层面对社会保护某一具体内容的研究，而且很多研究仍然是在传统社会保障框架内进行，与国际社会提倡的社会保护的概念仍有一段距离。因此，选择社会保护政策为研究对象，有助于弥补中国在该领域研究的不足，为中国社会保障制度的改革以及今后社会保护工作的开展奠定基础。

2. 实践意义

改革开放以来，中国经济发展所取得的成就已经为世界所公认，目前中国面临的最大挑战是要从单纯追求经济增长向同时促进经济增长和国民福祉提升转变，社会保护政策作为一项发展型政策，正好能够将两者很好地整合起来。同时，由于中国正处于经济社会发展的转型期，各种社会问题、社会矛盾更加突出。选择社会保护作为研究对象，通过借鉴国外社会保护理论与实践经验对中国现有社会保障制度进行改革，对于化解社会矛盾、消除公民的后顾之忧、确保全体公民都能平等合理地分享经济发展的成果，进而实现经济社会的可持续发展意义重大。具体来讲：

首先，对于政府而言，一方面，政府对社会保护的重视有利于增强政府合法性。政府合法性很大程度上来源于公众对政府的信任与认同，而公众对政府的信任度又取决于公民对自己目前生活的满意度，以及公民自我尊严、权利的实现。综观世界各国可以发现，凡是重视社会保护建设、致力于公民社会保护权利的实现的国家均有着稳定的国内发展环境；反之，则通常面临严重的社会排斥、社会对抗问题。因此，重视社会保护问题，改善底层人民的生活状况，保障公民社会权利及自我尊严的实现，将有助于提高公民对政府的认可度，改善政府在民众心目中的形象。另一方面，社会保护政策的实施还有助于国家综合实力的增强。社会保护政策强调将贫困的消除与对人力资本的投资和促进就业结合起来，因此，从长远来讲，社会保护不仅不是一种负担，反而是一项重要的投资，社会保护政策的投资功能有助于促进国家经济的发展。

其次，从公民的角度来讲，实施社会保护有助于提升公民福祉，促进人的全面发展。通过采取事前干预措施，对公民可能遇到的风险进行前期干预，社会保护政策可以降低公民可能遭遇的损失、避免其陷入困境；通过为处于劣势地位的脆弱群体提供基本的生活保障，社会保护政策可以保障公民的基本生活，避免公民生活水平的进一步下降；通过对公民进行人力资本的投资，社会保护政策可以提升公民自我发展能力，促使其实现自立自强；通过消除社会排斥、歧视等制度性障碍，确保所有公民都能平等地参与到经济社会生活中，社会保护政策有助于公民权的实现，从而维护公民的尊严。

最后，从社会层面来讲，通过改善弱势群体的劣势状况、满足贫困群体的基本需求、消除社会排斥和社会不平等，社会保护政策可以缓解社会矛盾，实现社会的稳定。此外，社会保护政策强调市场、NGOs、社区、家庭等非国家行为主体都能参与到社会保护中，强调政府与多元主体间的互助合作，对于激发社会活力、实现社会的良好治理具有重要意义。

总之，有效的社会保护政策有助于增进公民福祉、促进社会的包容性发展。

二、国内外研究现状

借助国内外搜索引擎对与“社会保护”相关的国内外文献进行检索后发现，国内关于社会保护的研究文献很少，而国外研究资料则较为丰富。下面将具体从国外和国内这两方面对有关社会保护的研究做进一步的梳理。

（一）国外研究现状

自20世纪90年代以来，在世界银行、亚洲开发银行、国际劳工组织和经济合作与发展组织等国际组织的推动下，社会保护逐步在国际发展议程中居于主流，越来越多的国际发展机构及研究机构围绕着这一主题进行了研究。从具体研究内容来看，国外关于社会保护的研究可大体归为以下几类：

（1）对社会保护议程中的不同国际发展机构的研究。国际发展机构作为社会保护的发起者和发展中国家社会保护项目的重要支持者，有不少学者对这些国际组织在社会保护领域的角色进行了探析。Conway 等人详细介绍了亚洲开发银行（ADB）、国际劳工局（ILO）、世界银行（WB）等国际发展机构各自在社会保护领域的关注重点、开展的主要活动。① 除了这些多双边国际组织外，Harvey 还关注了社会保护领域的国际 NGOs。② 对于如何实现这些国际援助组织在社会保护方面的有效性，Conway 等人强调各国际援助组织间要注意加强合作与协调，避免不同国际组织在同一地区社会保护项目上的冲突或重复，导致社会保护在受援助地区的无效率；Harvey 提出国际援助组织在脆弱国家实施社会保护项目时应注重将短期人道援助与社会保护的长期性、可持续性有机结合起来；③ Barrientos 等人则强调应将资助重点放到受援助国政府能力的提升上，促使受援助国政府有能力独立支持本国的社会保护项目。④

（2）对影响社会保护政策有效性的因素的分析。实施社会保护政策的最终目的是减少或消除贫困，增进公民福祉。因此，社会保护政策的有效性是所有研究中都非常关心的一个核心问题。不少研究重点关注了哪些因素会对社会保护政策的有效性构成影响。

第一，融资问题。几乎所有国家都面临着既要满足公民日益增长的社会保护需求，又受到国家征税能力限制的难题。对于如何拓宽低收入国家社会保护融资渠道的问题，Shepherd 等人认为发达国家广泛使用的社会保险在低收入国家则行

① Conway, T., A. de Haan and A. Norton. Social protection: new directions of donor agencies. London: Overseas Development Institute (ODI), 2000.

② Harvey, P. Cash and vouchers in emergencies. London: Humanitarian Policy Group, ODI, 2005.

③ Harvey, P. Social protection in fragile states: lessons learned//OECD. Promoting pro-poor growth: social protection. Paris: OECD, 2009.

④ Barrientos, A. and Hulme, D. Social protection for the poor and the poorest: concepts, policies and politics. Development in Practice, 2013, 23 (1): 151-152.

不通，对于低收入国家来说，利用外部资金是最关键的；① Barrientos 等人提出解决低收入国家社会保护融资难题，最根本的途径是要大力发展经济，从短期来看，则可以通过提高税收收入占 GDP 比例、将执行效果不佳的项目预算支出转移到社会保护项目中，以及提高国际援助组织的援助水平等来加以缓解；② 还有学者则提出，鉴于资金紧缺，社会保护项目可以先从小的试点项目开始，之后随时间推移逐步推广扩展。③

第二，社会保护的政治性。研究者认为，制约社会保护被采纳和扩展的主要因素往往不是财政资源的匮乏，而是政治意愿的缺失。政府自身能力及其政治承诺与支持对于确保社会保护项目可持续性至关重要。④ Hagemejer 和 Behrendt 指出，（提供社会保护的）资金承受能力很大程度上是一个政治优先排序问题，主要取决于政府是否有意愿进行必要的取舍；即使中央政府已经达成关于社会保护资源配置的决定，但是在到达地方层面时，地方政府可能会运用其自由裁量权将资源分配到其他领域而非用于社会保护。⑤ 因此可以说社会保护是政治性的。一个国家应当为其公民提供什么样的社会保护、提供多少社会保护以及社会保护目标人群的选择等，从根本上来讲都是政治性的，长期的政治支持对于实现可持续社会保护至关重要。

第三，目标对象的选择。对于社会保护目标对象的认定是坚持普遍性原则好还是选择性原则好的问题，不少学者对此进行了探讨。支持普遍性原则的学者普遍认为，具有狭隘目标对象的社会保护政策无论在再分配还是减贫方面均表现不佳：Walker 指出对享受津贴的人进行资格限定，虽然能够降低政府支出，但是由于受益的只是少数人，因此较难赢得政治支持，而且仅针对脆弱群体的资格认定

---

① Shepherd, A., Barrientos, A. and Marcus, R. Policy paper on social protection. London: UK Department for International Development (DFID) Overseas Development Institute, 2004.

② Conway, T., A. de Haan and A. Norton. Social protection: new directions of donor agencies. London: Overseas Development Institute (ODI), 2000.

③ Cleirigh, E. O. Affordability of social protection measures in poor developing countries//OECD. Promoting pro-poor growth: social protection. Paris: OECD, 2009.

④ Samson, M. Social cash transfers and pro-poor growth//OECD. Promoting pro-poor growth: social protection. Paris: OECD, 2009.

⑤ Hagemejer, K. and C. Behrendt. Can low income countries afford basic social security//OECD. Promoting pro-poor growth: social protection. Paris: OECD, 2009.

标准要比针对全民性的目标认定更容易导致腐败行为;① Coady 等人认为由于目标认定本身是一个对管理水平要求很高的复杂过程，实施有针对性的援助反而会导致较高的管理成本。② 相反，普遍性目标认定法则可以有效避免家计调查过程中将一些贫困人群排除在外的失误，不会产生污名化现象，而且在广义目标认定法中，受益人将享有社会保护看作是自己的权利，因此，更有助于促进增权。③ 尽管如此，拉美国家基于选择性原则的有条件转移支付项目却取得了巨大成功。不少学者通过实证研究证明，相比于普遍性的基础服务供给，拉美地区实施的有针对性的社会保护项目会产生更好的结果，更能够使真正的穷人受益。④

第四，社会保护体系的治理。社会保护体系的有效性直接影响到社会保护项目的实施效果及公民社会需求的满足程度。因此，许多学者强调了社会保护体系治理的重要性。社会保护体系中存在的部门分割问题，以及政府普遍对社会保护缺乏一个清晰或是强有力的制度支持，特别是负责社会保护的专门机构（如社会福利部）在政府所有机构中相对弱势等，往往会导致政府社会保护行动的严重低效或无效。⑤ 围绕着如何加强政府社会保护的有效性、实现社会保护机制的长期性和可持续，不少学者给出了建议。包括：社会保护的制度化、加强政府机构能力建设、推动各部门间伙伴关系的建立、确保信息公开透明和建立问责制等。Norton 等人（2001）突出强调了社会组织在社会保护体系治理中的作用，指出第三部门不仅是社会服务的供给机制，而且还作为压力集团向服务提供者进行问责，向政府施压要求其制定有效的政策措施并合理配置资源。⑥

除上述四方面外，也有不少文献针对具体的社会保护工具（如小额信贷、现

① Walker, A. Social protection and vulnerability, risk and exclusion across the life-cycle// OECD. Promoting pro-poor growth: social protection. Paris: OECD, 2009.

② Coady, D., M. Grosh and J. Hoddinott. Targeting of transfers in developing countries: review of lessons and experience. World Bank and IFPRI, 2004: 42, 84.

③ Cain, E. Social protection and vulnerability, risk and exclusion across the life-cycle// OECD. promoting pro-poor growth: social protection. Paris: OECD, 2009.

④ Brière, B. d. L. and Rawlings, L. B. Examining conditional cash transfer programs: a role for increased social inclusion? World Bank Institute, 2006.

⑤ Conway, T. and A. Norton Nets, ropes, ladders and trampolines: the place of social protection within current debates on poverty reduction. Oxford: Blackwell Publisher, 2002.

⑥ Norton, A., Conway, T. and Foster, M. Social protection concepts and approaches: implications for policy and practice in international development. Working Paper, 2001 (143).

金转移支付、公共工程项目等）进行了研究，并对某一类社会保护工具在促进社会保护有效性方面的效果做了详细分析和评价。不过，正如 Shepherd 等人所言，优点或缺点并不是每一个工具本身所固有的，而是取决于项目的设计。① 因此，社会保护工具的选择，需要综合考虑每一个国家的国情、具体的社会保护项目以及目标人群等，从而依据不同情境来选取不同的社会保护措施或是将不同的社会保护工具加以组合。

（3）对发展中国家社会保护典型项目的介绍。在发展中国家社会保护的推广过程中，许多发展中国家将国际社会保护理念与本国国情相结合，涌现出了许多非常成功的社会保护项目。其中学者们研究最多的有：拉美地区的有条件转移支付计划（包括墨西哥的“机会计划”、巴西的“家庭补助计划”及智利的“团结计划”）、埃塞俄比亚的“生产性安全网计划”、玻利维亚的“社会保护风险管理战略”、印度的“甘地全国农村就业保障计划”、南非的社会养老金项目、加纳的“生计赋权与反贫困项目”等。对于这些项目的研究主要集中于项目之所以取得成功的原因、项目的优缺点，以及这些项目在其他地区推广的可行性等。

（4）针对具体领域的社会保护问题的研究。除了上述一般性研究外，还有不少学者针对某一专门领域的社会保护问题进行了研究。其中，研究最多的主要包括以下几类。

第一，社会保护与非正规就业。有不少研究文献重点研究了非正规就业群体的社会保护问题，其中国际劳工组织在该领域的研究资料最多、最为全面，并突出强调了女性非正规就业群体的社会保护问题，肯定了非正规就业群体自己的组织在为非正规就业群体提供社会保护方面扮演的重要角色。②

第二，社会保护与医疗卫生。德国技术合作公司（GTZ）③ 专门关注社会医疗保护对于实现可持续性减贫的重要性，提出要通过长期的政治承诺、良好的治理、相关部门间的协调合作、外部捐赠者对本土公私部门长期的资金支持等途径

① Shepherd, A., Barrientos, A. and Marcus, R. Policy paper on social protection. London: UK Department for International Development (DFID) Overseas Development Institute, 2004.

② ILO. Social security: issues, challenges and prospects, report VI. Geneva: International Labor Office, 2001.

③ GTZ. Health and social protection//OECD. Promoting pro-poor growth: social protection. Paris: OECD, 2009.

来实现医疗保护的有效性；爱尔兰援助署（Irish Aid）则重点关注了艾滋病人的社会保护问题，强调由“艾滋敏感性”（AIDS-sensitive）社会保护工具取代“艾滋针对性”（AIDS-specific）社会保护工具，并主张采取变革性措施（如赋权）来减缓或预防妇女和女孩罹患艾滋病的几率。①

第三，社会保护与性别。有学者研究了性别差异以及性别歧视或性别不平等现象的存在所导致的女性贫困化问题，主张将性别视角纳入社会保护中；② 学者Thakur在此基础上进一步提出社会保护项目要致力于解决与性别相关的制约性因素，并主张将转移支付的现金直接给予女性，对于消除代际贫困非常有效。③

第四，社会保护与气候变化。针对气候变化、自然灾害频发等风险所导致的脆弱性和贫困问题，英国国际发展署（DFID）提出了一个新概念——“适应性社会保护”（adaptive social protection，ASP）。该概念框架将社会保护（social protection，SP）与降低灾害风险（disaster risk reduction，DRR）以及气候变化适应（climate change adaptation，CCA）三者结合在一起，形成了“适应性社会保护”概念，以此来更有效地应对当前和未来的各种冲击，帮助人们更好地适应气候变化所造成的冲击。④ Arnall等人通过实证研究具体分析了“适应性社会保护”在南亚农业部门中的应用效果。⑤

此外，还有少数国外学者对中国社会保护问题进行了研究。这些研究主要集中于对中国流动人口的社会保护问题以及中国新型合作医疗等新型社会保护项目的研究。另外，Armstrong等人在探讨东亚国家社会保护战略框架的建构问

① Irish Aid. Social protection in the context of HIV and AIDS//OECD. Promoting pro-poor growth：social protection. Paris：OECD，2009.

② Sabatcs-Wheeler，R. and N. Kabeer. Gender equality and the extension of social protection. Geneva：ILO，2003.

③ Thakur S. G. Gender and social protection//OECD. Promoting pro-poor growth：social protection. Paris：OECD，2009.

④ Leavy J. and D. Chopra. An analysis of the adaptive social protection baseline survey. Brighton：Institute of Development Studies at the University of Sussex，2012.

⑤ Arnall，A. etc. Adaptive social protection：mapping the evidence and policy context in the agriculture sector in South Asia. Brighton：Institute of Development Studies at the University of Sussex，2010.

题时，从社会安全网、劳动力市场政策及养老金制度三方面探讨了中国社会保护的构建；① Cook 分析了中国转型期社会保护体系的演变，以及当前中国社会保护体系构建面临的问题与挑战②。但是，这些研究基本上仍是在社会保障框架内展开的。

（二）国内研究现状

从国内文献来看，目前我国学术界关于社会保护的研究文献较少。笔者于 2020 年 8 月 26 日在中国学术文献网络出版总库中，以“社会保护”为“篇名”进行检索，共检索到 288 篇文献。相比之下，以“社会保障”为篇名进行检索，共检索到 37948 篇文献。由此可以看出，目前我国学界对社会保护的研究还很少。

通过对这些检索文献的进一步梳理可以发现，绝大多数关于社会保护的研究主要是针对某一群体（如失业人群、流动人口）的社会保护问题进行的，缺乏对社会保护理论做全面、系统的论述。从具体内容来看，国内学者对社会保护的研究主要集中在以下几个方面。

（1）对国外社会保护理论及实践经验的介绍。由于目前我国社会保护研究还处于起步阶段，绝大部分研究成果主要集中于对国外社会保护理论的介绍。如谢冬梅阐述了社会保护的四种含义及其政策框架；③ 刘璐婵等人重点梳理了几个具有代表性的国际组织给出的社会保护的含义；④ 闫欣详细介绍了国际劳工组织提出的“社会保护底线”的倡议；⑤ 钱大东研究员介绍了国际劳工组织提倡的“体面工作”（decent work）的劳工保护理念；⑥ 钱运春介绍了与西欧生产方式变迁

---

① Armstrong and Jandal. Toward an East Asian social protection strategy. Washington D. C.: Human Development Unit, East Asia and Pacific Region, the World Bank, 1999.

② Cook, S. From rice bowl to safety net: insecurity and social protection during China's transition. Development Policy Review, 2002（5）.

③ 谢东梅．低收入群体社会保护的政策含义及其框架. 商业时代，2009（21）：55.

④ 刘璐婵，林闽钢．全球化下社会保护的兴起与政策定位. 广西经济管理干部学院学报，2011（2）：1-6.

⑤ 闫欣．建立国家社会保护底线. 中国社会保障，2014（1）：44-45.

⑥ 体面劳动：当前国际劳工界关注的焦点——钱大东研究员访谈. 国外理论动态，2009（5）：1-5.

（从农业、工业化到后工业化）相对应的社会保护机制的建设；① 丁元竹简单介绍了欧盟推进社会保护现代化的战略措施；② 唐钧重点介绍了社会保障与社会保护的区别以及社会保护的历史演进。③

除了对国外理论的介绍外，还有学者介绍了其他发展中国家社会保护的实践经验。如张青对发展中国家非正规就业群体的关注；④ 崔红志对印度农村地区实施社会保护计划的经验介绍；⑤ 林华对拉美国家妇女社会保护问题的研究；⑥ 唐丽霞等对国际有条件转移支付计划的介绍等。⑦ 除了单纯介绍国外社会保护理论与实践，也有一些学者对中外社会保护做了比较分析，如熊跃根比较了中国和波兰两国的社会保护机制，试图分析并阐释在社会变迁背景下转型经济国家社会保护机制建立和发展的制度逻辑，强调国家政治制度和经济发展等外部约束条件对国家社会保护机制的影响；⑧ 张晓山等基于村庄调查，对中印两国的农村社会保护进行了比较分析。⑨

（2）对构建中国社会保护体系的探讨。除了对国外社会保护的研究，也有少数学者立足国情，对中国社会保护做了研究。尚晓援（2007）在《中国社会保护体制改革研究》一书中，最早提出了中国社会保护制度改革的可行性方案；⑩ 朱俊生等（2013）、徐月宾等（2007）、李薇（2008）、史威琳（2010）以及赵会

---

① 钱运春．西欧生产方式变迁与社会保护机制重建．上海：上海社会科学院出版社，2011.

② 丁元竹．欧盟的社会政策、社会保护现状及发展趋势．经济参考，2001（5）：41-44.

③ 唐钧．从社会保障到社会保护：社会政策理念的演进．社会科学，2014（10）：56-62.

④ 张青．非正规就业群体社会保护的国际参照——发展中国家的视角．辽宁大学学报（哲学社会科学版）．2009（5）：120-124.

⑤ 崔红志．印度农村社会保护政策实施效果及其启示——基于奥里萨邦萨森村的考察．湖南农业大学学报（社会科学版），2013（2）：62-66.

⑥ 林华．从性别视角看拉美国家的社会保护．拉丁美洲研究，2010（4）：31-35.

⑦ 唐丽霞，赵丽霞，李小云．有条件现金转移支付缓贫方案的国际经验．贵州社会科学，2012（8）：88-93.

⑧ 熊跃根．转型经济国家社会保护机制的建构：中国与波兰的比较研究．学海，2008（3）：86-94.

⑨ 张晓山，等．中印农村社会保护比较：基于村庄调查的实证研究．北京：社会科学出版社，2011.

⑩ 尚晓援．中国社会保护体制改革研究．北京：中国劳动社会保障出版社，2007.

（2017）等学者从社会保护与贫困的关联性出发，探讨了社会保护的减贫效应①、社会保护视角下农村反贫困政策的改革②、社会保护框架下城市反贫困战略、③社会保护对新时期中国精准脱贫的借鉴④以及社会保护在缓解儿童贫困中的作用⑤顾昕（2015）从社会保护的视角探讨了如何创新社会救助体系；⑥ 关信平从全球化背景出发提出，社会政策的发展应考虑如何在保持国际竞争力与促进国内社会保护两个方面达成协调，以同时实现经济发展和对普通民众的社会保护这两个目标的最大化。⑦

（3）对社会保护行为主体的研究。张秀兰、徐月宾（2003）将关注点从政府等正规支持体系转移到家庭这一非正规保护体系，强调家庭所承担的重要的社会保护责任，提出“发展型家庭政策”的框架，要求重视对家庭的支持或投资。⑧ 丁元竹（2000）提出目前以国家和市场为主体的社会保障体系已不能满足社会保护对象的需求，提出要充分发挥社区、非营利组织和志愿者在社会救助和社会互助中的作用，使之成为社会保护的重要组成部分；⑨ 陈占江在讨论新生代农村进城务工人员社会保护问题时提出要构建以政府为主导、社区为中介、组织为关键、家庭为基础的完善的社会支持体系。⑩ 需要注意的是，尽管已经有学者

---

① 朱俊生，等．中国社会保护政策减贫效应研究．北京：首都经济贸易大学出版社，2013.

② 徐月宾，刘凤芹，张秀兰．中国农村反贫困政策的反思：从社会救助向社会保护转变．中国社会科学，2007（3）：40-45.

③ 李薇．保障与发展的双赢——社会保护政策框架下的城市反贫困战略研究．中共桂林市委党校学报，2008（1）：51-54.

④ 赵会，陈旭清．社会保护政策：新时期贫困问题治理的新视角．安徽师范大学学报，2017（9）：58-63.

⑤ 史威琳．社会保护政策及其对缓解儿童贫困的作用．新视野，2010（2）：30-33.

⑥ 顾昕．从社会安全网到社会风险管理：社会保护视野中社会救助的创新．社会科学研究，2015（11）：18-23.

⑦ 关信平．社会政策发展的国际趋势及我国社会政策的转型．江海学刊，2002（4）：93-98.

⑧ 张秀兰，徐月宾．建构中国的发展型家庭政策．中国社会科学，2003（6）：84-96.

⑨ 丁元竹．中国社会发展：新世纪面临的挑战与社会保护问题．经济工作者学习资料，2000（17）：32.

⑩ 陈占江．生命历程理论视野下的新生代农民工社会保护研究．学术交流，2008（11）：193-197.

意识到了政府以外的非正式支持体系在社会保护中的重要性，但大多数研究中只是稍有涉及，而未对这一社会保护主体进行专门深入研究。而且，随着全球化的深入发展以及国际交流的日趋广泛，有越来越多的国际多边组织参与到国家社会保护行动中，对于这些组织在受助国社会保护中扮演的角色、产生的影响等都有待进一步研究。

（4）对特定社会保护群体的研究。从现有研究文献来看，绝大多数文献集中于对弱势群体社会保护的研究。这其中，除了少数学者对艾滋病儿童、留守儿童、孤儿等贫困儿童、贫困妇女、失业人员、残疾人等弱势群体社会保护问题的研究外，大部分研究的焦点为非正规就业群体。随着经济体制改革、社会结构转型、跨区域流动性的增强，有越来越多的人成为非正规就业部门的一员，被排斥在社会保护体系之外。因此，非正规就业群体的社会保护问题作为当前中国非常突出的一个社会问题引起了研究者的极大关注。有些研究重点分析了非正规就业群体（包括农村进城务工人员、流动人口）在享受社会保护方面所面临的障碍，如岳经纶认为国家劳动政策的缺失是造成农村进城务工人员社会保护缺失的主要原因；① 杨立雄则从全球化中找原因，认为农村进城务工人员社会保护条件欠缺的根本原因在于激烈的国际竞争、区位竞争导致了政府、资本、工会三者间均衡关系的解构，使得农村进城务工人员社会地位进一步边缘化。② 对于该如何破解农村进城务工人员社会保护难的问题，朱宇等基于对福建省各市流动人口的考察，研究了流动人口流迁模式与社会保护之间的关系，提出要以“社会融入”取代传统的“城市融入”为主导的社会保护方法；③ 李迎生等从社会政策视角，强调社会政策理念的公正性直接影响着对农村进城务工人员这一弱势群体的社会保护程度，提出应将“反对社会排斥”纳入农村进城务工人员社会政策建设的目标；④ 陈占江从生命历程理论的视角，提出对这一特殊群体的社会保护应将个体

① 岳经纶．农民工的社会保护：劳动政策的视角．中国人民大学学报，2006（6）：14-18.

② 杨立雄．全球化、区位竞争与农民工社会保护．经济学家，2007（6）：40-46.

③ 朱宇，林李月，等．流动人口的流迁模式、权益问题和社会保护：以福建省为例．北京：中国海洋大学出版社，2013.

④ 李迎生，刘艳霞．社会政策与农民工群体的社会保护．社会科学研究，2006（6）：100-105.

的生命历程和社会的急剧变迁结合起来。①

除上述研究文献外，2010 年 10 月 18 日在中国北京大学举行了以“后金融危机时代的减贫与社会保护”为主题的国际研讨会。会议探讨了如何在后金融危机时代，通过有效的社会保护措施来实现减贫目标，此次会议的召开对于进一步推动我国社会保护研究具有重要意义。

（三）文献述评

通过对国内外相关文献的梳理可以发现，不论是在国外还是国内，关于社会保护的研究均比较分散。从国外研究来看，有关社会保护的一般性理论研究相对要少，大量研究主要集中于如何促进社会保护计划在发展中国家的推广。因此更多研究关注的是如何设计、执行社会保护项目，项目实施需要解决的制约因素，以及对社会保护推广过程中出现的一些典型性项目的详细的个案分析。有关社会保护的基本理论阐述主要来源于国际发展机构的研究，不过由于这些国际机构各自的价值理念、发展观、工作领域等的不同，它们所发展出来的社会保护理念也不同。另外，从现有文献还可以看出，目前国际社会重点关注的是发展中国家的社会保护问题，而较少关注发达国家的社会保护问题，更鲜有研究将发展中国家和发达国家的社会保护政策纳入统一框架中进行综合分析。由此可以看出，目前国外有关社会保护的研究仍未形成一个较为系统、全面的研究框架。

从国内研究来看，目前国内关于社会保护的研究相对较少，社会保护这一主题还没有成为学者们关注的重点，无论在研究深度还是研究广度方面均有待进一步提升。国内关于社会保护的研究主要是借鉴国外经验，鉴于目前国外并未形成关于社会保护的系统性研究，因此，国内关于社会保护的研究必然会存在更多不足。这些研究主要集中于对社会保护某一个点或是某一个具体层面的研究，缺乏整体性视角。尽管尚晓援教授的《中国社会保护体制改革研究》从书名来看是一部关于社会保护的较为系统的研究。但是从内容来看，作者除了在概念界定部分对社会保护的概念做简单解释之外，依然是围绕社会保障制度来展开研究的，研究的目的在于强调中国社会保障工作的重心应当由社会保险转向社会救助，书中

① 陈占江．生命历程理论视野下的新生代农民工社会保护研究．学术交流，2008（11）：193-197.

并没有对国际社会所提倡的社会保护的新理念加以阐述。同样，许多其他研究文献虽然在文中使用了“社会保护”的字眼，但是从研究内容来看也没有脱离传统社会保障的框架，与国际社会现时提倡的“社会保护”的概念还有一段距离。针对上述不足，对社会保护理论与实践做进一步研究就显得尤为必要。

简言之，社会保护已经成为国际发展议程中一个全新而重要的研究领域，但是对它的研究还处于起步阶段。关于社会保护的定义、基本政策框架等还存在着很多争论和没有解决的问题，而这也为本书展开进一步研究提供了很好的空间。

三、主要概念辨析

（一）社会保护

“社会保护”（social protection）一词最早由卡尔·波兰尼（Karl Polanyi）在《大转型：我们时代的经济与政治起源》一书中提出。他认为现代社会被一种双向运动支配着：市场的不断扩张运动以及社会的反向的保护运动。社会保护，即由国家采取的各种形式的干预政策，旨在保护个人免受因市场不测而造成的种种后果的伤害。① 从20世纪90年代末以来，在世界银行、国际劳工组织、经济合作与发展组织等国际组织的推动下，社会保护逐渐取代社会保障成为国际发展议程中使用频率非常高的一个词语。但是，对于“什么是社会保护”，目前各国际组织及相关研究学者未能达成共识。正如学者Devereux和Sabates-Wheeler所言：“关于社会保护的核心要素和界限远没有达成一致，不同的利益相关者以不同的方式来理解社会保护。”② 下面是目前在社会保护领域较为活跃的国际组织对社会保护的定义。

世界银行将社会保护定义为，“协助个人、家庭和社区应对风险的一系列公共措施，旨在降低脆弱性、促进消费平滑以及在增进平等的同时促进经济的发展。社会保护干预措施涵括从劳动力市场干预、公共性强制失业保险、养老保险

① 卡尔·波兰尼．大转型：我们时代的经济与政治起源．冯钢、刘阳，译．杭州：浙江人民出版社，2007.

② Devereux, S. and Sabates-Wheeler, R. Transformative social protection. IDS Working Paper, 2004 (232).

到有针对性的收入支持”。①

亚洲开发银行对社会保护的定义与世界银行的定义相近，认为社会保护是一系列旨在减少贫困和脆弱性的干预措施，其手段是通过提升劳动力市场的效率、降低人们面临的风险以及增强人们在收入中断或是遭受损失时保护其免受危害的能力。②

国际劳工组织则从公民权利的角度将社会保护定义为：公民有权利从由社会提供的一系列公共干预措施中获得保护，主要包括：用于保护人们免受由于各种突发事件（如疾病、生育、工伤、失业、残疾、年老及丧偶）造成收入的丧失或大幅下降而带来的经济和社会危机的干预措施，提供医疗保健以及为有儿童的家庭提供津贴。③

英国国际发展署将社会保护简单定义为：一系列次级公共行动，用来应对风险、脆弱性和长期贫困。④

联合国给出的定义则要具体得多：社会保护是为应对各类意外情况而由社会所实施的一系列公共和私人的政策措施，以此来保护人们免受由于工作收入的缺失或大幅削减而造成的经济和社会压力，为有孩子的家庭提供救助以及为人们提供基本的医疗和住房条件。⑤

通过对上述定义的梳理可以发现，所有这些概念界定中都包含两个要素：第一，社会保护的目的是应对贫困和脆弱性；第二，社会保护是为了实现上述目的而采取的公共行动和干预措施。目前国际社会对于第一个要素的意见比较一致。学者和国际组织关于社会保护的分歧主要产生于对第二个要素的理解，即社会保

---

① Holzmann, R. and Jorgensen, S. Social risk management: a new conceptual framework for social protection and beyond// The World Bank Human Development Network. Social protection Discussion Paper Series No. 6, Social Protection Unit, 2000

② Ortiz, I. Social protection in Asia and the Pacific. Asian Development Bank, 2001.

③ Van Ginneken, W. The extension of social protection: ILO's aim for the years to come// Conway, A. de Haan and A. Norton. Social protection: new directions of donor agencies. London: Department for International Development, 2000: 33-48.

④ DFID. Social protection in poor countries. UK Department for International Development, Social Protection Briefing Note Series, No. 1, 2006.

⑤ United Nations. Enhancing social protection and reducing vulnerability in a globalizing world. Washington D. C.: United Nations Economic and Social Council, 2000: 4.

护究竟应采取什么样的公共行动和干预措施。

基于目前国际社会存在的形式各样的社会保护的定义，学者 Devereux 和 Sabates-Wheeler 将这些不同的定义归为以下四类①：

（1）将社会保护等同于狭义的社会福利政策，认为社会保护是对老式的社会福利贴了个新的标签，社会保护的服务对象仍然是值得救助的穷人（deserving poor），如寡妇、孤儿或残疾人。这种对社会保护的极为狭窄的理解，通常被批评者们认为是社会福利政策的倒退。

（2）将社会保护等同于社会安全网，或是协助穷人抵御生产和消费冲击的干预措施，如在以农业为主的地区，对遭受干旱的农民提供食物救助。这一意义上的社会保护政策只是为处于暂时贫困或临时遭遇冲击的人提供经济支持的一项政策工具。

（3）在更宽泛的层面包括教育和医疗津贴、提供就业机会、小额贷款项目，以及为不是穷人的脆弱群体提供的安全网措施等。这一层面的社会保护政策等同于“安全网”+“弹跳板”，主张社会保护政策既要保障贫困群体的基本生活，又要进行人力资本的投资。

（4）从“政治的”或“变革的”视角，将社会保护延伸到如平等、赋权以及政治、经济、社会权利等非经济领域。基于该视角的定义是对社会保护政策最广意义上的理解，强调既要为贫困群体提供收入支持，保护弱势群体免受风险冲击，又要致力于增强弱势群体的社会地位和权利，保障公民社会权利的实现。

关于社会保护的这四种不同的概念分类，目前看来，在国际社会比较盛行的是第三种，即人们更关注如何将社会保护与经济发展联系起来，在对贫困群体提供收入保护的同时增进经济的发展。本书认为，第四个层面的社会保护的概念才是对社会保护最全面的理解，是真正意义上的“社会保护”，但是基于这一视角的社会保护概念目前在国际社会却未能得到广泛推广。

基于对各国际机构及相关学者的社会保护定义的梳理，在此我们将社会保护定义为：所有向贫困群体和边缘群体提供收入保护、能力保护（提升）和权利保

① Devereux, S. and R. Sabates-Wheeler. Transformative social protection. IDS Working Paper 2004 (232).

护以及为避免脆弱群体（低收入群体）陷入贫困而采取的一系列公共和私人的干预措施。社会保护的核心是要解决脆弱性和长期贫困问题。

（二）社会保障

“社会保障”（social security）概念的提出和社会保障制度的确立被公认为是20世纪人类最杰出的成就。尽管社会保障已经成为世界各国广泛使用的一个术语，但是对于什么是社会保障，目前仍缺乏一个公认的界定。在此仅列举几种较有代表性的社会保障概念。

“社会保障”一词最早出现在美国1935年颁布的《社会保障法》中，但是联邦政府的社会保障仅包括养老金、残疾人保险等社会保险计划，社会救助则被称为“福利”，因此美国《社会保障法》所称的社会保障实质上仍属于社会保险的范畴。真正意义上的社会保障制度产生于英国，主要是依据贝弗里奇提交的《贝弗里奇报告》建立的。在该报告中社会保障被界定为，当国民在年老、失业、伤残、疾病及家庭收入中断时所获得的生活保障。目前国际社会使用最广泛的是国际劳工组织给出的定义。1952年，国际劳工大会通过了《社会保障（最低标准）公约》，制定了建立社会保障制度的基本准则。1984年，在《社会保障序言》中，国际劳工组织将社会保障界定为：通过一系列的公共干预措施为成员提供保护，以防止人们由于疾病、年老、残疾、生育、工伤、失业及死亡而出现收入中断或实质性减少，并因此而遭受经济和社会困窘。社会保障由社会保险、社会救助、津贴补助、社会服务，以及其他的辅助性和补充性计划构成。①

综合看来，尽管不同的国家、地区或机构给出的社会保障的定义各不相同，但这些定义也具有一些共性，即社会保障是为了解决公民的收入不足问题，主要是在人们面临八种主要的收入风险（疾病、生育、年老、工伤、失业、残疾、丧偶和失怙）时为人们提供经济支持，使之得以维持基本生活。社会保险、社会救助是社会保障最基本的构成要素，其中社会保险又是社会保障的核心项目。相比之下，在中国，社会保障是一个内涵非常广泛的概念，超越了西

① International Labor Organization. Introduction to social security. Geneva: International Labor Organization, 1984.

方国家的社会保障的概念，除了包括社会保险和社会救助外，还包括社会福利和优抚安置等。

（三）社会安全网

社会安全网（social safety net）的概念同样包含两层意义。一是指20世纪80年代以来产生的一种政策手段，与其他概念相比是一个相对较新的概念；二是指自人类社会产生以来就已经存在的为贫困群体提供支持的保护网络。

作为第一层意义上的社会安全网概念，是一个具有一定意识形态背景的概念。它的产生与20世纪80年代发展中国家的结构转型密切相关，最初主要指在经济转型阶段，由国家为转型过程中处于不利地位的极端贫困群体提供的临时性补偿措施。在国际上，社会安全网一般被理解为：政府通过采用家计调查、资产调查等目标认定方法，对极端贫困群体提供的短期的、最低水平的收入支持，以避免其掉入贫困陷阱的保护网政策。① 世界银行将“社会安全网”定义为：“采取目标定位法向穷人和脆弱群体实施的非缴费型的现金或实物转移支付，通过将资源送达最贫困和最脆弱社会成员的手中，可以在减少贫困和增进繁荣方面产生直接影响。”②

第二层意义上的社会安全网概念指的是“用于防范风险和不确定性的所有正规和非正规制度构成的社会保护体系”。需要说明的是，这里所使用的“社会保护”一词并非本书所要研究的“社会保护”。在由政府提供的正式的社会保护体系产生之前，人们就已经有自己独特的方式来应付困难。在传统农业社会，尽管并没有建立起正规的社会保障制度，却依然存在其他一些非正式的保护措施用以保障社会成员的生存安全。因此可以说，无论是否存在正规的社会保护体系，社会上都会存在一个社会安全网体系为困难中的人们提供帮助。从这个意义上来说，社会安全网由正式的制度安排和非正式的保护网络共同组成。

在本书中所使用的“社会安全网”概念是第一层意义上的社会安全网，即仅由政府提供的补救性、临时性的救济措施。

---

① 尚晓援．中国社会保护体制改革研究．北京：中国劳动社会保障出版社，2007：33.

② World Bank. Safety net overview. ［2014-11-06］. http：//www. worldbank. org/en/topic/safetynets/overview.

（四）社会政策

在社会保护研究中，还需要把握的另一个重要概念是社会政策。自社会政策概念产生以来到现在，学术界对社会政策的理解产生了很大变化。

德国经济学家瓦格纳（Adolph Wagner）最早对社会政策做了界定。早在1891年，瓦格纳就将社会政策界定为“运用立法和行政手段，调节财产所得和劳动所得之间分配不均的问题”。第二次世界大战后，随着福利国家的建立，社会政策的概念得以进一步细化。英国社会学家马歇尔在《社会政策》（第四版）中将社会政策定义为：“政府通过提供服务或资金直接影响公民福利的一系列行动，其核心包括：社会保险、公共援助、卫生福利和住房政策。”① 蒂特马斯认为社会政策“关切着某种共同的人类需求和问题”，“是满足个人的某种需求或服务于较广的社会利益的集体干预。广义的社会政策包括三个主要的福利范畴：社会福利（公共社会服务）、财政福利（税收减免和救济）和职业福利（雇主提供的津贴和服务）”。② 迈克尔·希尔（Hill Michael）认为社会政策是“影响公共福利的国家行为”。③ 总体看来，在20世纪六七十年代，社会政策被理解为政府对公民福利有直接影响的政策。但是，80年代以后，人们对社会政策的认识开始发生改变，特别对社会排斥问题的关注使得社会政策被理解为：决定不同社会群体的资源、地位和权利的分配。④ 90年代以来，这一认识被进一步深化。

由此可以看出，随着社会的发展变化，人们对社会政策的认识也在不断变化，但不论如何变化，社会政策是一个与公民福祉有关的概念，关注的是公民的需要与福祉。

---

① 林卡，陈梦雅．社会政策的理论和研究范式．北京：中国劳动社会保障出版社，2008：19.

② 张岩．20世纪90年代以来西欧社会党社会政策改革研究——以英国、德国、瑞典为例．山东大学，2014：4.

③ 迈克尔·希尔．理解社会政策．刘升华，译，上海：商务印书馆，2005：13.

④ 王卓祺，Alan Walker．西方社会政策概念转变及对中国福利制度发展的启示．社会学研究，1998（5）：44.

（五）社会福利

与之前几个概念相比，社会福利概念是一个含义更为广泛的概念，因此也更容易与其他概念相混淆。对于社会福利概念的界定，我国学者尚晓援给出了较为详细、全面的解释。一般可以从两个层面来理解社会福利：一是作为状态的社会福利，二是作为制度的社会福利。

作为一种状态的社会福利与贫困、失业、犯罪等社会病态现象相对立。社会福利状态既可以通过考察一些客观的福利指标，如婴幼儿死亡率、儿童入学率、失业率、预期寿命、犯罪率等来判断，也可以通过人们的自我感知来衡量，是人们对自身生活质量的一种主观认识。社会福利状态涉及的范围非常广泛，人们社会生活中的各个方面几乎都可能影响到人们的生活质量、幸福感和满足感，如社会问题的控制、人的基本需要的满足、潜能的发挥等。收入保障只是影响人们福利的一个方面，获得收入保障并不一定意味着获得幸福。

作为一种制度的社会福利，指的是为达到社会福利状态而采取的制度安排。作为状态的社会福利没有广义和狭义之分，但社会福利制度的概念却有广义和狭义之分。狭义的社会福利的目标对象是社会弱势群体，社会福利是为帮助社会弱势群体，疗救社会病态而提供的福利服务，如为孤儿、老人提供帮助，帮助酗酒者解除恶习，对青少年犯罪者进行教养等。广义的社会福利强调的是社会福利制度在促进和实现全人类福祉中的作用，其目标对象是全体公民。广义的社会福利既包括由个人、家庭、邻里、社区、宗教组织、慈善机构等非正式支持体系开展的社会福利活动，还包括由政府提供的社会福利服务，主要包括：社会保障（社会保险和社会救助）、教育、医疗、住房、社会工作服务、对个人的社会服务和就业服务六大项目。① 其中，政府在提供社会福利服务方面承担着主要责任。

在中国，社会福利制度仅是社会保障制度的一个构成要素，属于狭义的社会福利制度。但是在对福利国家的研究以及国际社会政策研究领域中，一般都采用广义上的社会福利制度的概念。本书所使用的社会福利，指的是作为一种状态的

---

① 尚晓援．中国社会保护体制改革研究．北京：中国劳动社会保障出版社，2007：25.

社会福利或是广义上的社会福利制度。

（六）社会保护与社会保障、社会安全网、社会政策和社会福利的比较

有学者指出，社会保护之所以逐步取代其他概念成为新的国际共识，主要原因在于“社会保护是个比较中性的词，与其他概念相比具有更大的包容性，它既可以用来指发达国家普遍实施的社会保障，又可以指发展中国家实施的应对绝对贫困的社会安全网政策”。① 但是，社会保护既不等同于社会保障，也非社会安全网。对于社会保护与其他几个概念之间的区别下面将予以详细阐述。

首先，与社会保障相比，社会保护的外延要比社会保障更大。学者 Norton 等人认为：“（社会保护）既包含与社会保障相同的主旨或要素……又优于社会保障，能够被同时广泛使用于世界上‘较发达的’和‘欠发达的’地区。”② 在前文对社会保障的概念界定中已经提到，社会保障实际上只是一种“经济保护”，主要是提供收入支持，而社会保护不仅仅关注收入不足问题，还关注能力不足、权利不足问题。而且社会保障的核心是与正规就业相联系的缴费型的社会保险，但从现实来看，特别是在发展中国家，真正需要帮助的人往往处于正规部门之外，未能被社会保险所覆盖。相比之下，社会保护则更注重非缴费型社会保护计划的拓展。此外，社会保障一般指由政府为其成员提供的保护，而社会保护不仅包括公共性安排，还包括基于市场的安排和非正式的社会安排。不过社会保护并非对社会保障的替代，社会保障依然是社会保护的核心内容。

其次，与社会安全网相比：（1）社会保护更强调贫困的预防而非贫困发生后的补偿；（2）社会保护更强调干预措施的长期性、可持续性，致力于彻底消除贫困，而社会安全网仅提供短期的、临时性的补救措施，目的只是暂时缓解贫困；（3）社会保护涉及的目标人群非常广泛，而社会安全网仅针对极端贫困人群；（4）社会保护强调行为主体的多元化，而社会安全网主要是政府的责任。因此可

① Norton, A. , Conway, T. , and Foster, M. Social protection: defining the field of action and policy. Development Policy Review, 2002.

② Nortion. A. , etc. Social protection concepts and approaches: implications for policy and practice in international development. London: Overseas Development Institute, 2001.

以说，社会保护要优于社会安全网。尽管如此，目前设计良好的社会安全网措施仍然是社会保护的重要组成部分。

再次，与社会政策相比，社会保护与社会政策都关注公民的福利问题，不过社会政策的目标对象是全体公民，而社会保护的目标对象主要是脆弱群体和贫困群体，社会保护干预措施主要围绕着脆弱性和贫困问题的应对。例如，社会政策中包含的医疗政策、教育政策、住房政策、就业政策等是面向所有公民的政策，而社会保护仅关注脆弱和贫困群体的医疗、教育、住房和就业问题。因此可以说，尽管社会保护涵盖了社会政策的绝大部分内容，但又不等同于社会政策，社会保护只是社会政策的一部分。

最后，与社会福利概念相比，社会保护与广义上的社会福利制度都强调服务供给主体的多元化。但是社会福利制度的重点是满足公民需要，而社会保护除了强调公民基本需要的满足外，还强调社会关系的变革、公民的权利和地位、公民参与等问题，因此，社会保护的外延要比社会福利更广。

四、研究思路与内容

社会保护是20世纪90年代末以来才在国际发展议程中兴起的一个主题，在此之前，社会保障一直是国际社会政策研究的核心。本研究主要围绕着以下问题来展开。第一，“社会保障”与“社会保护”，这两个从中文语境来看词义非常接近的词汇究竟有哪些不同，为什么国际社会越来越偏向使用社会保护而不是社会保障概念？社会保护是如何被提上国际发展议程的？第二，与其他社会政策尤其是社会保障相比，社会保护在基本理念、政策内容、政策实施等方面有哪些不同，从而使之与其他社会政策明显区别开来？第三，社会保护政策是否可以运用于中国，如何借鉴国外社会保护经验来改革中国现有社会保障制度，从而更好地解决中国目前所面临的一系列社会问题？

围绕着上述几个问题，本书将从以下几方面来展开：

第一部分为绪论。此部分简要概述了研究的背景和意义、国内外研究现状、核心概念辨析、研究方法等，为下文研究做铺垫。

第二部分为第二、三、四章。这一部分重点对国外社会保护政策的基本理论做了阐述。第二章首先梳理了社会保护政策的历史演进，探析了社会保护是如何由最早期的正式社会保险制度一步步演进到目前的社会保护政策的，指出社会保护在国际发展议程中的兴起既是对传统社会政策在应对贫困问题方面的无效性的反思，也是对全球化背景下日益增多的新风险、新挑战做出的积极回应。第三章是对社会保护政策基本理论的介绍，通过对社会保护基本理念及其理论支撑的分析，旨在更好地厘清社会保护与传统社会保障的区别。第四章重点介绍了目前国际社会存在的三种不同的社会保护政策框架。目前国际社会并未形成关于社会保护的统一政策框架，不同发展机构和研究者对社会保护的理解各不相同。为此，本书将关于社会保护政策的不同观点大体归为以下三类：风险管理型社会保护政策、发展型社会保护政策和权利本位型社会保护政策。风险管理型社会保护政策强调通过风险管理来减少贫困的发生率；发展型社会保护政策重视的是社会保护政策对经济生产的正面贡献，强调要投资于人力资本，提升人的能力，促进经济社会的发展；权利本位型社会保护政策则着眼于变革不平等的社会关系，维护公民的社会权利。

第三部分为第五、六章。这一部分将从理论转向实践，具体阐述了国外社会保护政策的实施、实践经验及启示。第五章重点介绍了欧盟社会保护政策的执行机制：社会开放协调法，英国社会保护实施的“准契约化”模式，以及发展中国家社会保护实践，并且以“智利团结计划”为例，重点介绍了在发展中国家广泛实施的有条件现金转移支付计划。在此基础上，第六章对社会保护政策实践的成功经验进行了总结提炼，分析了存在的不足及得出的教训。最后，进一步探讨了国外社会保护政策的理论与实践对中国现有社会保障体系的改革有哪些借鉴意义。

最后的结语部分对全文内容进行了总括，进一步重申了中国由社会保障向社会保护转变的必要性，指出由社会保障转向社会保护是激发社会活力，提升公民福祉，最终实现中华民族伟大复兴的中国梦的必然选择。

五、研究方法与技术路线

（一）研究方法

在研究过程中，是否采取恰当的研究方法是决定研究能否顺利进行并取得预期研究成果的重要因素。本书主要采用的研究方法包括：

第一，文献研究法。文献研究法是所有研究中最基本也是最重要的研究方法。任何一项研究的展开，都必须建立在一定量的文献资料的搜集整理基础之上。本书重点是要通过对国外社会保护相关理论及实践经验的梳理介绍，为中国社会保障政策的改革提供借鉴。因此，它更依赖于对现有文献的研究。本书所使用的文献绝大部分为外文文献，这些文献主要来源于网络，包括从世界银行、国际劳工组织、欧盟、经合组织、联合国相关机构等国际组织官网获得的研究文献以及国外政府网站、研究中心等网站检索所得的资料。国内文献主要来源于正式出版的学术研究成果、现有统计资料、历史研究成果等文献资料，这些资料来源于大学图书馆和网络。

第二，比较分析法。比较分析法是学术研究中非常重要的一种研究方法。通过对两个或两个以上事物进行对比分析，可以更好地找出异同、把握发展特点及存在的不足等。本书对社会保护政策的研究基本上都是在与传统社会保障政策的比较中展开的，因此，从某种程度上来讲，比较分析法是贯穿全书的一条主线。通过比较分析，目的在于更好地把握社会保护与社会保障等传统社会政策的差异所在，进而为中国社会保障政策的改革指明方向。

第三，价值分析法。社会政策往往隐含决策者的价值观、意识形态。正如有的学者所言："社会保护是政治性的。"① 因此研究社会保护问题不能回避价值问题。社会科学研究者对价值问题的态度主要有三种：价值无涉、价值中立及具有一定价值导向。社会保护政策的研究则属于第三种情况，即价值导向的研究。本书所选择的价值指导是"以人为本"。人存在的价值就在于能够健康地成长、有尊严地工作与生活。社会保护的基本任务就是要满足人们的基本生活需求、增进人们的福利、促进人的能力提升及自身价值的实现。因此，无论是社会保护政策的制定还是具体项目的设计执行，都必须体现出"以人为本"的价值取向。

（二）技术路线

本书的研究路线如图 1-1 所示：

① Shepherd, A., Marcus, R. and Barrientos, A. Policy paper on social protection. London: UK Department for International Development (DFID) Overseas Development Institute, 2004.

绪论
社会保护政策的历史演进
社会保险
社会保障
社会安全网
社会保护政策
社会保护政策的理论阐释
社会保障的基本理念
社会保护理念的转变
理论支撑
社会保护政策的分类框架
风险管理型
发展型
权利本位型
社会保护政策的实施
欧盟的社会开放协调法
英国的“准契约化”模式
“智利团结计划”
社会保护政策的国际经验
成功经验
不足与教训
对中国的启示
理论阐释
理论应用
经验借鉴

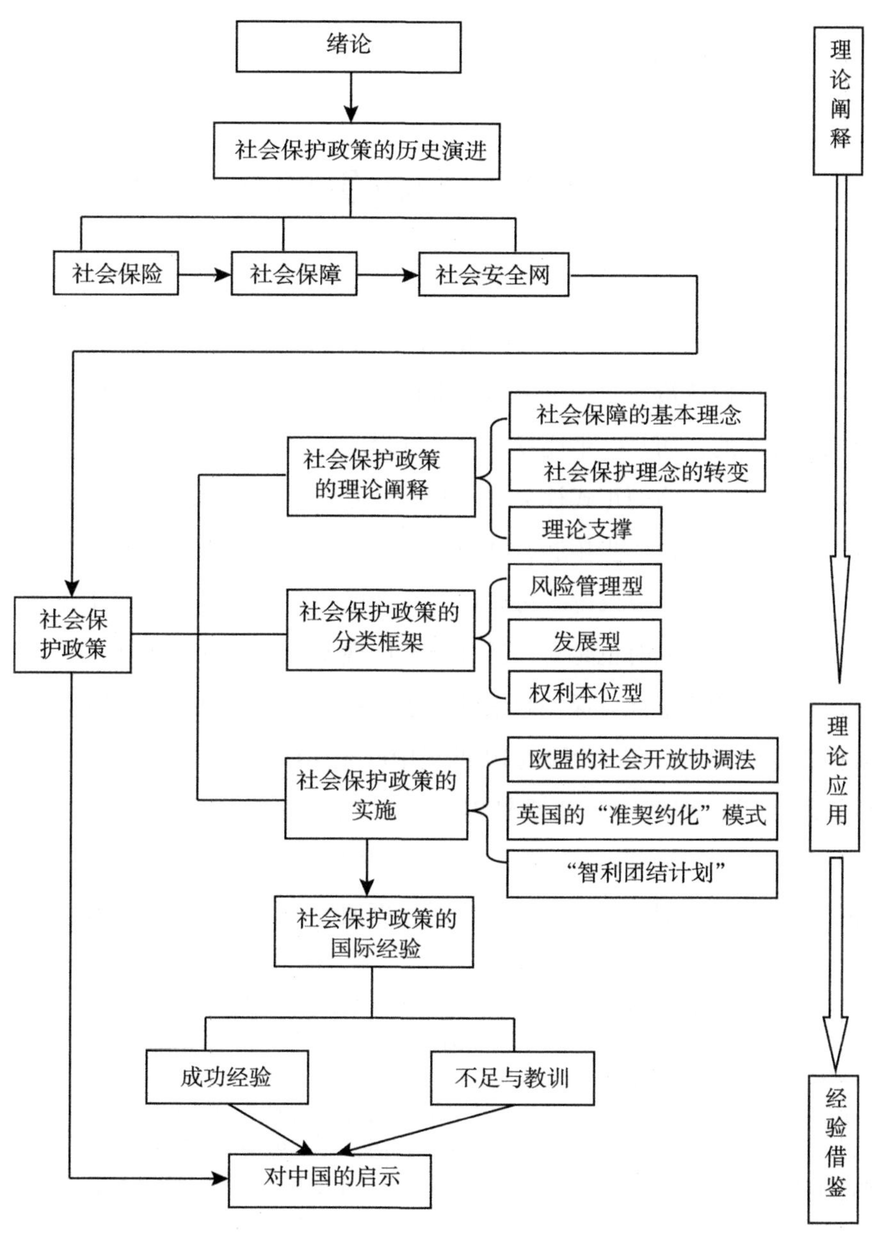

图 1-1 技术路线图

第二章　社会保护政策的历史演进

社会保护是20世纪90年代末以来在国际发展政策议程中兴起的一个核心议题。但是社会保护政策并非一个全新的事物，它与之前兴起的各项社会政策并不是完全割裂开来的，而是一个连续的演进过程。社会保护的雏形可以追溯到早期西欧工业化国家所实施的正式社会保险制度，之后社会保护政策无论是在内涵还是外延方面均得到了进一步拓展，到20世纪90年代，逐渐成为国际上与经济社会发展相联系的一个重要议题。可以说，社会保护政策既是对传统社会政策不断修正与调整的产物，同时也是对经济社会发展现实进行反思的结果。

这一章主要梳理了社会保护政策的演进历程。社会保护的演进历程可以粗略地划分为四个阶段①：第一阶段（19世纪中叶至20世纪40年代），这一时期的社会保护政策可以理解为主要是针对正规部门就业人员的正式社会保险计划（social insurance）；第二阶段（第二次世界大战后至20世纪70年代），这一阶段社会保护政策逐步发展为覆盖面更为广泛、更加健全的“普享型”社会保障制度

---

① 这里所指的是一般化情况，事实上并非所有国家社会保护政策的发展都可以被整齐划一地归入同一时间段内。如绝大多数西欧国家在第二次世界大战之前均建立了社会保险制度，但绝大部分发展中国家在第二次世界大战之后才开始建立社会保险制度，还有一些地区（如加勒比海地区）则一直到20世纪六七十年代才开始出现社会保险制度。同样，第二次世界大战之后，当欧洲国家纷纷建立起全面福利体制时，在发展中国家，有一些地区开始采纳了福利国家体制（如某些拉美国家），一些地区则仍严重依赖于家庭、血缘关系、地方社区等非正式机制（如南亚国家），还有一些地区的人们则主要依赖首领、军阀、酋长、官员、慈善援助等所提供的保护（如撒哈拉以南的非洲）。因此，本章社会保护政策的历史演进主要还是依循西方资本主义社会政策的发展轨迹。尽管社会保护政策并不只是关注资本主义国家的社会保护政策（更确切地说，进入21世纪以来，社会保护政策的关注焦点更多地是倾向于发展中国家），但是我们不得不承认，正是在资本主义国家发展出来的社会政策为社会保护政策的进一步研究提供了历史背景和知识遗产，西方资本主义国家的社会政策为今天社会保护政策的研究奠定了基石。

(social security)；第三阶段（20世纪80年代至90年代中期），在这一时期，受经济危机的影响以及新自由主义的盛行，社会政策逐步由“普享型”福利政策缩减为“残补型”(residual)的“社会安全网”(social safety net)；第四阶段（20世纪90年代末以来），蕴含全新理念的社会保护政策开始代替社会安全网政策在国际发展议程中居于主流。需要说明的是，后一阶段社会保护政策的兴起并不意味着之前各阶段社会政策的消亡，新的社会保护政策只是在原有社会政策的基础上做了进一步的扩展和调整，在新的社会保护政策出现后，原有的社会政策依然存在，并成为社会保护政策的构成部分。

第一节　雏形：社会保险

社会保护，单纯从字面意思来讲，可以简单理解为社会对公民提供的保护。依此看来，社会保护的起源似乎可以追溯到早期的各种社会慈善救济事宜以及依靠家庭、邻里等互助网络为亲属及社区成员提供的帮助。但是从已有研究文献来看，学者们一般将社会政策视为由国家提供的与民众福祉密切相关的正规的干预政策。因此，社会保护的起源可以追溯到19世纪德国首相俾斯麦统治时期创立的第一个社会保险计划。

一、社会保险制度产生的背景

社会保险制度最先诞生于19世纪80年代的德国。首相俾斯麦率先推行了社会保险立法，进而将全面的社会保险计划引入社会改革中，并在后来被其他国家纷纷效仿。因此可以将早期的社会保险制度称为“俾斯麦型”社会保险制度。

社会保险制度是伴随着工业革命的迅猛发展以及资产阶级和工人阶级间矛盾的尖锐化而产生的，是社会化大生产的产物。当英国早在18世纪中后期就产生工业革命时，德国到19世纪初却还是纯粹的农业社会。19世纪50年代开始，工业革命才在德国全面展开。1871年德意志帝国的统一为工业革命的发展扫除了障碍，现代化进程加速推进。这种“赶超式”的现代化在给德国带来经济繁荣的同时，也带来了严重的负效应，劳资矛盾日趋尖锐。在马克思主义的指导下，德国的工人运动风起云涌。面对日益高涨的工人运动，首相俾斯麦非常担心在德国会爆发社会革命。因此，为了维护其统治地位、缓和阶级冲突，俾斯麦实施了一系列的经济和社会改革政策，对工人阶级做出了一些让步，通过改善工人的处境、保障工人的基本生计、满足工人阶级的一些要求来缓解日益紧张的劳资关系。在1881年的帝国会议中俾斯麦明确宣称：社会弊病的医治，不能仅依靠暴力手段对工人阶级的反抗行为实施镇压，还应当积极促进他们的福利，特别是要关心那些没有能力来养家糊口的工人群体，①“对于具有正当理由的劳动阶级的要求，只要在能与国家利害相调和的范围内，政府应该通过立法和行政手段予以满足”，而不必通过暴力革命，推翻一切重新开始。②在此基础上，他提出了解决社会问题的两个方向：一是实行工人保护，二是建立社会保险制度。

与此同时，德国经济的迅猛发展以及巨额财富的积累，也使得德国政府加强对社会的管理、改善工人福利条件成为可能。从德意志帝国统一一直到20世纪初，德国经济增长速度仅次于当时的美国，其工业总产值于1874年、1895年分别超过了法国和英国。从表2-1中的数据中可以看出1870—1913年德国的经济发展态势。国家经济的迅猛发展，为德国进行社会保险立法、建立社会保险制度奠定了丰厚的物质基础。

表2-1　**1870—1913年德国经济发展分析表**

（单位：GDP：百万1990年国际元；人均GDP：1990年国际元）

指标	年份/排名					
	1870年	世界排名	1913年	世界排名	1870—1913年 GDP增长率（%）	世界排名
GDP	71429	4	237332	2	2. 83	5
人均GDP	1821	12	3648	8	1. 63	4

资料来源：王云龙，等．福利国家：欧洲再现代化的经历与经验．北京：北京大学出版社，2002：48.

① 赵立人．德国社会保险与福利. 成都：四川人民出版社，1991：245-246.

② 杨为民．社会政策导论. 北京：中国人民大学出版社，2004：146-147.

二、“俾斯麦型”社会保险制度的建立与发展

在上述背景下，德国相继颁布了一系列的社会保险法案：1883年颁布了《疾病保险法》，紧接着第二年颁布了《工伤事故保险法》，1889年又颁布了《残疾和老年保险法》。到1911年，这三大立法被合并为单一的德意志帝国法典。三大立法的颁布，标志着世界上第一个完整的社会保险体系的正式建立。德国社会保险制度遵循的基本原则为：（1）权利和义务相统一的原则，保险金的领取资格以从事劳动工作为前提；（2）以缴费作为享受保险条件的原则，保险金领取者必须按立法规定定期缴纳规定数额的保险金才有资格享受保险；（3）保险费用由多方承担的原则，保险费用主要以个人和雇主负担为主，政府财政补贴为辅。其中，工伤事故保险费用则全部由雇主承担；疾病保险费用由雇主承担30%，雇员自己负担70%；养老金雇主和雇员各负担一半，政府提供小额的年金补助。这三大保险事务均由雇主和雇员组成的管理机构进行管理，政府负责监督实施。

社会保险法的强制实施，既保障了被雇用工人的基本生存条件，使得工人阶级的生活状况在一定程度上得到了改善，同时也使阶级矛盾得到了缓和，所有这些又为德国社会经济的快速发展创造了相对稳定的社会环境，德国仅用约30年的时间就完成了英国需100多年才能完成的工业革命。此后，德国这种以社会保险的方式来提供劳工保护与劳工福利的保护模式纷纷被其他工业化国家所效仿。如北欧及新西兰等少数国家率先在19世纪90年代效仿德国建立了老年、健康及工伤保险制度，进入20世纪，西欧诸国、美国也开始相继建立了部分的保险制度。到第二次世界大战之后，这些国家的社会保险事业得到了进一步广泛而迅速的发展。首先是社会保险项目更加全面，逐步由最初的养老、工伤、疾病扩展到死亡、残疾、生育、失业等各种风险，形成了较为完善的保险体系；其次，社会保险金的给付水平不断提升，确保职工在遭受意外事故时能够享有最低水平的保障；再次，社会保险计划管理机制日趋完善。现代化的社会保险制度由此发展了起来。此外，像阿根廷、巴西、南非等少数受殖民统治的发展中国家也先后建立了有限的社会保险制度。

三、对社会保险制度的评价

马歇尔在对社会保险制度进行评论时指出，强制性社会保险制度具有以下

三方面的新颖性：首先，它是对工业事务的一种新的干预类型；其次，它使得在工人与国家之间形成了一种新的契约关系；最后，在财政和行政方面也产生了新的要求。①可以说，这种通过国家立法运用国家强制力来干预和调节社会资源的再分配的做法，为工业化国家解决社会问题、缓解阶级矛盾提供了新的思路。从某种意义上来讲，社会保险的产生意味着真正意义上的“福利”的产生。

一方面，社会保险法带来了一种与早期英国《济贫法》完全不同的社会保护方式。社会保险的实施避免了《济贫法》所产生的“污名化效应”(stigmatizing effect)，使得工人福利的获得不再被看作慈善救济或施舍行为，而是劳动者应享有的法定权益。另一方面，通过将劳工保护责任由传统的家庭、教会、互助社等转为由政府负责，为后来将公民社会权利、公民身份、社会排斥等理念引入社会保护政策中来奠定了基础。除此之外，社会保险还体现了风险分担原则。通过实施由雇主、国家和雇员三方共担的社会保险筹资模式，为被雇用劳动者在疾病、年老、事故伤亡和残废时提供有保障的津贴或退休金，对于保护工人利益、甚至他们的家庭成员的利益均具有积极的意义，一定程度上减缓了他们所面临的风险。但是，不得不承认，资本主义国家社会保险制度的建立是工人阶级为了维护自身利益与资产阶级长期斗争的结果，社会保险的实施最终还是为了维护资产阶级自身的利益。无论是首创社会保险制度的德国，还是后来效仿德国实施社会保险制度的其他工业化国家及少数发展中国家，它们实行社会保险、进行社会改革的最终目的都是要通过“局部修缮”来达到化解社会矛盾、维护自身利益的目的。另一方面，社会保险的对象既不是全体公民也非贫困群体，而是在正规经济部门中的广大被雇用劳动者。更重要的是，即便是在正规部门工作的人也并非都能够被社会保险所覆盖。表 2-2 显示了从 1884 年到 1900 年德国参加疾病保险的人数及覆盖率的变化。总体看来，这一时期的社会保险制度，无论是保险对象、保障水平还是保险的覆盖范围都具有很大局限性。

---

① 杨为民．社会政策导论．北京：中国人民大学出版社，2004：148.

表 2-2　　**1884—1900 年德国参加疾病保险的人数与比重**

年份	1884 年	1890 年	1895 年	1900 年
疾病保险人数（万人）	429	660	750	950
占总人口的比重（%）	10	13.4	14.3	16.9

资料来源：王云龙，等．福利国家：欧洲再现代化的经历与经验．北京：北京大学出版社，2002：59.

第二节　进化：从社会保险到社会保障

"社会保障"（social security）一词最早出现在美国 1935 年颁布的《社会保障法》（*Social Security Act*）中。但是，该法中的社会保障仅指联邦政府的养老金和残疾人保险计划，并不包括社会救助、失业保险等内容，实质上仍属于社会保险的范畴。真正意义上的社会保障制度产生于第二次世界大战后的欧洲国家。自第二次世界大战结束后到 20 世纪 70 年代，这一时期是欧洲国家社会保障制度发展的"黄金时期"，西欧各国纷纷建立了完善的社会保障制度，成为福利国家。与之前的阶段相比，在这一阶段，社会保险的范围逐步扩大、种类逐渐完善、补助金额逐步提高，同时，由政府统一财政支出而非社会缴费支出的福利津贴项目被广泛实施，为公民提供了"从摇篮到坟墓"的全面的福利服务。此后，福利国家的社会福利计划作为社会保障制度的典型被世界其他国家所效仿。

一、全面社会保障制度产生的背景

任何一项制度的产生都需要具备两种条件：一是促使该制度产生的现实环境；二是使之能够成为现实的理论基础或是思想渊源。同样，资本主义国家全面社会保障制度的建立也有着其特殊的社会现实基础以及相应的客观理论基础。

（一）社会保障制度产生的现实基础

20 世纪 30 年代美国爆发了严重的经济危机，并席卷整个资本主义世界，给资本主义各国社会经济带来了很大的冲击。不久之后第二次世界大战的爆发，更是对欧洲各国的政治、经济和人民生活造成了极大的破坏，广大人民生活处境非常困难。战争结束后，人们对于社会稳定、生活安全、职业保障的渴望异常强烈。而且，战后科技革命的发生给人们的生产和生活方式带来了极大的变革，使人们的生活充满了更多的风险和不确定性。因此，战后西欧各国人民都期望国家能够保障他们生活的安全和社会的稳定。与此同时，尽管科技革命给人们带来了一定的风险，但也极大地促进了资本主义经济的发展，科技革命的发生使得科学技术转化为生产力的速度越来越快，知识转化为财富的过程被极大地缩短，从而加速了战后各资本主义国家经济的恢复与发展。经济的高增长为资本主义国家全面社会福利保障制度的建立和完善提供了坚实的物质基础。

（二）全面社会保障制度产生的理论基础

社会保障制度产生的理论基础主要来源于凯恩斯理论及贝弗里奇的社会福利思想。其中，凯恩斯理论为福利国家的产生奠定了政治及知识基础，而贝弗里奇的社会福利思想则直接为全面社会福利国家的建构提供了蓝图。

凯恩斯主义形成于20世纪30年代的世界经济大危机时期，是为了寻求摆脱危机而产生的不同于传统古典经济学的经济理论。凯恩斯的理论不仅为20世纪经济学的发展做出了革命性贡献，而且也对战后西方国家社会福利制度的诞生有着深远的影响。该理论认为，经济危机产生的原因是有效需求的不足，而市场机制无法使经济达到充分就业均衡，只有依靠国家干预、刺激总需求，才能使资本主义经济实现充分就业。凯恩斯提出要加速经济增长，就要扩大政府支出，其中，增加福利开支是扩大政府支出的最主要手段；国家干预的扩大不应局限于再生产的许多领域，还要扩大到对国民收入的再分配。实行社会福利制度，就是国家对国民收入进行再分配的一种表现形式。

凯恩斯关于充分就业及国家干预的基本思想被后来的学者贝弗里奇所吸纳，并将其在社会政策方面予以具体化，于1942年撰写了《贝弗里奇报告》。该报告不仅为英国战后福利国家的建设勾画出了蓝图，而且其基本思想和主要的政策建议一直是西欧国家福利制度的指导原则。

《贝弗里奇报告》是贝弗里奇向当时英国政府组建的、用于研究战后社会政策问题的“社会保险和救助委员会”提交的一份报告，其正式名称为《社会保险及相关服务》（*Social Insurance and Allied Service*）。报告的主要内容包括：

第一，社会保障的主要目标是关于英国战后的重建问题，重点是要战胜对英国经济社会发展及人民生活水平造成负面影响的“五大巨人”：贫困、疾病、肮脏、无知和懒惰，其中贫困问题是最重要的社会问题。①

第二，建立社会保障制度。报告在分析了当时英国社会保险制度存在的一系列问题后（主要包括：覆盖面太小；社会保障内容不完善，许多可能出现的风险事件未被纳入社会保障项目之中；保障标准太低，且时间太短；管理混乱；未与其他社会事业相配套等），提出要建立一套由国家组织的更全面、更理性化、更高效率的社会保障制度。社会保障制度应该覆盖所有的公民，主要包括六类人群：雇员、其他从事有薪酬工作的群体、家庭主妇、工作年龄内的其他人、尚未达到工作年龄的人以及退休人员。② 报告紧密围绕着这些社会阶层来设计社会保障政策，以确保社会保障能够满足全体公民的不同社会保障需求。

第三，社会保障制度由五部分构成：（1）社会保险体系。报告提出国家将为每一位公民提供社会保险，以满足其基本需求。社会保险体系的建立要遵循以下原则③：覆盖面广泛、权利义务原则、强制性原则、统一标准原则、基本生活保障原则、统一管理体制和完善的保障项目。（2）国民救助。对于那些暂时不能被纳入社会保险体系的人，国家要为其提供基于财产调查的基本保障。（3）国民保健服务和家庭津贴。贝弗里奇认为，如果没有其他相应的配套政策的话，社会保险和社会救助体系将无法正常发挥功能。为此，他提出国家还要对全体公民提供全面的医疗健康服务，以避免低收入家庭在遭遇严重疾病后陷入贫困；对有儿童的家庭提供普遍的家庭津贴；对孕妇及丧偶妇女提供补贴等，且津贴的多少要与生活水平相适应。（4）自愿保险，旨在满足高收入者的高层次需求。（5）充分就业服务。

《贝弗里奇报告》通篇都坚持全面的社会保障理念，这一报告所主张的社会福利思想可以概括为“3U”思想：（1）普惠性原则（universality），即所有公民

① 楼清清．贝弗里奇社会保障思想研究．金华：浙江师范大学，2009：38.

② 岑子彬．《贝弗里奇报告》的社会保障理念及其启示．重庆科技学院学报，2010（15）：85-86.

③ 关信平．西方“福利国家之父”——贝弗里奇．社会学研究，1993（6）：72-76.

不论从事何种职业，都应当被正规社会保障体系所覆盖；（2）统一性原则（unity），即建立大一统的福利行政管理机构；（3）一致性原则（uniformity），即受益人获得资助的依据是其需求而非收入状况。①《贝弗里奇报告》可以说是人类社会福利政策史上的一次革命，其“革命性”就在于第一次把社会保障作为一项社会责任确定了下来，把原来作为慈善性质的贫困救济变为了公民的一项基本社会权利，凡是由于各种原因未能享有最低生活标准的公民均有权利获得社会保障，使自己维持在最基本的生活标准之上。

二、全面社会保障制度的建立

《贝弗里奇报告》的诞生，直接触发了以福利国家为标志的全面社会保障制度在战后各发达国家的兴起，并逐步渗透到了发展中国家。

（一）发达国家社会保障制度的建立

战争刚刚结束，英国工党政府就采纳了《贝弗里奇报告》，按照《贝弗里奇报告》所设计的福利国家的宏伟蓝图开始构建英国的社会福利体系，并相继通过了一系列的社会保障立法。其中，最主要的包括：1945 年的《家庭津贴法》，1946 年的《国民保险法》《工伤保险法》《国民健康服务法》，1948 年的《儿童法》和《国民救助法》等。这些法案可以被看作是《贝弗里奇报告》的具体化，尽管在具体实施中会有一些修改，但在指导原则和主要保障项目的设计上都参照了贝弗里奇所提出的政策建议。再加上之前通过的《教育法案》（1944），英国形成了一套从社会保险到贫困救助，再到包括教育、医疗健康服务等较为全面的社会福利体系。到 1948 年 7 月 5 日，英国首相艾德礼在就职典礼中宣布英国是世界上第一个福利国家。继英国之后，到 20 世纪六七十年代，法国、德国、意大利、瑞典等欧洲国家以及加拿大、新西兰、澳大利亚等英语国家也先后效仿英国建成了福利国家。尽管后来有不少学者对这些国家的福利模式进行

① 孙洁．社会保障制度的理论基础．(2012-04-10) [2014-11-04]. http：//wenku. baidu. com/link？url = 4vjjEuAz4AZ umLeRwwlnuGfXwR7xPjMPtU2fD9yACKfjDTqdXIyeVj-YByc5ftvE _ TqaCO-6l_PBd3IWKwwfwW9Cm WNIES4XvBLzs0GQKRm.

了不同的分类，① 但是这些国家的共同特征在于，都形成了以缴费型社会保险制度为主、非缴费型社会救助和社会津贴为辅的社会保障制度。具体来讲，发达国家的社会保障制度一般包括三大部分：②

第一，与就业相关的项目，主要是通过社会保险计划来覆盖在正规就业部门工作的劳动者。社会保险是社会保障制度的核心部分，包括：养老保险、残疾保险、失业保险、工伤保险、生育保险、疾病保险和死亡保险。

第二，普及性的福利项目，指的是政府将统一的现金津贴支付给本国公民，而不考虑其收入、财产和就业状况。普及性项目通常包括给予老年群体的养老金，针对有儿童家庭的儿童津贴，以及发放给军人、遗属、伤残人员、孤儿等的抚恤金。

第三，基于家计调查的社会救助项目，该项目的实施以家计调查为基础，受益者为低于特定时期社会生存标准的低收入群体。社会救助往往被称为社会保障的最后一道防线。

（二）西方社会保障制度在发展中国家的引进

伴随着全面社会保障制度在发达国家的相继建立，少数获得独立的拉美国家和亚洲国家，以及一些非洲和亚洲殖民国家也开始仿照西方发达国家建立社会保障制度。此后，随着越来越多的发展中国家走上了工业化道路，这些国家中的一些现代精英开始意识到政府需要与那些作为现代化的“先锋”的劳动者结盟，为此扩展社会保障制度就成为一种职务需要（functional necessity）。③ 在此背景下，同时在国际劳工组织以及国际社会保障协会的推动下，社会保障制度在广大发展中国家得到了迅速推广。但是发展中国家普遍存在着二元经济结构，这些国家无

---

① 爱斯平·安德森以社会阶层化状况为标准将福利国家分为“三个世界”：自由主义的福利国家（如美国）、保守的组合主义的福利国家（如德国）、社会民主的改良主义的福利国家（如瑞典）；蒂特马斯关于福利的三种模型分别为：制度化再分配模型、工业成就模型及剩余模型。参见埃斯平·安德森．福利资本主义的三个世界．北京：商务印书馆，2010；理查德·蒂特马斯．社会政策学十讲．长春：吉林出版集团有限公司，2011.

② 朱玲．试论社会安全网．中国人口科学，1999（3）：11-16.

③ Francois-Xavier Merrien. Social protection as development policy：a new international agenda for action. http：//poldev. revues. org/1525.

论是工业化程度、市场化程度还是收入水平都比较低，很难建立起类似西方福利国家的全面的广泛的社会保障制度。与发达国家相比，发展中国家的社会保障制度具有以下特征：

第一，社会保障的覆盖面非常有限，受益者仅限于正规经济部门的就业者和政府部门雇员，在农村地区以及非正规部门工作的劳动者则被排斥在外。不过，由于受经济发展水平、政治意愿、工会力量的强弱等因素的影响，即便同为发展中国家，社会保障的覆盖率也存在很大差异。如在阿根廷和巴西等较为富裕的发展中国家，社会保障可以覆盖约40%的工作人口，而在撒哈拉以南的非洲地区，覆盖率不足10%。①

第二，社会保险项目参差不齐。像发展较快的智利、阿根廷、乌拉圭等国家在第二次世界大战后就逐步建立起了较为完善的社会保险项目，而在一些非常贫困的低收入国家，如非洲的喀麦隆，到20世纪90年代中期，只建立有医疗保险项目。② 还有少数国家，像不丹、厄立特里亚、老挝、莫桑比克和安哥拉等到20世纪90年代仍未建立起任何形式的社会保障项目。③

第三，普及性项目和基于家计调查的社会救助项目较少，无法覆盖所有的穷人。发展中国家财力有限，贫困人口规模庞大，使得国家难以向数目庞大的贫困人群提供援助。因此，生活在发展中国家的绝大多数人口仍然主要依赖家庭保障、邻里互助等非正式的社会支持体系来分散风险。

鉴于此，学者通常将发展中国家的社会保障制度称为“支离破碎的”（fragmented）、“分层化的”（stratified）社会保障制度。④

三、对社会保障制度的评价

全面社会保障制度的建构可以说是20世纪的一大创举。通过坚持“社会保

① Francois-Xavier Merrien. Social protection as development policy: a new international agenda for action. http://poldev.revues.org/1525.

② 朱玲．试论社会安全网．中国人口科学，1999（3）：11-16.

③ 安东尼·哈尔，詹姆斯·梅志里．发展型社会政策．北京：社会科学文献出版社，2006：341.

④ Cecchini S. and R. Martínez. Inclusive social protection in latin america: a comprehensive rights-based approach. New York: United Nations Publication, 2012: 25.

险+普遍性供给+统一平等”相结合的原则，社会保障制度既确保了所有公民都能享有最低水平的生活保障却又不失尊严。正是在这一时期，享受社会保障被作为公民的社会权利确定了下来。学者米什拉评价称：“福利国家的建立，不仅象征着资本和劳动之间，也象征着资本主义民主国家与其公民之间关于一系列保证与权利的一个新的契约。”①总之，全面社会保障制度所蕴含的“普遍主义”原则，对公民社会权利、社会平等与公正理念的强调，以及由贫民救济到“普惠型”公民最低生活标准的实施等，为后来社会保护政策的进一步完善奠定了很好的基础。

但是，社会保障制度也遭到了一些学者的反对。其中，针对发达国家的社会保障制度的批评主要集中社会保障与经济发展之间的关系，一些学者认为高福利的社会保障制度会造成“福利陷阱”，抑制经济的发展（尽管事实上并没有强有力的证据证明社会保障对经济发展的负效应）。理由如下：（1）社会保障消耗了大量的资源，这些支出减少了储蓄，进而限制了用于社会投资和发展经济的资本；（2）政府慷慨的社会保障金的发放，降低了人们工作的积极性，因此也削弱了经济发展的根基；（3）为筹集社会保险资金而向企业主强制征税，扭曲了劳动力市场，进而对就业产生了负面影响。

此外，发达国家的社会保障制度并不适合于发展中国家。发达国家社会保障制度构建的基本假设之一是充分就业，认为工业化及经济的发展能够很大程度上扩大就业率，实现充分就业，这样就使得绝大多数就职于正规就业部门的劳动者被纳入社会保障体系中，从而获得社会保护和生活安全。但是对于广大发展中国家来讲，在推进现代化进程中，社会保障的覆盖率并未伴随工业化的发展而自动扩大，社会保障资源仅集中在少数群体中，如政府人员、军人、白领雇员等，这些人往往拥有稳定且待遇优厚的工作，而大量真正需要保护的农业生产者和城市非正规就业群体则被排斥在社会保障范围之外，无法享受到任何形式的国家保护。因此可以说，发达国家这种以正规社会保险为主的社会保障制度对于市场化程度较低的发展中国家来讲并不适用，这种“分层化”的社会保障制度非但没有

① R. 米什拉. 资本主义社会的福利国家. 北京：法律出版社，2003：22.

克服贫困和不平等，反而会加剧已经存在的不平等。

第三节　迂回：从社会保障到社会安全网

社会政策的发展不是一个直线发展和持续扩大的过程。受某一时期社会政治、经济发展现状以及这一时期内占主导地位的价值观念和意识形态等的影响，社会政策也会做出相应的调整。进入20世纪80年代，社会安全网（social safety net）作为福利国家削减福利支出和新自由主义意识形态的象征最先在福利国家被广泛使用。之后到90年代初，奉行新自由主义的世界银行、国际货币基金组织等金融机构将社会安全网政策引入发展中国家，作为减少贫困的重要战略在发展中国家大力推行，自此，社会安全网作为一个非常流行的概念开始在发展中国家盛行。现在人们在谈论社会安全网政策时，主要指的是发展中国家的安全网政策。

一、社会安全网产生的背景

社会安全网是一个有着自身意识形态背景的社会政策概念，其产生可以被看作是新自由主义意识形态在社会政策领域的表现。

（一）新自由主义在福利国家的兴起

在经历战后福利黄金时期后，进入20世纪70年代中后期，福利国家开始面临危机。这种危机归根结底是一种财政危机。一方面福利国家经济增长明显下降，另一方面社会福利支出却不断增加，社会保障津贴增速高于经济增长。从表2-3可以看出，进入20世纪八九十年代，在资本主义各国普遍出现财政赤字、经济停滞的情况下，各不同福利体制的欧洲国家的社会福利支出却仍持续增加。福利危机的产生，意味着强调政府全面干预的凯恩斯主义的失灵。在这一背景之下，信奉市场原教旨主义，认为市场是实现资源分配的最佳方式的新自由主义开始抬头，并在20世纪70年代末成为英美等西方国家政府政策的指导性理论。

表 2-3　**福利国家社会福利支出占 GDP 的百分比（1980 年、1990 年和 1995 年）**

国家和地区	1980 年	1990 年	1995 年
欧洲大陆	28. 1	29. 6	30. 1
斯堪的纳维亚	25. 6	28. 1	32. 1
南欧	15. 0	18. 0	22. 2
英国	21. 5	24. 3	27. 7

资料来源：埃克索·海特兰特，斯坦·库恩，斯文·霍特．职业友好 福利国家：欧洲的经验//吴士余．后福利国家．上海：上海三联书店，2004：182.

新自由主义者对福利国家进行了强烈的抨击，认为福利国家才是造成资本主义国家财政困难进而导致经济危机的根源，因此主张对福利国家进行改革。英国首相撒切尔和大西洋彼岸的里根总统作为新自由主义的倡导者，率先以新自由主义理论为指导思想，对福利国家进行了改革。在社会福利制度方面，新自由主义者一方面主张实行政府权力分散化，鼓励社会福利私有化，认为只有在市场出现失灵的时候才需要政府对社会福利进行干预；另一方面，新自由主义者要求大幅缩减政府福利支出、减少社会福利项目、降低补助金额，提倡将更多资源用于发展经济。可以说，新自由主义所拥护的是以社会福利最小化为内容的自由市场意识形态。尽管像在英国、美国等运用新自由主义思想来指导政府改革的国家还没有证据能够证明新自由主义理论是能够引导福利国家走出困境、实现经济快速增长的有效工具，但这一理论却很快在全球范围内得到了扩散。

（二）新自由主义指导下发展中国家的结构调整

进入 20 世纪 80 年代，以墨西哥为首的拉美国家爆发了严重的债务危机，并迅速蔓延到其他发展中国家。在整个 20 世纪 80 年代，绝大多数发展中国家均深受债务危机的困扰。为帮助发展中国家解决债务危机问题、走出困境，世界银行、国际货币基金组织等国际金融组织在美国华盛顿召开了一次研讨会，探析能够帮助发展中国家走出债务危机的有效解决方案。世界银行和国际货币基金组织等金融机构拟定了针对发展中国家的“结构调整计划”。发展中国家只要同意执行该计划，就可以从两大金融机构获得资金援助。在接下来的 10 年中，这一结构调整计划涉及100多个国家。在两大金融机构的主导下，广大发展中国家将经济增长置于首要地位，着手建立和完善市场经济体制，政府从传统的垄断性地位撤离，缩小政府规模、放松政府管制、迅速实施自由化和私有化。社会保障制度不再被看作是一个合理的目标，而成了市场经济发展的障碍。尽管在结构调整过程中会出现一些问题，但是世界银行和国际货币基金组织认为这些问题都是短期的，随着改革的推进将会消失。因此，一直到80年代后期，社会保障问题都被忽略。

然而，对于结构调整计划的社会影响的初步评估显示，经济结构调整与改革非但没有带来经济的高增长，反而造成了一系列严重的社会后果：改革国家的GDP和GNP持续下降、失业率大幅攀升、居民实际可支配收入下降、社会分化加剧，以及教育、医疗等关键领域的社会预算的严重削减对人类资本的破坏，等等。其中，对于那些丧失土地者、临时工作者、妇女和儿童等特殊人群来讲，贫困和脆弱性问题比之前更为严重。① 联合国拉美经委会和美洲开发银行在报告中曾尖锐地批评了拉美的结构调整计划，指出（拉美）改革对经济增长和社会公平的贡献非常小，“自由主义改革和结构调整计划造成了社会脱节，经济增长与民众福利之间的关系越来越弱……改革后的拉美国家收入分配仍然是世界上最糟糕的”。②

二、发展中国家社会安全网的构建

在世界银行和国际货币基金组织干预下的结构调整计划遭到了国际社会的批评。联合国儿童基金会曾发布报告，尖锐批评了发展中国家结构调整计划所产生的灾难性社会后果，要求在结构调整计划中增加“社会维度”（social dimension），采取具有人性化的调整计划（adjustment with a human face）。③在此压力下，世界银行和国际货币基金组织发起了新一阶段的调整计划，引入了短期的社会安全网计划，以缓解经济改革所造成的负面影响。1990年，世界银行在其发布的《世界发展报告》中正式使用了“社会安全网”的概念，用于“帮助人们缓解短期的

① 苏振兴．拉美国家社会转型期的困惑. 北京：中国社会科学出版社，2010：134-137.

② 苏振兴．拉美国家社会转型期的困惑. 北京：中国社会科学出版社，2010：164-165.

③ Francois-Xavier Merrien. Social protection as development policy：a new international agenda for action. http：//poldev. revues. org/1525.

压力（stress）和灾难（calamity）”。① 在此之后，实行结构调整与改革的发展中国家采纳了这一短期的、补偿性的社会安全网政策。

社会安全网主要针对以下两种情形为人们提供保护：一是长期没有能力工作或挣取收入的人；二是在面临经济、政治或环境剧变时这一能力遭受侵蚀的人。② 对于那些有工作能力的穷人来讲，社会安全网措施主要是通过让贫困者参加公共工程就业项目，为其提供社会最低工资保障；对于没有劳动能力的穷人（如儿童、年老者、残疾人等），则主要提供基于家计调查（means-tested）的现金转移支付。公共工程项目、现金转移支付和食物供给是最主要的社会安全网措施。其中，“社会基金”（social fund）是世界银行等国际援助组织在发展中国家推行社会安全网政策的最主要工具。国际发展共同体通过向发展中国家提供资金援助，支持这些国家在贫困地区通过开展公共工程项目、发放食物或是直接提供现金援助等项目来使穷人受益。“社会基金”项目主要集中在拉美、撒哈拉以南的非洲、东欧和中亚等地区，有超过 50 个国家建立了社会基金。③ 其中，第一个社会基金是 1987 年玻利维亚创立的“紧急社会基金”，主要为由于结构调整计划而失去工作的公共部门工作人员提供临时补助金。之后开始在其他国家广泛推行，并被冠以“紧急社会基金”“社会行动基金”“社会投资基金”等名称。④ 社会基金通常独立于政府机构，由受助地区的非政府组织或社区组织来设计并在社区层面实施。

总体看来，与社会保障制度相比，社会安全网政策具有以下特征（见表 2-4）：（1）针对最贫困和最脆弱的群体，社会安全网的目标人群既不是所有享有公民资格的公民也不是所有穷人，而是穷人中的穷人（the poorest of the poor）；（2）基于非常严格的目标认定方法来识别目标群体，一般包括收入审查法

---

① The World Bank. World development report：poverty. New York：Oxford University Press，1990：90.

② Francois-Xavier Merrien. Social protection as development policy：a new international agenda for action. http：//poldev. revues. org/1525.

③ Hall. A. L.，J. Midgley. Social policy for development. Los Angelas：SAGE Publications Ltd，2004：273-274.

④ Gentilini U. Mainstreaming safety nets in the social protection policy agenda：a new vision or the same old perspective? London：Chronic Poverty Research Centre，Manchester University，2005.

（means tests）、代理收入审查法（proxy means tests）、基于地理区域（geographic area）及人口特征（demographic characteristics）等目标定位方法；（3）救助标准非常低，一般仅够维持最低生活标准，是那些没有其他生存手段的人们的最后诉求。因此，作为一种剩余型福利，社会安全网政策被决策者看作是应当尽可能最小化的成本支出，而非尽可能使其影响最大化的一项投资策略。①

表 2-4　**社会保障和社会安全网政策比较**

福利模型	分析角度			
	政府角色	优先考虑事项	受助者资格	思想基础
全面社会保障模式	基于普遍主义原则的社会福利供给，且通过收入再分配来减少社会不平等	优先满足社会需求，对公民需求的关心超过对经济效率的关心	所有具有公民身份的社会成员，社会福利的享有被看作是公民的基本社会权利	凯恩斯主义
社会安全网模式	基于选择主义的社会福利供给，政府仅对市场和家庭不能满足的需求提供补充	强调自由市场的支配地位，更偏向于通过市场途径来满足公民需求，强调福利私有化	符合资产审查标准的目标人群，受助者容易产生污名感	新自由主义

三、对社会安全网的评价

社会安全网政策的提出标志着在建设积极的社会发展的进程中迈出了第一步。将国际援助与反贫困策略结合在一起，一定程度上有助于减少经济改革带来的负面效应。②但是社会安全网政策同时也遭到了不少反对者的抨击。有学者认为社会安全网政策的最小化主义、选择性原则以及在实施过程中对非政府组织的

① The World Bank. Social protection sector strategy: from safety net to spring board. Washington D. C.: World Bank, 2000: 20.

② 安东尼·哈尔，詹姆斯·梅志里．发展型社会政策. 北京：社会科学文献出版社，2006：384.

倚重，使其颇具社会政策发展历史上早期的“补缺型福利模式”的遗风，因此被批评为是代表资本主义的利益，向第二次世界大战以前的哲学和社会政策的回归。① 不过最普遍的批评认为，社会安全网的着眼点是救济而不是发展；所针对的仅是贫困的症状而非根源；支持的是短期消费而不是长期缓解贫困的效果。②具体来讲：

一方面，社会安全网的实施并未有效减少贫困。安全网措施仅对符合申请标准的贫困人群予以临时救助，而将那些处于贫困边缘、很容易陷入贫困的脆弱人群，那些不符合救助标准的贫困人群，如低薪、低福利的工人（poor workers），以及救助期满却仍未摆脱贫困陷阱的人群等脆弱群体排除在外。由于缺乏相应的社会保护，一旦遭遇风险或收入波动，这些脆弱群体的贫困状况将会更加严重。另外，社会安全网措施低水平的救助标准，直接抑制了公民尤其是低收入群体的购买力或消费能力，导致了需求的减少，进而阻碍了经济的发展，导致社会贫困人口增加。从图 2-1 可以看出，1980 年拉美贫困发生率为 40. 5%，到 1990 年创下 48. 3%的历史纪录。90 年代后尽管贫困发生率有所下降，但是贫困人口绝对数量却由 1990 年的 2 亿人上升到了 2000 年的 2. 07 亿人，净增 700 万人。可以说，安全网措施并未有效提高公民应对风险的能力，真正起到兜底作用。

另一方面，社会安全网政策易导致社会排斥和社会不平等。社会安全网政策将全面社会保障制度所强调的社会公正、平等及普遍性公民福利等原则搁置一边，主张政府福利支出的最小化。然而社会安全网政策所提倡的将社会支出更多地运用于经济发展、社会投资领域以使穷人具备竞争和就业能力，从而摆脱贫困、实现人生目标的良好愿望并不现实。事实证明，绝大多数穷人并不可能和富人一样平等地分享发展成果。有学者指出，从教育、医疗、住房等服务中受益最多的恰恰是社会的中上层而不是穷人，相比于穷人，社会福利对于家境富裕的人更为有利。③可以说，社会安全网措施的提供，非但没有缓解反而在一定程度上拉大了不同阶层间的收入差距。

1997 年亚洲金融危机的爆发更加深刻地揭露了社会安全网措施的弊端，迫

① 尚晓援. 中国社会保护体制改革研究. 北京：中国劳动社会保障出版社，2007：37.

② 尚晓援. 中国社会安全网的现状及政策选择. 战略与管理，2001（6）：1.

③ 哈特利·迪安. 社会政策学十讲. 上海：上海人民出版社，2009：81.

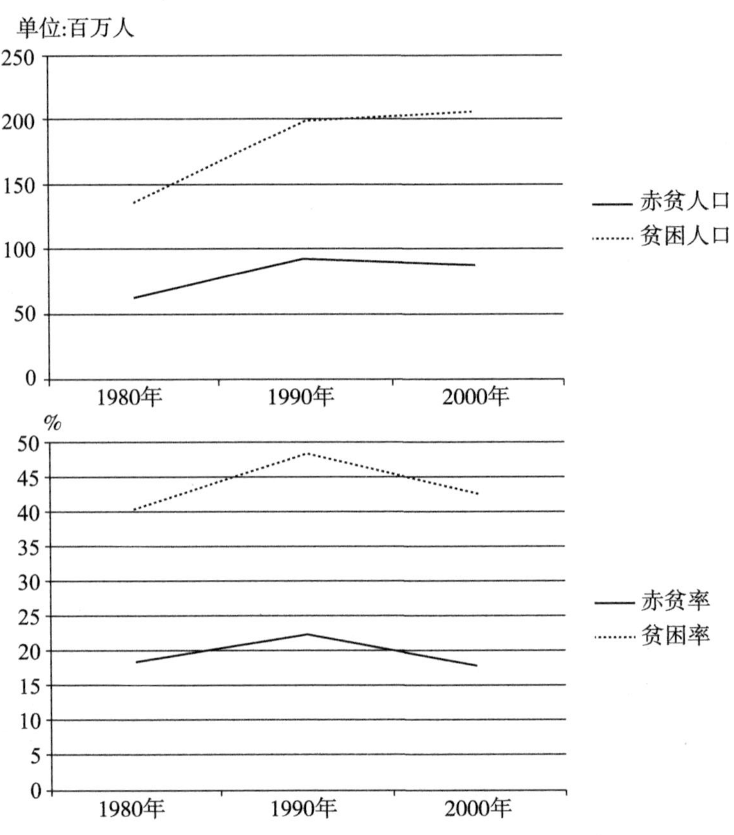

图 2-1　拉丁美洲贫困人口和赤贫人口的演变（1980—2000 年）

资料来源：苏振兴．拉美国家社会转型期的困惑．北京：中国社会科学出版社，2010：164-165.

使国际社会不得不重新寻找一种新的社会保护机制。危机发生之前，各东亚国家按照世界银行和国际货币基金组织所提倡的发展战略，均采取了相对开放的、市场导向型的发展模式，主张充分发挥市场在资源配置中的主导作用，实施私营化、金融自由化、预算紧缩等政策来促进经济增长。政府仅采取非常有限的安全网措施以缓解经济发展带来的不良后果。从表 2-5 可以看出，在危机爆发之前，泰国和印度尼西亚均缺乏充足的社会保护措施。通过实施以经济的高增长为导向的发展模式，东亚国家创造了“亚洲经济奇迹”。“东亚发展模式”也被世界银行和国际货币基金视为是发展的成功典范并在其他国家大力推广。但是，1997

年亚洲金融危机的爆发，充分暴露了这一发展模式的弊端。

表 2-5　　　　　　　　**亚洲危机及干预策略**

	危机前（安全网）			失业率	
国家	失业保险	穷人救济金	食物补贴	危机前	危机后
泰国	无	无	无	1%~2%	6%
印度尼西亚	无	无	有	4%	9%~12%

资料来源：Frances Lund and Smita Srinivas. Learning from experience：a gendered approach to social protection for workers in the informal economy. Geneva：International Labour Office，2000.

危机发生后，政府的“补救型”安全网政策的不足或不恰当（像公共工程计划等救助措施在危机发生后很难立即启动），以及危机发生前主要依赖的非正式救助网络在危机中的瓦解，再加上新的保护措施又很难被迅速建立起来，所有这些极大地削弱了亚洲国家对危机冲击的抵抗力。从表 2-6 可以看出，危机发生后，各国国民生产总值普遍急剧下降、失业人数也急剧增加、居民消费水平显著下降、医疗健康支出、教育支出等大幅削减，所有这些都给人们造成了深重灾难。东亚各国贫困发生率迅速上升，特别是韩国，1997—1998 年，贫困发生率增长了 10 个百分点。危机的发生，促使国际社会开始重新审视原有的发展方式，并试图寻找一种能够有效应对经济社会的变化、避免人们陷入贫困陷阱的新的保护机制来取代现有的补救型安全网措施。在这一背景下，另一个新的概念——“社会保护”诞生。

表 2-6　　　　　　**东亚危机的社会影响（1997—1998 年）**

国家	GDP 增长（%）	贫困率发生（%）[c]		失业率（%）		实际工资变化率（%）	CPI（%）[h]	1997—1998 年社会部门实际支出变化百分比（%）			
								教育		健康	
	1998	1997	1998	1997	1998	1998	1998	1997	1998	1997	1998
韩国	-5.8	9.0[a]	19.0[a]	2.1	8.7[e]	-10.0	6.9	-11.5	-11.6	7.0	-9.2

续表

国家	GDP增长（%）	贫困率发生（%）[c]		失业率（%）		实际工资变化率（%）	CPI（%）[h]	1997—1998年社会部门实际支出变化百分比（%）			
								教育		健康	
	1998	1997	1998	1997	1998	1998	1998	1997	1998	1997	1998
泰国	-9.4	11.4[b]	13	0.9	5.4[e]	-6.0	7.0	20.9	0.2	14.0	-16.7
印度尼西亚	-13.7	11.0	19.8	5.1	7.0[f]	-35.0	82.4	-12.0	-28.0	-7.6	-4.0
马来西亚	-6.7	8.2	11.2	2.6	3.9[f]	-10.0	5.5	0.5	-10.6	4.6	-6.4
菲律宾	-0.5	38.0	d	7.7	11.8[g]	-2.0	10.0	20.1	1.5	18.7	-11.5

（注：a. 仅城市地区；b. 1996；c. 基于国家贫困线的贫困率；d. 数据缺乏；e. 1999年2月；f. 1998年12月；g. 1999年4月；h. 与1997年9月相比，1998年同一时期CPI变化率。）

资料来源：J. Armstrong，etc. Towards an East Asian social protection strategy. East Asia and Pacific Region，Human Development Unit，1999：22.

第四节　兴起：国际发展议程中的社会保护

社会保护在国际发展政策议程中的兴起，既是对过去20年间传统社会政策在解决贫困、社会排斥等严重社会问题方面的无效性的一种回应，也是对全球化背景下日益增多的风险和不确定性的回应。在全球化背景下，经济、社会和环境的迅速变化，以及与之相伴随而来的新风险和脆弱性的增强导致了世界范围内很多人生计的不安全，而单凭任何一个国家的能力均难以将这些问题作为纯粹的国内问题予以处理，社会问题越来越体现出全球性特征。国际层面的行动能够有力地影响国家和地方层面上的变化进程。因此，进入21世纪，国际层面的共识开始逐步形成，社会政策不再仅仅被看作是补救市场失败的一套有限的安全网措施，而是国家的一项基本职能，设计和执行良好的社会保护政策对于削减贫困、促进就业和增长、消除边缘化和化解冲突、实现社会凝聚等具有重要作用。在此背景下，越来越多的国际发展机构将目光转向对社会保护问题的关注，社会保护政策开始被纳入国际机构的行动议程中。

一、社会保护政策兴起的背景

社会政策不只是解释历史，它关注的是未来的挑战和全球范围内的人类的福祉。① 社会保护政策在国际发展议程中的兴起可以被看作是对全球化背景下不断增加的不平等、社会排斥以及社会、经济结构变迁所导致的日趋增多的风险和脆弱性的一种回应。

（一）全球化的负面效应

当今世界是一个不断变化的世界。正如世界银行发展报告所称，对于未来我们能肯定的唯一一件事，就是它将不同于现在。② 作为一把双刃剑，全球化在给一部分人带来机会和利益的同时，却也制造了各类不安全因素。在全球化背景下，风险的性质和数量并没有出现任何下降的迹象，相反，在许多方面变得更加复杂。全球政策调整步伐落后于全球机遇与风险的变化，这样就使得大量人口被排除在体面生活之外。具体来讲，全球化带来的负面效应主要表现在以下几个方面：

第一，全球化加剧了社会不平等。全球化非但没有促使所有国家走上经济和社会可持续增长之路，反而导致了不平等的进一步拉大。联合国开发计划署在2002年《人类发展报告》中对全球化的评价为："就经济、政治和技术方面而言，世界从来没有如此自由，但也从来没有变得如此不公平"，③穷人和富人之间、穷国和富国之间的差距在不断拉大。从图2-2可以看出，1980—2006年不论是发达国家还是发展中国家和新兴国家，收入不平等现象都在加剧。到20世纪90年代末，世界上最富裕的1/5人口的收入与最贫困的1/5人口的收入之比由1960年的30倍扩大到了1997年的74倍；④ 20个最富裕国家的人均收入是20个

① 哈特利·迪安．社会政策学十讲．上海：上海人民出版社，2009：32.

② 世界银行．1999—2000年世界发展报告——迈进21世纪．北京：中国财政经济出版社，2000.

③ C. A. 坦基扬．新自由主义全球化——资本主义危机抑或全球美国化?．北京：教育科学出版社，2008：79.

④ UNDP. Human development report. New York：UNDP Report，1999：36.

最贫困国家人均收入的37倍，①2000年OECD成员国之间人均收入比例为1∶6，但是这些成员国平均人均收入与最贫困国家的人均收入比例却高达1∶40。此外，收入不平等的扩大也发生在国家内部。

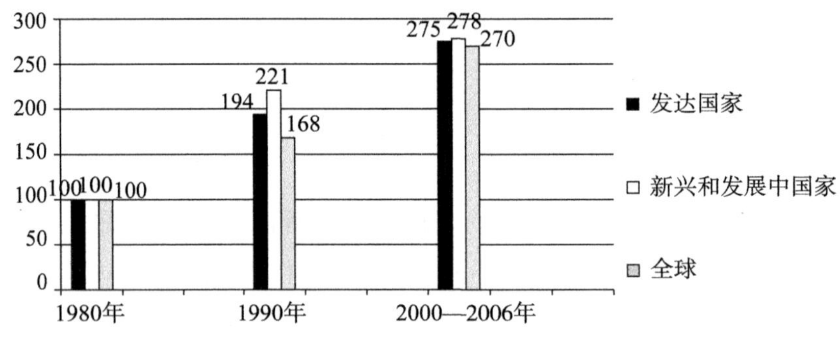

图2-2　全球范围内收入不平等现象

注：基尼系数指数：20世纪80年代=100。

资料来源：国际劳工组织.2009年世界劳工报告.北京：中国财政经济出版社，2011：33.

不平等除了收入悬殊等经济性因素外，还表现为享受教育、医疗卫生、营养服务等机会的不平等。2000年发达国家5岁以下儿童营养不良率不到5%，而低收入国家则高达50%。即便在一国之内，获得服务的机会、数量和质量也往往让穷人感到失望，在印度，最富的20%的人口得到的医疗健康补贴是最贫困的20%的人口的3倍；在尼泊尔，最富的20%的人口获得教育支出的比率为46%，而最穷的1/5的人口仅获得11%。②

社会不平等的加剧严重损害了经济增长带来的好处，阻碍了贫困的减缓，同时贫富分化的严重化意味着一些人将经历更大的剥夺，享有更少的发展机会。这样极容易导致人们产生挫折感和不公正感，进而导致社会关系的紧张。同时较高收入者和较低收入者之间很难达成政治共识，因此会导致政治不稳定增加，严重者甚至会引起政治动荡。正如一位联合国高级官员所言，人类社会的最大威胁不

① The World Bank. World development report 2000/2001：attacking poverty. Washington D. C.：the World Bank，2001.

② 世界银行.2004年世界发展报告：让服务惠及穷人.北京：中国财政经济出版社，2004：3.

是一些国家的贫困，而是国家之间的不平等。人类能够承受贫困，因为自远古以来就经历着贫困，但是人类却无法容忍不平等。社会不平等的加剧意味着必须有恰当的社会保护政策为这些贫困、弱势群体提供支持，使之有能力和机会参与经济增长并从中获益。

第二，贫困人口的增多。贫困一直是困扰全球特别是发展中国家的一个棘手问题。尽管全球一体化是减少贫困的强大力量，但是除少数国家（中国和印度）贫困人口大幅下降外，全球贫困人口的绝对数量不但没有减少反而在增加。20世纪90年代末，南亚贫困人口增加了4800万人；拉丁美洲和加勒比海地区贫困人口增长了约20%；撒哈拉以南非洲地区贫困人口从2.17亿增长到了2.91亿，比1990年增加了5%；即便是在较为富裕和发达的OECD成员国也仍有1.3亿人的人均收入低于居民平均收入的一半。①在基本生存权和发展权得不到满足的情况下，贫困人口很难真正享有各种经济、社会和文化权利，从而被排斥在主流社会之外。因此，必须建立相应的社会保护机制，通过提供基本的保障措施来帮助穷人应对不利冲击，防止其贫困状况进一步恶化，使之能够维持基本的生计安全，并进一步推动其实现自立。

第三，全球化削弱了主权国家的风险控制能力。经济全球化为发展中国家学习引入新技术和新管理经验、参与国际贸易、解决资金瓶颈等问题创造了条件，因此，为了谋求自身发展，发展中国家一般乐于加入世界经济体系。但是，在谋求经济利益的同时，发展中国家自身能力也被侵蚀。一方面，全球化削弱了主权国家的风险控制能力。国家主权的最主要特征在于一国能够独立行使国家权力而不受外界干预或约束。然而，全球化并非仅仅是一个经济过程，同时也是一个政治过程。在融入全球化的过程中，发展中国家不得不开放自身，为了获得自身发展而放弃一些控制权、支配权，尤其是对金融和外汇市场的管制、本国关税的削减等，任凭国际经济市场来操作。这种主权的主动或被动放弃便是一个主权溃化的过程。与此同时，在全球化进程中，国际货币基金组织、世界银行等国际组织发挥着核心作用，这些力量积极地推动全球化进程，并热衷于吸纳新的成员国加入全球化中。可以说，加入国际经济组织并依赖这些组织已经成为许多国家的选择，但这却要付出一定的代价。要想加入这些组织，意味着必须遵守这些组织的

① 世界银行．全球化、增长与贫困．北京：中国财政经济出版社，2003：1.

规章制度，而这些规章制度的条款往往并不是中立的，而是带一定的政治意图。发展中国家在接受这些组织的援助时，往往会附带有一定的条件（如进行经济结构调整等），而这一类条件是对主权国家确定本国经济政策的明显干涉，意味着受援助国另一种形式的主权让渡。主权的溃化增加了一国的风险和脆弱性，使得国家在面临像亚洲金融危机等类似危机事件的冲击时没有抵抗力。

第四，全球化导致一国政府用于福利支出的税基的缩减。一国财政实力会直接影响到其福利支出水平的高低。低税率往往是吸引跨国公司在一个国家开展业务或进行投资的重要因素。为了吸引外资，不少政府采取了降低税率，尤其是降低公司税和高收入税的策略。此外，全球化加快了资本的自由流动，随着跨国公司的规模越来越大，涉及的域越来越广，政府很难对其进行有效的监控，使得政府资本税的征收变得更加困难。以德国宝马公司为例，德国盈利最高的企业宝马公司在 1988 年上缴的税收为 5. 45 亿马克，但 4 年之后所交数额却仅为 3100 万马克。据估计，从 1989—1993 年，宝马公司向国家少交了 5 亿马克的税款。①生产的国际化为跨国公司逃避税收提供了方便而合法的途径，从而给国家税基造成了严重的损害，削弱了政府用于社会保护的支出能力。

简言之，全球化是一个机遇和挑战并存的过程，全球一体化在带来繁荣的同时也加剧了问题的严重化。然而全球化作为一种不可逆转的发展趋势，我们所要做的并不是抵制或消除全球化，而是要积极调整社会政策，使之与全球机遇和风险的发展步调一致。社会保护政策便是用来应付这些发展障碍、提升人们生活水平的一个新的、有效的工具。

（二）社会变迁带来的新的社会风险

所谓新社会风险，指的是人们在面临向后工业社会转变过程中，经济和社会的变化给人们生活带来的风险。②新风险与旧风险的不同之处在于，新风险一般只对特定阶层的影响较大，与新风险关系紧密的人群主要是妇女、青年就业群体以及那些没有合适技能的人。但是由于新风险涉及的人数更多，因此，能否有效

---

① 张碧琼．经济全球化：风险与控制．北京：中国社会出版社，1999：40.

② 彼得·泰勒-顾柏．新风险 新福利：欧洲福利国家的转变．北京：中国劳动社会保障出版社，2010：2.

应对新风险显得愈来愈重要，如果未能有效地处理这些风险，将会对贫困、不平等及未来生活产生重大影响。具体来讲，新社会风险主要有以下几种：

第一，劳动力市场的变化。新社会风险对劳动力市场的影响主要表现为：

（1）低技能者在劳动力市场中地位的削弱。新兴技术和生产方式的变化，使得对传统制造业中大量半熟练和非熟练工人的需求大幅下降，而且随着资本和生产要素的跨国流动，大量劳动密集型产业转移到了具有低工资优势的国家，所有这些都导致了劳动力市场需求的变化。那些既没经过职业培训也没受过高等教育的低技能者的失业率远高于平均失业率。在德国，1991—1997 年间，低技能者的失业增长率占总失业增长率的 40%。① 低技能者的高失业率很容易使这些人被排斥在正规劳动市场之外，为了生存，这些人不得不进入非正规部门从事薪水低廉的服务工作，欧盟统计数据显示，2003 年欧盟国家 34%的低技能工人的工资比平均工资低 25%以上。然而尽管世界各国对非正规就业的依赖在增加，但是他们却无法获得相应的福利。国际劳工组织统计数据显示，仅有不到 10%的中东国家向非正规就业者提供健康保障，在亚洲和拉丁美洲，这一数字低于 40%；同样，在广大发展中国家，只有极少数国家向非正规就业者提供养老金及遗嘱抚恤金；而向非正规就业者提供失业补助或家庭津贴的国家更是稀少。②所有这些导致了非正规就业者的生活处境非常艰难。

（2）非标准就业人数的增加。随着市场竞争压力的增强，企业开始提倡更具灵活性的政策，使用非标准化和较不安全的雇用形式，从而导致了兼职、临时和非正式合同雇佣工人等非标准化就业安排的激增，这其中绝大多数为女性。1995 年欧盟 21 个成员国的非全职就业比率为 14. 5%，到 2019 年这一比例为 16. 5%。同一时期，OECD 国家的非全职就业比率也由 14%增至 16. 7%。③ 工作的灵活性意味着传统由工人代表、政府和企业构成的用以满足工人所需福利、服务和权益的三方协商格局的终结，由此削弱了工人在劳动力市场中的谈判能力。许多兼职或临时性就业人员无法再享受到失业保险、额外福利津贴、家庭贷款以及工会保

---

① 彼得·泰勒-顾柏．新风险、新福利：欧洲福利国家的转变．北京：中国劳动社会保障出版社，2010：31.

② 国际劳工组织．2009 年世界劳工报告．北京：中国财政经济出版社，2011：16.

③ 资料来源：经济合作与发展组织（OECD）官网．［2020-08-12］. http：//stats. oecd. org/Index. aspx? DataSetCode=FTPTC_I#.

护等权益，越来越多的人处于无保障状态，从而增加了其脆弱性。

（3）青年失业率的上升。失业率（特别是长期失业率）居高不下已成为世界各国普遍关注的问题，其中青年失业问题尤为突出。国际劳工组织最新报告指出，25岁以下的男性和女性有7450万人处于失业，造成全球有13%的青年失业率，为整体失业率的2倍之多。①青年失业率的增高主要是全球经济增速普遍放缓所导致的对劳动力需求的减弱、产业结构与人力供给之间的落差以及青年人缺乏工作经验、在劳动力市场中竞争不强等因素所致。这一群体失业问题的严重化，不仅会为日后更为严重的社会问题埋下祸根，而且青年人作为未来国家经济发展的助推力，将直接影响到一国未来发展前景。劳动力市场的变化意味着传统以收入替代为主的消极保障模式（如失业救济金）已经失效，必须寻找新的、积极的社会保护政策。

第二，家庭结构的变化。随着社会的变迁、人们思想观念及生活方式的改变等，传统的婚姻家庭也发生了很大变化。一方面，家庭结构正变得越来越不稳定，离婚、分居及单亲家庭越来越普遍。据报道，美国1960年人口普查时，只有9%的孩子来自单亲家庭，到2000年时这一比例增加到了28%，2010年来自单亲家庭的孩子仍占27%，意味着每4个孩子中就至少有1个是来自单亲家庭。② 单亲家庭的贫困率普遍比较高，其中单亲母亲家庭的贫困率更高，比贫困家庭平均比率高将近3倍。在日本，2009年其单亲家庭的贫困率已高达58%，③ OECD的统计数据同样显示，在20世纪90年代中期，美国、英国和德国单亲家庭的贫困率分别为54%、49%和48%④，可以说，家庭结构的不稳定意味着有更多的人面临着贫困的风险。另一方面，越来越多的妇女进入劳动力市场从事有薪酬的工作。在传统福利模式中主要是男性工作养家，妇女则在家里照顾小孩和老人。但是在当前社会，随着妇女要求受教育和独立就业的意识的提高以及男性养

① 2014全球就业趋势.［2020-09-20］. http://www.ilo.org/beijing/information-resources/public-information/press-releases/WCMS_234226/lang--zh/index.htm.

② 中国广播网．美国全国离婚率接近50% 单亲妈妈已成普遍现象［2020-10-01］. http://china.cnr.cn/qqhygbw/201205/t20120514_509611536_1.shtml.

③ 中国评论新闻网—国际时事．日本贫困率偏高六人中一贫民［2014-10-21］. http://www.chinareviewnews.com.

④ 埃斯平·安德森．二十一世纪的福利国家——老龄社会、知识型经济和欧洲福利国家的可持续发展//吴士余．后福利国家. 上海：上海三联书店，2004：428.

家的比例的下降，开始有更多的妇女进入劳动力市场。在中国，1996 年在全国就业总人口中，女性劳动者占 46.6%，比 1990 年增加了 1.8 个百分点，①在 OECD 国家，自 2005 年以来，年龄在 15~64 岁的女性就业比例均超过 55%。尽管大量研究证明，家庭中两个人都有工作的贫困率要远低于两个人中只有一方有工作的家庭（在欧盟，后者的贫困率是前者的 3~6 倍），但事实上，妇女很难平衡工作和家庭的关系，由于国家在减轻家庭照顾负担方面的服务支出，特别是花费在照顾儿童和老人方面的支出较少，大多数女性选择了比较灵活的工作。这种半就业模式不仅将女性排除在正规就业保障体系之外，而且很容易导致女性在劳动力市场中处于劣势状态。要提升女性的自主性和社会地位，就必须寻求有效的保护措施，将性别视角纳入社会保护政策的制定和实施中。

第三，人口结构的变化。人口变化是涉及发展时不得不考虑的一个重要因素，人口结构的变化给当前社会带来了严重挑战和新的风险。一方面，世界人口持续增长。尽管近年来全球总体人口增长率在平稳下降（见表 2-7），但是从表 2-7 中可以看出，世界总人口数量却在迅速上升，而且到 2018 年世界总人口数已超过 75 亿人。人口数量的不断膨胀必将会给经济、社会和环境体系造成巨大压力。另一方面，世界人口也在趋于老化，根据联合国相关规定，一个国家 65 岁及以上人口占总人口比例超过 7%时便被称为“老年型”国家，从表 2-7 中可以看出，自 2002 年以来，世界老龄人口占总人口的比例已超过 7%，除少数非洲国家外，几乎所有国家的人口结构均趋于老化。而且尽管与发达国家相比，发展中国家人口相对较为年轻，但是发展中国家的老龄化速度却快于发展中国家。像中国这样的人口大国，老龄化速度更快（从表 2-7 可以看出中国老龄化增速要远高于全球平均增长率）。尽管人口预期寿命的延长是人类进步的重要标志，但是人口老龄化同时也给各国带来了巨大压力。一方面，照顾老人的责任会直接影响到家庭就业和收入，上文中已经提到，家庭中一方工作，另一方在家承担照顾责任的家庭比双方都工作的家庭贫困率要高。另一方面，老龄人口的增多将会加重国家养老金和医疗保健服务等成本支出。据报道，如果目前的社会保障和福利政策

① 中国妇女报．女性就业现状及行业与职业分布性别差异。［2020-09-01］. http://job.chsi.com.cn/jyzd/zcht/201303/20130308/396069750.html.

不变，到下个世纪初，意大利政府的养老金支出将比现在增长 5 倍。①由此可以看出，年龄结构的变化对一国而言意味着很大的财政压力。对此，很多国家进行了养老金改革，建立私营养老金体系。但是这种由“福利国家”向“福利市场”的转变极易加重老年群体间的不平等，使老年人承担更多风险，因此必须探寻新的社会保护体系，使得养老保障能够在可持续性和充足性之间实现平衡。

表 2-7　　人口结构变化图

	全球人口总数（亿）	世界人口增长率（%）	世界 65 岁及以上人口占总人口比率（%）	中国 65 岁及以上人口占总人口比率（%）
2002	62. 73	1. 28	7. 05	7. 08
2018	75. 92	1. 10	8. 87	10. 92

资料来源：The World Bank. [2020-09-08]. http://data.worldbank.org/indicator/SP.POP.TOTL/countries? display=graph.

除此之外，艾滋病等传播疾病的蔓延、全球气候的变化、食品及能源价格的上涨、国际移民以及进城务工人员的增多等，均增加了人们的风险和脆弱性。新风险和不确定性的增多，一方面给发达国家原有的社会福利体系造成了巨大压力，促使其必须重新审视原有社会保障体系及其有效性，以应对上述变化带来的挑战；另一方面，对于广大发展中国家来讲，风险和脆弱性的不断增加以及社会排斥的强化意味着人们对社会保护的需求将比以往任何时候都大，而以社会保险为核心的社会保障制度对于广大发展中国家来讲并不适用。所有这些意味着需要迫切寻找新的、更加有效的政策机制来替代传统的社会保障制度，以便对日益增加的新风险和新需求做出有效回应。

二、社会保护政策的基本内容

尽管目前国际社会对于社会保护在应对全球化背景下人们变化了的需求，以及不断增长的贫困、脆弱性和社会排斥等问题方面的有效性正逐步达成共识，但

---

① 新华网．世界人口老龄化问题与“国际老年人日”[2020-09-01]. http://news.xinhuanet.com/ziliao/2003-06/30/content_944850.htm.

是这一共识才刚刚形成还很不完善，对于社会保护政策与范围更广的发展政策之间的界限还存有很大争议。而且正如上一章中所讲的，即便是针对社会保护政策本身，不同的发展机构对其理解也不同。因此，有必要对社会保护政策的基本内容做进一步梳理。

（一）社会保护政策的目标

尽管国际社会对于社会保护的理解存有差异，但是对于社会保护所要实现的目标却很少存有争议。具体来讲，概念广泛的社会保护政策应包括以下目标：①

第一，要为较不活跃的穷人提供最低标准的福利。通过提供最低收入保障、确保人们能够获得基本的商品与服务等，社会保护要能够使处于糟糕处境中的人们有尊严地活着，避免贫困的代际传递。

第二，促进积极的社会经济安全。社会保护应采取积极的而非消极的战略和政策，预防、降低和缓解人们所面临的风险，使人们的损失最小化，增强人们的安全感。

第三，提升个人潜能。社会保护应致力于穷人自身能力的提升，使之能够依靠自身能力来摆脱贫困、被剥夺和不安全状态。

第四，促进社会正义与包容。社会保护还应努力扭转那些使人们长期处于贫困状态的压迫性社会经济关系，通过消除社会不平等、社会排斥等阻碍性因素，为穷人参与社会经济生活创造平等机会。

上述这四大目标之间相互联系、相辅相成，能够有效地预防和纠正一系列不良事件造成的负面后果，促进积极效应的产生。

另外，具体到一国来讲，又可以将社会保护目标分为长期目标、中期目标和短期目标。② 一般来讲，短期目标主要是通过采取保护性措施以应对直接需求，如应对自然灾害等危机事件造成的冲击、为改革进程中处于不利地位的人提供救助等；中期目标则应当着眼于建立健全社会保护体系，以便能够采取持久性行动

① Garcia A. B. and J. V. Gruat. Social protection: a life cycle continuum investment for social justice, poverty reduced and sustainable development. Geneva: ILO, Social Protection Sector, 2003: 22-23.

② Economic and Social Council. Enhancing social protection and reducing vulnerability in a globalizing world. New York: United Nation Economic and Social Council, 2000.

来应对长期贫困；长期目标一般着眼于贫困产生的根源，强调通过增加教育、医疗服务机会，减少社会不平等等措施来增强人们未来抵抗风险的能力以及增加人们的发展机会。这三者之间相互联系，并没有明确的界限，用来实现某一特定目标的措施也有可能同时促进其他目标的实现，如有条件现金转移支付计划既能够满足贫困群体的直接需求，从长远来看也有助于贫困者个人能力的提升（见图2-3）。

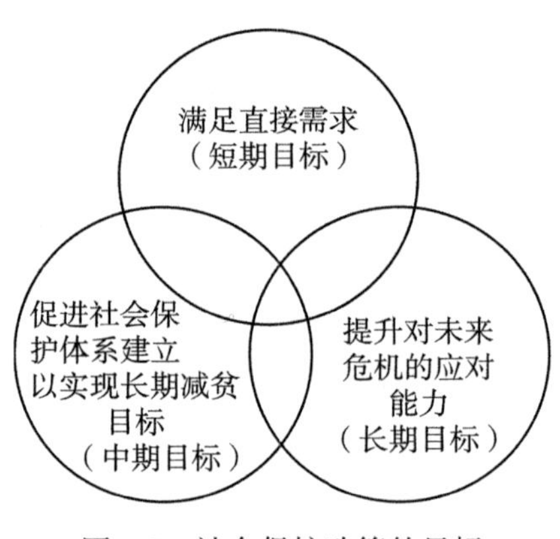

图 2-3　社会保护政策的目标

（二）社会保护政策的构成要素

由于目前各国际发展机构对社会保护的理解不同，因此对社会保护政策应包含哪些构成要素也存在不同意见。如国际劳工组织将社会保护的构成要素分为三部分：社会保险、社会救助和劳动力市场政策；世界银行的社会保护政策包含：社会安全网、社会保险和劳动力市场政策；① 亚洲开发银行将社会保护的构成要素分为：劳动力市场政策、社会保险、社会救助和福利服务、小额信贷和基于区域的计划，以及儿童保护；②欧盟认为社会保护的构成要素包括：社会保险、社

① The World Bank. Social protection sector report: from safety net to spring board. Wanshington D. C.: the World Bank, 2000.

② ADB. Social protection. Manila: Asian Development Bank, 2001.

会救助（或社会转移支付）和促进社会包容性措施；①经合组织发展援助委员会（DAC）将社会保护的构成要素广泛地界定为：公共行动（包括社会转移支付、社会保险、最低标准、社会服务等公共措施）和私营行动（包括汇款、私人保险、自愿性标准、私营服务等私人措施）；② 拉美和加勒比经济委员会（ECLAC）将社会保护的构成要素分为缴费型、非缴费型和劳动力市场规制三类措施；③ 东亚和太平洋地区人类发展研究所认为社会保护政策包括社会安全网、劳动力市场政策和养老金，等等。④

不难看出，正如社会保护的定义一样，目前国际社会对于社会保护的构成要素并没有形成统一意见。不过通过梳理可以发现，缴费型的社会保险和非缴费型社会救助依然是各国社会保护分类中最基本的构成要素。由此说明，社会保障依然是社会保护的核心。不过，各国际组织对社会保护政策的分类并不全面，在此我们通过一幅图来更直观地展示社会保护政策所包含的要素（见图 2-4）。一个全面的社会保护政策应包含图中所有要素。其中，中间直线将整个图划分为两部分，上半部分代表公共的或国家行动，下半部分代表私营的非国家行动。图中，C 代表旨在缓解剥夺状况的社会或公共项目；J 代表由个人或家庭等非正式支持体系提供的风险应对措施，如削减消费、出售牲畜等；B 和 G 代表所有形式的社会救助措施（包括所有政府的或是非政府的公共行动），这些措施旨在通过社会转移支付来帮助那些符合资助标准的贫困人群，社会救助与社会安全网的不同之处在于社会救助不仅仅是短期的、临时性的应对措施；D 代表社会保险，包括养老保险、医疗保险、生育保险等；H 代表私营保险以及个人或家庭采取的多元化风险规避战略，如农作物保险、结婚等；E 和 I 代表促进性措施，旨在使人们有

① The European Working Group on Social Protection and Decent Work in Development Cooperation etc. Addressing chronic poverty: linking social protection, economic growth and EU development cooperation. Brussels: Roundtable on Social Protection on International Anti-Poverty Day, 2007.

② OECD. Social protection, poverty reduction and pro-poor growth. Policy guidance notes: social protection, 2009.

③ Cecchini S. and R. Martinez. Inclusive social protection in Latin America: a comprehensive, right-based approach. Economic Commission for Latin America and the Caribbean, 2012.

④ J. Armstrong etc. Towards an East Asian social protection strategy. Washington D. C.: Human Development Unit, East Asia and Pacific Region, the World Bank, 1999.

能力脱离脆弱性状况，提高生计水平，与传统的社会安全网措施相比，这些措施可以被看作是社会保护的“跳板”要素；A指的是基本的社会服务，如面向全体社会成员的教育和医疗服务等；F代表变革性要素，如赋权和参与等。

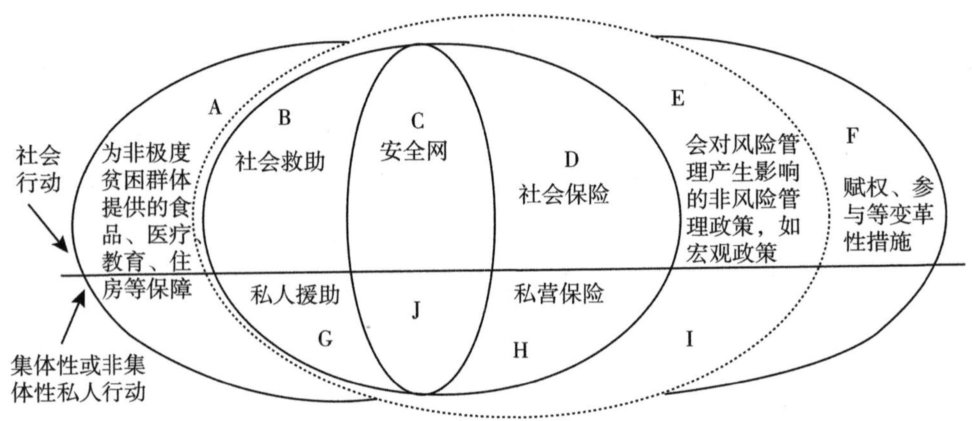

图2-4　社会保护政策的构成要素

资料来源：根据Sabates Wheeler, R. and L. Haddad. Reconciling different concepts of risk and vulnerablity: a review of donor documents. Institute of Development Studies, Sussex, 2005改编而成。

上述所有构成要素可以大体归为以下四类：

（1）短期的、临时性的社会安全网措施。事实上，如果社会安全网的覆盖范围足够大，并且被视为公民和国家之间的“社会契约”的一部分而给予充足的资源支持，能够常规实施（或是持续好几年），那么社会安全网将不仅可以用来暂时平滑收入，而且还将能够产生更长久的效果。在该方面，印度2005年开始实施的“全国农村就业保障计划”（national employment guarantee scheme）可以说是一个典型。公共工程项目属于典型的社会安全网项目，但是印度政府通过颁布《全国农村就业保障法》，将具有短期性特征的公共工程项目作为一项制度化的法律固定下来，确保穷人每年都有权利获得一定天数的工作，这样就使得社会安全网措施在为穷人提供就业机会、促进基础设施条件的改善、促进公民生计提升之间能够产生协同效应。因此，设计良好的社会安全网措施可以成为一项非常有效的社会保护措施。

（2）社会保障措施。社会保障既要确保正规就业部门的劳动者能够享有全面的社会保险，同时还要探寻如何将大量处于正规就业部门之外的劳动者也纳入其中。从目前国际组织和相关研究者对社会保护的研究来看，关注重心更多地集中于社会保障中的非缴费型计划的拓展。

（3）人的能力提升措施。人的能力提升措施包括：通过采取预防性的措施来避免风险或冲击对人力资本的破坏，以及采取促进性措施来提升人的能力，增强人们的风险抵抗能力。

（4）社会权利保护措施。社会权利保护措施主要针对那些既没有被正规社会保险体系所覆盖，又没有被纳入社会救助体系的边缘群体，通过消除社会排斥、社会不平等、社会歧视等结构性要素，保障弱势群体社会权利的实现。只有公民的社会权利得到保障，才有机会获得前三类社会保护措施的保护。

（三）社会保护政策的功能

设计良好的、综合性的社会保护政策应具有以下功能：

（1）预防功能。通过建立事前预防机制，社会保护能够保护人们免受意外事件和风险的冲击，降低人们的脆弱性。

（2）维持功能。社会保护作为潜在的自动稳定器（automatic stabilizer），通过对家庭和社区在遭遇经济、政治、环境或其他冲击时提供充分支持，能够避免对人力资本及资产造成不可挽回的损失，确保受冲击者的生计安全。

（3）发展功能。通过为贫困家庭的儿童提供充足的营养、教育、卫生保健等，社会保护能够提升贫困儿童的人生机遇，打破贫困的代际传递。通过对贫困者提供技能培训或是帮助其进行资产的积累等，使贫困者有机会从事生产性经济活动，社会保护有助于提升贫困者的可持续生计能力，推动经济和社会的可持续发展。

（4）赋权功能。通过无条件现金转移支付计划，由穷人自己决定该如何支配救助金，本身就是一种赋权行为①，而通过有针对性的现金转移支付计划将转移

① Hulme, etc. Social protection, marginality, and extreme poverty: just give money to the poor? //Braun. V. Marginality: addressing the nexus of poverty, exclusion and ecology. [2014-11-07]. http://www.springer.com/environment/book/978-94-007-7060-7.

支付金直接给予妇女，有助于改善妇女在家庭中的地位，提升妇女权利。另外，世界助老协会研究称，妇女是关键决策者的家庭，投资于儿童的资源要多于那些妇女较少有决策权的家庭，因此，将妇女作为目标对象的社会保护计划对于贫困的缓解及妇女和儿童权利的实现都至关重要。①

（5）社会公正功能。针对贫困者的能力提升及赋权措施，能够促使贫困弱势群体更加自信地主张其权利，使他们在涉及有关其切身利益的重大问题上享有发言权，从而使其需要有机会得到满足、利益得以维护，自身权利得到保障。此外，通过确保贫困者能够享有充足的消费和生活水平，过上体面生活，社会保护能够减少社会成员对社会的不满、避免社会矛盾的激化，从而进一步巩固社会团结的价值观，促进社会凝聚，而安全、稳定的政治和社会环境又为经济的发展创造了良好的发展环境，进而使公民过上满意的生活。

三、不同国际发展机构的社会保护政策

社会保护在国际发展议程中的兴起主要归功于近年来世界银行、国际劳工组织、英国国际发展署等多边和双边机构对社会保护政策的日趋重视。这些国际机构既是社会保护理念的最先倡导者，同时也是促使社会保护在南方国家广泛实施的最直接推动者。但是这些国际发展机构各自的“本职工作”、发展理念、优先考虑重点等的不同，导致各国际机构各自社会保护政策的切入点、关注的重点、采取的响应措施等都存在很大差异。在此，主要介绍几个在社会保护领域比较活跃、具有一定代表性的国际机构在社会保护政策领域的行动。

（一）国际劳工组织

在“社会保护”这一概念还未被提上国际发展议程之前，国际劳工组织一直是国际社会保障事务的主导者。直到20世纪90年代后期，世界银行、国际货币基金组织等国际机构才开始介入社会保护领域，部分地取代了国际劳工组织的主导地位。

国际劳工组织之所以最早介入社会保障领域，主要原因在于社会保障与劳动

① OECD. Social protection, poverty reduction and pro-poor growth//OECD. Promoting pro-poor growth: social protection, Paris: OECD, 2009.

力的供给、生产、竞争等有着密切关系。因此在社会保障领域，国际劳工组织主要关注劳工的社会保障问题。国际劳工组织认为社会保障由两部分构成：偶然性社会保障（contingent social security，CSS）和基本社会保障（basic social security，BSS），前者旨在应对“不幸”（adversity）问题；后者则用于应对“不足”（deficiency）问题。偶然性社会保障实质上等同于社会保险。在社会保护概念没有被提出之前，国际劳工组织重点致力于推动偶然性社会保障（社会保险）的发展，通过各种社会保险项目的建立来为正规经济体中的劳动者提供保护。

进入20世纪90年代以后，国际劳工组织除了使用“社会保障”概念外，又新增了一个概念——社会保护。1993年，国际劳工局局长米歇尔·汉森（Michel Hansen）在第80届国际劳工大会上发表了题为《社会保障的发展历程：社会保险—社会保障—社会保护》的报告，报告指出：在过去三四十年间一直使用的社会保障概念已经扩大到了面向所有公民提供普及化的基本社会支持的社会保护概念，与社会保障概念相比，社会保护不再考虑保险金缴纳情况或就业史，政府也主要是根据“需要”而不是权利来确定津贴数额。① 不过在国际劳工组织的各项公约及报告中经常会出现“社会保障”和“社会保护”互换使用的情况。国际劳工组织2011年发布的《世界社会保障报告》中就明确指出：“本报告中‘社会保护’和‘社会保障’可以互换；‘保护’是人们面临社会风险和社会需要时，由社会保障所提供的。”②

尽管在国际劳工组织的议程中，社会保障和社会保护可以互换使用，但是在使用社会保护概念后，国际劳工组织的关注重心逐步由社会保险转向了基本社会保障。1999年国际劳工大会上提出的《体面劳动议程》（*Decent Work Agenda*）将“为所有人提供广泛而有效的社会保护”作为《体面劳动议程》的四大战略目标之一。③《体面劳动议程》强调所有人都有权利获得最基本的社会保护，尤其强调要将那些未被正规社会保护体系所覆盖的自我雇佣人员及其他非正规部门的劳动者（尤其是非正规就业女性）纳入社会保护体系中。为扩大社会保护的覆盖

① 唐钧．从社会保障到社会保护：社会政策理念的演进．社会科学，2014（10）：59.

② 国际劳工局．世界社会保障报告（2010—2011）．人力资源和社会保障部社会保障研究所，译．北京：中国劳动社会保障出版社，2011：75.

③ 国际劳工组织．体面劳动．［2009-08-30］．http：//info.cec-ceda.org.cn/glxz/pages/20070810_9469_2_.html.

面，国际劳工组织提出了“社会保护底线”（social protection floor）的倡议，取代了之前的“社会保障最低标准”。2012年国际劳工大会上通过了《国家社会保护底线的倡议》，以指导发展中国家通过建立国家社会保护底线，逐步扩大社会保护覆盖面，确保每一位公民都能享有基本的社会保护。

与世界银行等其他国际组织不同，国际劳工组织在社会保护领域的行动主要着眼于具体项目和行动计划的开展，而不致力于社会保护政策框架的构建。在具体活动中，国际劳工组织尤其强调国家或政府在社会保护中的核心作用，其关注重点主要是公共支持行动，而较少考虑私营活动。尽管国际劳工组织也承认私营部门在社会保护领域中的积极作用（如提供私营医疗健康服务、私人保险等），但是认为单纯由私营部门开展的活动并不能算作社会保护活动，只有在公共支持框架内发挥作用时，私营部门的活动才能被纳入社会保护中。因此，在国际劳工组织对社会保护的理解中，“社会保护”中的“社会”一词明确了社会保护提供者的性质。在其发展议程中，国际劳工组织较少关注那些未被纳入公共支持框架、由私营或以市场为基础的行为主体所开展的预防、缓解和应对风险的行动。另外，为更好地满足处于正规经济之外的脆弱群体的需求，在开展社会保障项目时，国际劳工组织强调项目的选取及具体设计必须紧密结合并能反映不同类别的穷人的资源状况、他们的优先排序及偏好等。国际劳工组织强烈推动并支持那些以社区为基础的社会保险计划（特别是在西非地区）。

总体看来，国际劳工组织在社会保护领域的特征可以概括为以下三个维度：（1）基于权利本位，强调社会保障和社会保护是每位公民应享有的基本人权；（2）基于参与和社会对话，国际劳工组织强烈推动将社会对话作为其政策制定和实施的一部分，在这一过程中通过赋权于人民，能够使得政府和其他经济主体更加负责；（3）基于基础广泛的社会保护战略，国际劳工组织认为社会保护政策应当覆盖所有公民，因为在全球化时代，人们所处的经济和社会环境越来越不安全，因此，该组织认为原则上每一个人都是脆弱的，都应当被社会保护所覆盖。①

① Ginneken，W. van. Managing risk and minimizing vulnerability：the role of social protection in pro-poor growth. Geneva：ILO，2005.

（二）世界银行

除国际劳工组织外，世界银行是活跃于社会保护领域的另一个重要的国际机构，并且在社会保护领域的影响力越来越大。世界银行主要是通过提供技术支持和财政支持来推动发展中国家社会保护的发展。世界银行最早介入社会政策领域是在20世纪80年代，一开始仅局限于劳工市场调查和政策制定，以及综合性农村发展项目的开展。拉美危机爆发后，世界银行在1990年发布的《世界发展报告》中，将针对穷人的安全网策略与劳动密集型增长、人力资本的投资一起作为应对贫困问题的三大战略。但是社会安全网政策仅被视为“最后的诉求”，只是用来缓解经济发展过程中出现的问题。90年代一系列危机的发生充分证明了安全网政策的失效，鉴于此，世界银行对其发展战略重新做了调整，意识到社会政策不仅仅要缓解贫困，更应当注重贫困的预防。紧接着在2001年发布的《世界发展报告2000—2001》中，世界银行将“安全、赋权和机会”共同作为消除贫困的三大战略。在2001年发布的《社会保护部门战略：从安全网到弹跳板》报告中，“安全”进一步发展为“社会保护”概念。

《社会保护部门战略：从安全网到弹跳板》报告的发布，标志着世界银行社会发展战略的根本性转变。报告中提出了一个新的社会保护政策框架——社会风险管理（social risk management，SRM）。作为社会风险管理的社会保护政策主张，社会保护不仅仅是为极端贫困群体提供最基本的安全网，它还应当成为贫困人口摆脱贫困的跳板。在社会风险管理框架中，政府的作用就在于为那些极端贫困群体提供支持，而非贫困人口和低收入群体可以依靠非正式的或基于市场的制度安排来获得保护。① 对于世界银行所提出的社会风险管理框架在后面章节中将会进行详细阐述，在此不再详细展开。

通过对比世界银行和国际劳工组织的社会保护策略可以发现，这两大国际组织间的策略是相互矛盾的。在国际劳工组织的社会保护策略中，获得社会保护是每位公民的基本人权，因此，国际劳工组织重点强调社会保护覆盖面的扩展，通

① Holzmann, R., L. Sherburne-Benz and E. Tesliuc. Social risk management: the World Bank's approach to social protection in a globalizing world. Washington D. C: Social Protection Department, the World Bank, 2003.

过将每位公民都纳入社会保护体系中来使每个人都能过上体面生活，促进社会的包容与凝聚。而世界银行的社会风险管理框架中并没有将更平等的收入分配作为其追求的目标。社会保护的供给也是优先考虑个人和市场，公共福利供给只是“最后的诉求”，充分反映了其新自由主义的价值观。世界银行社会保护政策的实施更多地是出于对促进经济增长的考虑而非促进社会公平与平等。

（三）经济合作与发展组织

经济合作与发展组织组建的发展援助委员会（Development Assistance Committee，DAC）是一个专门负责协调向发展中国家提供官方发展援助的援助机构。在发展援助委员会之下成立有专门的减贫网络小组（OECD/DAC's poverty network，POVNET）负责减贫战略的制定及政策的协调。减贫网络小组成立后的第一阶段（1999—2001 年）的重要成果是建立了贫困多维框架，认识到导致贫困的因素的多维性。从 2004 年开始，减贫网络小组提出了实现益贫式增长（pro-poor growth）的目标。为实现这一目标，同年减贫网络小组组建了新的任务小组——“风险、脆弱性和社会保护小组”（TT-RV/SP），该组织认为，单靠经济部门并不能实现益贫式增长，必须将经济机会、社会保护及赋权三者整合起来，只有实现三者之间的平衡，才能促进益贫式增长目标的达成。此后，发展援助委员会中的两派——主张采取计量经济学方法的一派和倡导更加社会化的方法的一派，经过多次对话协商后最终对益贫式增长的内涵达成共识，即所谓益贫式增长，是能够提升人的能力使之参与到经济增长中来，对经济增长做贡献并能够从经济增长中受益的增长方式。

在“益贫式增长”目标框架下，发展援助委员会更加强调发展的社会维度。因此，与国际劳工组织、世界银行、英国国际发展署等国际机构将社会保护、社会发展、就业和益贫式增长等目标分别单列出来——实现不同，发展援助委员会则主张将上述这些目标糅合在一起，采取所谓的“全面社会政策方法”。（comprehensive social policy approach）。发展援助委员会认为将社会保护、社会发展、就业和益贫式增长等目标割裂开来分别实现，会破坏一国社会经济政策框架的一体化和连贯性。“社会政策方法”的关注重点是如何通过社会保护来促进“益贫式增长”目标的实现，它强调通过赋权使很大一部分贫困劳动力参与经济发展并确保这些社会成员能够维持并实现收入的增长，这样一来，社会保护将有助于实现经济的快速和可持续增长。在其社会保护框架中，中央政府发挥着主导性作用，但是，社会伙伴（雇主组织和工会等）以及市政机构等也能够通过协商等方式发挥积极的、有影响力的作用，通过推动基于全面共识的行动方案的形成，以降低脆弱性，帮助公民更好地应对整个生命周期中的生计风险。

经合组织发展援助委员会所采取的“社会政策方法”的主要特征可以概括如下：①（1）该模式是基于权利和普遍主义的模式，既强调社会政策的预防和赋权维度，同时也强调普遍性基本服务的供给（如教育、医疗等）在提升个人能力以预防、缓解和应对冲击，以及促进社会资本的积累（包括社会责任、信任、稳定与凝聚等）等方面的潜能；（2）强调普遍主义并不意味着单靠公共部门来生产和提供基本服务与保障，相反，公共部门的主要责任在于确保或至少推动非歧视和平等的实现，并为风险管理创造有利的环境。除此之外，私营部门通过承担企业社会责任在预防或减少对社会保护措施的需求方面也能够发挥重要作用；（3）它既支持那些无法自助者，也覆盖那些不太贫困者；（4）它包括收入分配政策、累进税制度、积极的劳动力市场政策以及能够促进性别和机会平等的政策；（5）它涵盖福利（而非福祉）的所有维度。因此，在经合组织的框架中，社会保护政策不仅仅是社会福利部门的事，而且是促进“益贫式增长”和经济社会可持续发展的有效手段。

总之，上述这些国际机构各自对社会保护的理解存在较大差异。这种差异与这些机构自身价值观、所擅长的领域等密切相关。正是由于国际劳工组织一直以来主要关注劳工权益问题，其在社会保护领域的行动也主要集中于与劳工有关（包括正规部门和非正规部门工作者）的社会保护问题；世界银行作为一个金融机构，决定了其社会保护支持行动主要是通过提供优惠贷款等资金援助形式来展开；经济合作与发展组织作为一个政府间经济组织，主要以促进经济发展为目标，因此关注重点在于社会保护政策要有助于促进经济的发展。不过，尽管上述这些国际机构对社会保护的理解还未达成一致，但是整体看来，国际机构在社会保护领域的行动均体现了由传统的人道主义援助向发展性途径的转变。各国际机

① Voipio T. Social protection for poverty reduction: the OECD/DAC/POVNET view. Institute of Development Studies, Sussex, 2007.

构均普遍致力于贫困的长期减少，各国际机构社会保护的目标不再局限于提供短期的生计保护，而是着眼于如何最终减少援助需求，使贫困人群能够摆脱对援助活动的依赖并实现自立。

第三章 社会保护政策的理论阐释

在介绍了社会保护政策的发展演进历程后，这一章将重点梳理与传统社会政策相比，社会保护政策有哪些新的变化。本章将首先从传统社会保障政策的基本理念入手，紧接着分析与社会保障相比社会保护政策理念的变化。在此基础上，进一步阐述了社会保护政策产生的理论支撑，分析社会保护政策分别从生态系统理论、需要层次理论、生命周期理论、福利多元主义理论、社会公平理论以及公民权利理论中吸取了哪些理论要点。通过对社会保护基本理念及理论基础的阐述，将有助于更好地把握社会保护与社会保障之间的差异，进一步明晰社会保护政策相对于其他社会政策的优越性。而正是社会保护独有的优势才使得越来越多的国际组织和民族国家偏向于使用社会保护而非社会保障概念。

第一节 传统社会保障政策的基本理念

社会保护在国际发展议程中兴起之前，社会保障一直在国际社会政策研究领域居于主导地位。鉴于理念是行动开展的指南，任何一项社会政策的制定和实施都要以一定的价值理念为指导。因此，本节将首先对社会保障政策的基本理念进行阐述，以便为更好地把握社会保护政策的基本理念做铺垫。

一、在思维方式上，关注事后贫困的缓解

传统社会保障政策解决问题的一贯思路是待问题发生后再采取补救性措施。社会保险和社会救助是社会保障制度的两大核心要素。社会救助的目标群体为贫困群体。获得社会救助被视为公民的一项法定权利而非政府的恩赐。当公民的收

入水平低于某一规定的标准后，便有权利从政府获得相应的帮助。因此，社会救助往往又被称为“免费的午餐”，即只要符合法定资格条件，公民就有权利从政府那里寻求帮助，而不像社会保险一样需要事先尽特定的义务。社会救助制度的建立，为处于生活最底层的公民构筑起了一张“安全网”，有助于帮助贫困群体摆脱生存危机，实现社会的稳定。而社会保险则强调权利和义务的对等性，公民只有在缴纳一定费用后才可享受社会保险。与社会救助补贴相比，社会保险的目标对象主要是劳动者及其家属，而且它不是在劳动者已经陷入贫困后才提供保障，而是在社会风险发生后为遭受冲击的人们提供收入支持，以缓解人们的损失，尽可能减少人们陷入贫困的几率。因此，社会保险为避免劳动者及其家庭成员陷入贫困提供了强有力的保障。

但是，无论是社会救助还是社会保险，均属于“事后干预”措施，即均是在风险事件发生后才采取的应对措施。社会救助很明显是一种事后干预措施，而社会保险实际上也只是一种风险缓解措施而非风险预防措施，它只能减缓人们遭受的冲击却无法起到预防风险的作用。而且无论是社会保险还是社会救助，都属于收入再分配范畴，都是由政府“事后”对收入或财富的调整或再分配，具有明显的“滞后性”和“消极性”。这种事后干预措施不仅成本高昂，而且也无法从根源上解决贫困、社会排斥等社会问题。以失业问题为例，在劳动力市场中，几乎所有劳动力都面临着失业的风险，或由于自身原因，或由于结构性原因。当劳动力无法实现自身价值交换时就会面临生存危机。对此，传统的社会保障制度的主要应对措施是建立失业保险制度和失业救助金制度，在劳动者发生失业、面临生存危机时提供经济支持，使之能够维持基本生计。失业保险、失业救助可以说是一种典型的“事后补偿”或“下游干预”措施。尽管这些措施可以在短期内缓解失业者的困难处境，但是这种消极的事后补偿机制却并没有解决劳动者未能进入劳动力市场的根本问题，因此也就不能有效预防失业的发生。学者克劳斯·奥菲（Claus Offe）曾一针见血地指出，“福利国家无效力的更深层次原因在于，它不是致力于消除导致个体不幸和贫困的原因，而只是对这些事件造成的结果进行补偿。简言之，福利国家社会干预的典型特征是：总是‘太晚’。因此，相比于从源头上进行干预的类型，这种事后干预措施代价更为高昂、效率也更加低下”。①

不仅如此，“事后干预”措施属于一种典型的应急模式，即干预措施的采取只是着眼于解决当前问题，不顾及长远效应，具有一定的短视性。由于缺乏中长期战略眼光，很容易陷入“政策衍生问题”的怪圈，即由于之前采取的政策缺乏前瞻性、战略性眼光，造成了未能预料的不良后果，使得后面只好又采取新的社会政策去解决前面政策造成的问题。②

二、在干预手段上，强调对经济资源的再分配

蒂特马斯最早将社会福利制度划分为“剩余型”福利模式、“制度型”福利模式和“工业成就表现模式”。之后，剩余模式和制度模式被视为社会保障的两种基本分类模式。尽管这两种分类模式就福利资源的配置而提出的政策建议不同，如剩余模式强调只有在家庭、市场等社会供给渠道无法满足个人需求的情况下，政府才会介入为残余的少数贫困者提供保障；而制度模式则将社会保障制度化，使之成为经济社会运行中常规化的、永久的、必不可少的一部分，通过制度化的政府力量为全体社会成员提供全面保障。但是，这两种社会保障模式均将“收入的再分配”作为政府实施干预的主要手段。在传统社会保障政策看来，公民之所以会陷入贫困、之所以会产生一系列的社会问题，主要是市场不断扩张的结果，市场失效导致了一系列不良社会后果的产生。因此，需要政府通过对资源的再分配来为公民提供保护。政府为公民提供保障的经费主要来源于政府拨款或税收。通过对国民财富进行再分配，社会保障政策为公民构建起了一张“社会安全网”，使得公民的基本诉求一定程度上得到了满足，缓解了贫困群体的困难处境，有助于维护社会的稳定。

但是，对收入再分配的强调使得社会政策与经济政策被割裂开来，社会保障被认为属于“再分配领域”，而经济政策则属于“经济生产范畴”。这样一来，社会保障被看作单纯的“社会消费”或“社会支出”，使得社会保障是消极支出的刻板印象一直伴随着社会保障制度发展的始终。特别是在广大发展中国家，实

① 李棉管．行动中心主义——重构发展型社会政策的制度分析框架．武汉：华中师范大学，2011：90-94.

② 张秀兰，等．社会政策创新与中国的策略选择．江苏社会科学，2007（4）：43-46.

施社会保障更是被看作一项高昂的成本支出而被置于次要地位，社会保障被视为负担，认为实施社会保障会制约经济的发展。这种将社会政策与经济政策割裂开来，单纯停留于对收入进行再分配的保障模式必然会给国家造成沉重负担，具有明显的不可持续性。

三、在政策重点上，关注公民基本需要的满足

在前文中已经提到，需要是人的本质属性或本能。马克思的需要理论将人的需要的产生、发展及满足看作是导致人类生产活动及人类社会发展进步的内在驱动力，认为正是人的需要的不断发展变化以及对需要的满足过程推动了人类社会的发展。社会保障便是作为满足人的需要的手段而产生的。通过满足公民的基本需要，社会保障制度在保障公民基本生活、激励公民劳动积极性，进而促进经济发展与社会稳定方面发挥着积极作用。相反，需要的不充分满足会直接影响到作为社会成员的人的生命意义。

但是，需要（need）一词带有浓重的道德色彩，从需要满足的视角出发为公民提供保障，意味着受助者“应该”而不是“有权”得到帮助，具有明显的局限性。

（1）容易导致社会保障范围的缩小。从需要的视角出发，意味着政府为公民提供保障更多地是出于道义责任而非法定义务，这就使得政府在提供社会保障方面享有更多的自由裁量权。考虑到国家财政资源的有限性以及公民需要的多样性，政府往往会仅局限于去满足那些被视为“必不可少的、人类基本的共同的需要”或是“最低限度的、必要的东西”,① 换言之，社会保障仅用于确保公民能够维持基本的生活。然而，人的基本需要既包括生存需要，又包括发展需要。人活着并不只是为了生命的维持和延续，还追求过上“体面的生活”（decent life）。因此，单纯从需要满足的视角无法满足公民除生理需要之外的其他基本需要。

（2）容易将一部分急需帮助的群体排除在外。当从生物学需要（或生存需要）的视角出发来为人们提供保护时，需要与制度间的关联性就变得非常松散。因为生物学需要具有“前制度”性质，即需要的存在与制度无关，只要人存在就

---

① 张姝．论社会保障权利体系重构——基于需要的类型化研究．理论导刊，2011（5）：10.

有需要存在。基本需要的狭隘化将导致制度规范的权利安排无法在需要理论中得到体现，① 而权利视角的缺失使得政府在提供社会保护时更多地是出于自身利益的考量而非公民的诉求，由此导致部分受助对象极易因为资源短缺而被排斥在社会保障体系之外。

（3）无法解决根本问题。从需要满足的视角出发，社会保障只是对公民现实生活中表现出来的直接的需要得不到满足的现象予以满足，如对无法维持衣食住行等基本需要的脆弱群体提供直接的物质产品和服务，或是提供一定的收入支持，由受助者持现金到市场选购所需物品。由此可以看出，需要满足的视角关注的是具体的、直接的、表层的现象，而没有触及公民需要得不到满足的深层次原因。因此，无法从根本上解决贫困问题。

四、在服务供给上，政府是福利供给的主体

在工业革命之前，家庭以及邻里、社区等非正规支持体系是社会福利供给的主要承担者。工业革命特别是第二次世界大战之后，随着工业化及自由市场经济的发展，西方发达国家逐步建成了福利国家。福利国家，其核心特征就在于政府取代传统社会中家庭、邻里、社区、慈善组织等非正式支持体系成为社会福利供给的主体。由政府为公民提供“从摇篮到坟墓”的范围广泛的一系列福利服务项目。在发展中国家，尽管绝大多数国家未能建立起像发达国家一样覆盖面广泛、种类多样的福利项目，但是政府依然是提供社会保障的责任主体。

传统社会保障模式奉行的是经济安全与结果平等的基本理念，政府干预不仅被视为克服自由市场缺陷的必要手段，而且也是维护社会公平的有效措施。因此，在传统社会保障模式中，社会保障被视为政府与公民之间的一种契约，公民社会权利是公民享有社会福利的基本依据，享有社会保障被视为公民的一项法定权益，政府作为责任承担者，有义务为公民提供基本社会保障。基于这一理念，政府以其强制力为后盾，对国民收入实现大规模的再分配，以此来满足那些未能从物质生产中直接获益的社会成员或集体。通过进行收入的再分配使得弱势者的经济状况得以改善，从而缩小不同群体间的贫富差距，实现社会的稳定发展。

① 王立．需要与公民资格．理论探讨，2012（6）：49.

但是，过分强调政府的福利供给责任，忽略其他福利主体的作用，必然会导致政府的福利负担过重。20世纪70年代福利国家危机的发生便是最明显的例证。而对于广大发展中国家来讲，由于国家财力有限，单靠政府来举办社会保障事业，必然会导致社会保障覆盖面窄、保障水平低等问题。特别是在当前全球化时代下，随着人员、信息、资本、物资及服务的跨国流动，一国所面临的风险更为复杂、更具不确定性及不可预见性，对人们的影响也更广泛，在这一系列复杂问题面前，政府显得能力不足，因此，单靠政府力量来为公民提供保障已经不太可能，需要将其他社会主体纳入进来。

第二节　从社会保障到社会保护的理念转变

社会保护政策可以被看作是对经济全球化背景下传统社会保障政策在保持和增进人类福祉方面的无效性的一种回应。在回应挑战的努力中，社会保护政策的基本理念也进一步得到了拓展，以更好地服务于现实社会问题的解决。新的社会保护政策理念可以说是对传统社会保障政策理念的一种超越。与传统社会保障政策相比，社会保护理念的变化主要表现在以下几个方面。

一、从事后补偿转向事前防范

社会保护的一个重要理念就是主张采取事前预防措施，对社会问题进行事先干预，尽可能地防患于未然，以此来降低解决社会问题的成本。

一方面，社会保护突出强调要对社会风险进行管理。在全球化、知识经济、科技革命浪潮的冲击下，人类社会已经由工业社会逐步向风险社会转变。风险社会与传统社会最大的不同就在于人为风险增多。相比于传统意义上孤立、静态的风险，风险社会中的风险具有以下特征：高度不确定性，关联性，更快、更强的扩散性和更大的易受伤害性等。风险的这些特征使得置身于风险社会中的人们比以往任何时候都要脆弱，更容易陷入贫困。为此，社会保护政策特别重视对风险的管理。风险管理包括风险事件发生前的预防、风险事件发生时的缓解和风险事件发生后的应对。从风险管理的角度进行审视可以发现，传统的社会保障政策很大程度上只是一种缓解人们不幸的风险应对机制，属于危机发生后的补偿。而社会保护则突出强调了对风险的预防，强调将干预关口前移，在风险事件还未发生前就采取积极的干预措施，做到未雨绸缪，从根源上有效控制各种危险因素，推动反贫困措施由事后被动应对转向同时兼顾事前预防和事后补偿。对事前干预的重视使得社会保护政策的优先目标对象也相应地由贫困群体转向了对处于贫困边缘的脆弱群体的关注。社会保护政策不只是要在风险成为事实后才向人们提供帮助，而是着眼于如何采取有效的干预措施事先消除或尽可能减少那些会使人们陷入困境的不利因素，帮助他们免于贫困。

另一方面，社会保护政策从生命周期的视角出发，在人的整个生命历程中（包括儿童期、成年期和老年期）突出强调对“上游”即儿童期的干预。大量社会问题均根植于儿童期，儿童早期生活质量会对之后各阶段产生重要影响或是决定性作用，因此，社会保护政策主张重视对儿童期的支持，通过对生命起点的干预为之后各生命阶段的发展提供最好条件。

总之，社会保护政策与传统社会保障政策相比要更加积极、主动、更具前瞻性。社会保护政策不仅着眼于眼前已发生的，更重视事先预测未来可能会发生什么。通过将干预关口前移，加强事前干预或是“上游干预”，社会保护能够有效消除社会问题产生的条件和机制，切断社会问题发育的链条，① 进而减少贫困的发生率，降低解决社会问题的成本。

二、从消极再分配转向积极的社会投资

与传统社会保障政策仅停留于“收入再分配领域”不同，新的社会保护政策主张社会政策和经济政策的融合，将传统属于经济政策范畴的“发展”要素纳入社会保护政策中。而要在社会保护政策中加入“发展”维度，就要求改变福利制度的支出结构，使社会支出由单纯的保护功能向同时兼具保护和投资的双重功能转变，即要求社会支出要具有长期的经济效益，而这就需要进行社会投资。由此，社会投资成为新的社会保护政策的重要理念之一。社会投资的目标在于改变传统社会保障政策是“社会消费”的消极性质，扭转将社会政策置于经济政策对立面的状态。通过社会投资，社会保护政策旨在将保护与发展、公平和效率这两

① 张秀兰，徐月宾．中国发展型社会政策论纲//张秀兰，等．中国发展型社会政策论纲. 北京：中国劳动社会保障出版社，2007：10.

对在传统社会保障政策看来不可能同时实现的悖论有效协调了起来。

传统社会保障政策主要是通过收入再分配措施来保障公民免受市场动荡的影响，而社会保护政策则主张积极发挥市场的作用，“为私人履行责任提供公共支持”。① 换言之，传统社会保障认为之所以要为公民提供保护，是因为市场出了问题，对公民造成了侵害，因此，需要政府进行干预来保护公民免受市场的侵犯。而新的社会保护政策则认为是个人而不是市场有问题，正是由于公民自身能力的不足导致其未能被劳动力市场所吸纳，使得他们处于困境。社会保护政策就是要通过社会投资，促进人的能力的提升来使个人进入劳动力市场中。吉登斯作为社会投资理念的最主要倡导者，在“第三条道路”理论中明确提出要用积极的“社会投资国家”取代消极的“福利国家”，主张“在任何可能的情况下尽量投资于人力资本，而最好不直接提供经济资助”。② 在传统社会保障模式中，将对公民提供经济保护放在优先考虑位置，导致社会福利制度的人力资本投资功能被人为压缩。因此，社会保护政策将对人力资本的投资作为社会支出的重点领域，以扭转传统社会保障制度表现出来的消极色彩。

人力资本是相对于物质资本而言的，是一切资源中最重要的资源。在任何经济条件下，人力资本都是促进经济运行、社会发展的必要条件。人力资本与其他资本的不同之处在于，人力资本直接寄居在人身，它形成于对人自身的投资，是通过对人的投资能够带来持久性收益的生产能力。对人力资本投资的经济效益要远远大于对物质资本的投资。人力资本的投资主要包括：（1）通过正规、非正规教育的方式提高知识存量和劳动技能；（2）通过医疗、卫生和保健的投资提高人体健康水平。

社会保护政策对人力资本的重要性予以了充分的重视，并遵循人力资本理论的基本原理，将对教育、培训、医疗保健等的投资看作是个人获得长期发展的根本途径。通过对人力资本的投资，社会保护政策旨在增强人们当前和未来的技术与能力，使之能够更好地应对整个生命历程中可能经历的各种风险，增加其参与经济的机会，使其依靠自身努力来满足需要。如此一来，社会保护将能够极大地

---

① 莱娜·拉维纳斯．21世纪的福利国家. 周艳辉，译．国外理论动态，2014（7）：9.

② 安东尼·吉登斯．第三条道路：社会民主主义的复兴. 郑戈，译．北京：北京大学出版社，2000：122.

激发人的主观能动性和创造性，使福利对象由消极、被动的福利接收者转变为积极参与劳动力市场的活跃成员。简言之，通过对人力资本的投资，社会保护政策能够直接促进劳动力素质的提高，而公民在劳动力市场的积极参与又能够促进经济的增长。此外，通过对人力资本的投资，社会保护政策还将有助于提升一国竞争力。在全球化背景下，国与国之间的竞争日趋激烈，这种竞争归根结底是人力资本的竞争，因为人是经济社会发展的最根本动力，只有提升个人竞争力，才能增强国家的竞争力。社会保护政策将促进人的发展置于优先地位，将人作为最重要的资产进行投资，将有助于增强一国竞争力。由此，社会保护政策通过社会投资，在帮助个人的同时也实现了帮助社会、帮助国家的目标。

总之，社会保护政策突破了传统社会保障政策被视为单纯的消费支出的消极观念，通过将社会支出与人力资本的投资和经济发展联系起来，社会保护政策被视为一项生产性要素，是对社会的投资。以社会投资为导向的社会保护政策，实现了由过去“为人们提供不失尊严的收入来使他们被社会包容”向“帮助人们进入劳动力市场而被社会包容”的转变。① 通过对人力资本的投资，社会保护政策在帮助弱势贫困群体的同时，也使得这些群体能够对经济发展做贡献，最终将实现经济和社会的协调发展。

三、从需要满足到权利本位

社会保护政策理念的另一大变化是由需要满足向权利本位转变。所谓权利本位，指的是所有社会成员皆是权利主体，不因性别、种族、民族、宗教信仰、语言等的差异而被剥夺权利主体的资格，或是在基本权利的分配方面遭受歧视。② 基于权利本位的社会保护政策强调，社会保护的供给不仅仅是对公民基本需要的满足，而被看作是公民的一项基本权利。与需要满足视角下的社会保障政策相比，基于权利本位的社会保护政策的基本主张主要有以下几点。

（1）公民有权利得到帮助，而非应该得到帮助。在基于需要满足视角的社会保障框架中，受助者仅仅是社会福利的接收者，而在基于权利本位的社会保护框

① 梁祖彬．演变中的社会福利政策思维. 社会福利，2002（1）：24.

② 陈洪连，李慧玲．发展权：农民工培训政策的价值基础. 当代世界与社会主义，2012（1）：147.

架下，受助者是具有公民资格的社会成员。具有公民资格的社会成员将获得福利资源、满足自身需要视为自己的一项基本权利，且所有公民拥有相同的权利。以权利为本的社会保护政策反对歧视和排斥，确保所有有需要的脆弱群体都能平等地、不失尊严地得到帮助。而仅仅是社会福利接收者的社会成员，则是消极被动的社会福利对象，他们的尊严很容易被忽视，社会福利的获得很容易给其带来“污名化”效应。

（2）要尊重公民自由。基于需要满足的社会保障政策由于将公民视为消极、被动的福利接收者，忽视了受助者的能动性，因此为公民提供的福利水平仅维持在最低状态，使得公民处于“安全但贫困”的福利依赖状态（stay safe，stay poor）。而权利本位的社会保护政策则强调人的自由。在采取社会保护措施时，基于权利本位的社会保护政策考虑的是，如何在满足受助对象基本需求的同时又尽可能地提高他们的自立能力，促进人的自由、自觉的活动，使他们充分享受和发展个人自由，最终促进人的自主、全面发展。

（3）要致力于解决导致公民权利受到侵犯的根本因素。以权利为本的社会保护政策并不局限于只是关注特定目标群体的需要，以及这些群体基本需要得不到满足的具体原因。相反，它着眼于更广泛的分析，从受助群体所处的社会情境出发，分析问题产生的不同层次的原因以及不同组织间的关联性。简言之，以权利为本的社会保护政策将关注的重心由目标群体的需要转向了他们周围的环境，致力于解决导致侵权的根本因素。①

（4）重视受助者的参与。参与权是除民事权、政治权和社会权之外，公民的另一项重要权利。在基于需要满足的社会保障政策中，受助者很少参与其中，即便有参与，充其量也只是一种自上而下的“动员”，而在基于权利本位的社会保护政策中，弱势群体被视为人权的实际拥有者。社会保护政策主张让那些最没有权势和地位的边缘群体（如妇女和儿童）享有与那些较为自信的、地位较高的人一样平等的参与机会，通过使弱势群体参与到与自身利益息息相关的社会保护政策及项目的制定、执行和评估过程中，以提高贫困或弱势群体的声音和地位，通过参与来影响最终结果。

① 路易莎·戈斯林，迈克尔·爱德华兹．发展工作手册．北京：社会科学文献出版社，2007：10.

四、从单一主体到主体的多元化

社会保护理念的另一个重要变化是主张社会保护的供给主体由一元向多元转变。社会保护供给主体的多元化与福利多元主义理论密切相关。福利多元主义提倡福利安排的多元组合，主张将过去由政府全面承担的福利责任转变为由多元社会主体共同承担。受福利多元主义理论的影响，社会保护政策强调社会保护主体的多元化。除政府之外，企业、公民社会组织、家庭、社区、国际援助机构等多元行为主体都可以参与到社会保护供给中并成为社会保护的承担者。

不过，社会保护体系中政府的角色与福利多元主义所倡导的政府的角色存在一定差异。福利多元主义理论尽管强调福利主体的多元化，但主张政府只应承担补救性质的福利责任，即只有在市场及家庭失效或是出现问题导致福利供给不足的时候，政府才会介入以弥补两者的不足。而在社会保护供给体系中，政府的角色并没有弱化，政府依然发挥着主导作用，只是政府的角色定位由“全能型政府”转向了“能促性政府”（enabling state），即政府的主要作用在于形成一个能够使多元社会主体有效发挥作用的制度框架。正如英国前首相布莱尔所言：“我们没有敌人，只有共同的危险”,① 社会保护政策就是要通过在国家与市场、非营利组织、社区、家庭等多元社会主体间合作伙伴关系的建立来共同应对风险和脆弱性。由于不同的组织均具有自身独有的特点，通过将多元社会主体都整合进社会保护体系中来，使其各自发挥独有的优势，互助合作、优势互补，能够极大地提高社会保护供给的有效性。具体来讲：

（1）私营部门作为营利机构，更强调成本效益、更注重效率和质量，因此，由私营部门来承担一部分社会保护职能，既可以直接提升社会保护项目的质量和效率，避免由政府全部包揽社会福利服务所产生的某些弊端，也可以缓解政府社会保护的支出压力。（2）非营利组织作为一种公益慈善组织，在成立之初就以帮助他人、促进人类发展为宗旨，绝大多数非营利组织围绕着扶危济困、救助弱势群体来开展工作，因此非营利组织与社会保护之间有着天然的联系。其非营利性、非政府性、公益性、志愿性等特征，决定了非营利组织在克服市场与政府双

① 托尼·布莱尔．新英国——我对一个年轻国家的展望. 北京：世界知识出版社，1998：40-91.

重保护的失效、缓解政府社会支出压力、激活社会自我保障功能、提升公民意识去主张社会保护权利等方面发挥着非常重要的作用。(3) 除上述组织外，家庭、亲戚、邻里、社区、互助组织、宗教组织等非正规支持体系在社会保护领域中也发挥着重要作用。特别是在广大发展中国家，由于正规社会保护体系覆盖面较窄，正是这些基于血缘、地缘、业缘关系而建立起的非正式支持网络在为人们提供帮助方面发挥着重要作用。在有些情况下，这种非正式支持甚至是人们获得保障的唯一来源。非正式支持体系的优势在于，能够很好地“将社会团结和经济效率结合在一起，而且更重要的是不受利益的驱动”。① 学者 Ouma 进一步指出：“互惠和社会凝聚是传统社会保护的两大支柱……互惠、利他主义、社会凝聚和亲密关系，足以确保任何一个民族国家的所有成员无论在好的年景还是不好的年景都能享有足够的社会保护，从而确保社会的平等和公正。”② 因此，目前许多国际组织倡导将非正规支持网络纳入社会保护体系中，强调正规社会保护体系要避免将这些非正式支持体系排挤在外 (crowd out)。(4) 国际援助组织。国际援助组织并不是每个国家社会保护体系中都包含的主体因素，但是在许多中低收入国家，特别是在非洲国家和南亚地区，国际援助组织在推动这些国家社会保护体系的建立和发展过程中扮演着非常关键的角色。对于大多数发展中国家来讲，国际援助组织给他们带来的最大好处是充沛的资支持金，在许多非洲国家，国际援助甚至是其社会保护资源的唯一来源。除资金支持外，国际援助组织还可以为受助国社会保护项目的具体开展提供技术支持、协助受助国相关部门治理能力的提升等。

以上四个方面是对社会保护政策基本理念的一个粗线条的梳理。尽管只是粗略的梳理，但是这一基础性分析工作，有助于人们更深刻地把握社会保护政策的核心观点，更好地识别出社会保护政策与传统社会政策，特别是社会保障政策之间的差异所在。与社会保障政策相比，新的社会保护政策更具前瞻性、更好地兼顾了发展的经济维度和社会维度、更注重人的能力的提升以及公民权利的保护。正是基于这些新的政策视角，社会保护政策成为促进人的全面发展、实现社会包容的有效工具。

① Van Ginneken, Wouter. social security for the excluded majority: case studies of development countries. Geneva: ILO, 1999: 21.

② Ouma, S. The role of social protection in the socioeconomic development of Uganda. Journal of Social Development in Africa, 1995, 10 (2): 5-12.

第三节　社会保护政策的理论支撑

在前一章中已经提到，社会保护并非一个新事物，而是在已有社会政策的基础上逐步发展演变而来的。因此，社会保护政策必然会吸收借鉴传统社会政策形成过程中所依据的一些基本理论，不过，为了能够对变化了的经济社会发展条件做出有效回应，社会保护政策重新对这些传统理论做了梳理，全面吸收了这些理论中的合理成分，同时也从其他学科理论中汲取了营养。正是在汲取不同理论的精华的基础上，社会保护的内涵才不断丰富，最终发展成为一种超越于传统社会政策的新的政策范式。具体看来，对社会保护产生影响的基本理论主要有以下几种。

一、社会生态系统理论

人类置身于错综复杂的社会环境中，每一种环境因素都会对个体产生或大或小的影响。社会生态系统理论正是从人与环境的关联性出发，强调人与环境子系统之间的相互作用以及不同系统对人类行为的影响，认为个人或家庭问题的发生是多方面的，因此，主张将分析问题的焦点锁定于和个体相互关联的环境之中，而非单单从个体自身来寻找问题根源，在提供帮助时要综合考虑受助者所嵌入的社会生态系统，深入理解导致个人或家庭问题产生的多维因素，进而采取多元的干预方法或解决之道。

（一）生态系统理论的基础：一般系统理论

系统理论最早起源于生物学，由生物学家贝塔朗菲（Bertalanffy）提出。贝塔朗菲于1971年提出了一般系统理论。一般系统理论的核心观点包括：（1）系统的整体性。一般系统理论认为，世界是关系的集合体而非实物的集合体。所有的有机体都是一个完整的系统，同时各个系统又是更大系统的子系统。系统不是各个部分的机械组合或简单相加，它作为整体具有部分或部分之和所没有的性质，即“整体大于部分之和”。构成系统的各要素只能是整体中的要素，如果将要素从系统中分离出来，它将会失去其原本所能发挥的作用。（2）系统的动态性。一般系统理论同时强调，世界是过程的集合体而非既成事物的集合体。所有系统由于其内外部错综复杂的相互作用，总是处于有序与无序、平衡与非平衡的相互转化中，系统正是在这种动态变化过程中维持稳定和平衡。由此可以看出，系统具有主动调适和适应的能力，而不是消极地接受和顺应。

此后，这一源自生物学的理论被引入社会生活领域，社会生活也被看作是一个系统。平卡斯和米纳汉（Pincus & Minahan）将人们生活于其间的社会环境分成三类：非正式或原生系统（如家庭、朋友）；正式系统（如社区组织、商会）；社会系统（如学校、医院）。个人的生活状况取决于其能否与上述这些系统之间形成积极的互动关系。人们可能无法使用这些系统，原因在于人们不知道或是由于歧视无法有效地利用这些系统或是所处环境中不存在其所需要的资源，也可能是环境中存在对个人生活不利的因素。为此，一般系统理论强调对受助者的干预重点不应仅仅聚焦于贫困者个人，更应当重视识别环境中的不利因素，调整人与环境的关系。

尽管一般系统理论认识到了人与社会环境之间关系的错综复杂性，将人与环境纳入一个系统中，强调从更广阔的社会情境出发去理解受助群体面临的问题并寻找可能的解决方案。但是，一般系统理论过分强调系统对个体的影响，忽视了个体自身的能动性、主体性与反思性，具有一定的局限性。在此背景下，一般系统理论逐步发展成了生态系统理论。

（二）生态系统理论的主要内容

生态系统理论作为一个开放性理论，其发展建立在一般系统理论和生态理论的基础之上，特别是受达尔文“适者生存”进化论的影响，该理论将人所生活的环境看作是类似生物所处的生态系统，强调人和其所生活的环境各系统之间的相互作用以及周围环境对人类行为所产生的影响。社会生态系统理论最早由著名的心理学家布朗芬布伦纳（Bronfenbrenner）提出。他在《人类发展生态学》（1979年）一书中将生态学知识引入人类行为研究中，认为人的发展是人与环境之间的复合函数关系，即 $D=f(PE)$，其中 D（development）即发展，P（person）指人，E（environment）即环境，这些环境系统以各种方式和途径直接或间接地影响着人的发展。① 此后，又有不少学者，如杰曼和吉特曼（Germain & Gitterman）、迈耶（Meyer）、扎斯特罗（Zastrow）等人对社会生态系统理论做了

① 付立华．社会生态系统理论视角下的社区矫正与和谐社区建设．中国人口，2009(4)：125-127.

进一步的丰富和发展。概括来讲，社会生态系统理论把人所生活的社会环境（如家庭、社区等）看作是一种社会性的生态系统，这种社会生态系统可以分为三种基本类型（见图3-1），即以个人为主体的微观系统；由家庭、单位和其他类型的小群体组成的中观系统以及由社区、公共组织、社会文化等构成的宏观系统。① 其中，中观系统作为个体活动和交往的直接环境，对微观系统（个体）的影响较大，当然个体也会受到宏观系统的影响。同样，微观系统（个人行为）也会对中观和宏观系统产生重要影响。总之，这三个系统之间相互联系、相互制约、相互作用，构成了一个大的社会生态环境，共同作用于某一个体或群体。

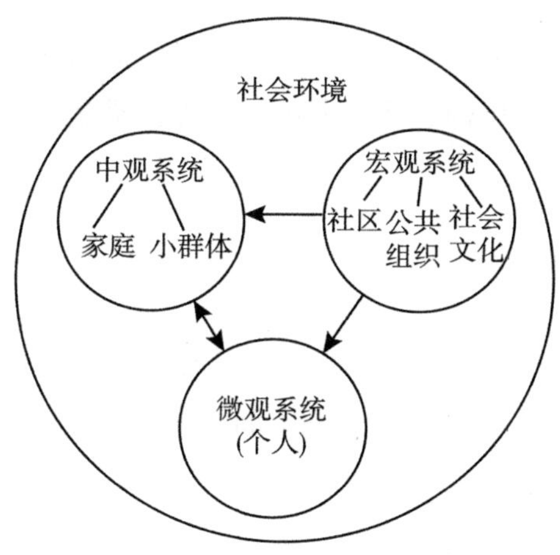

图 3-1 社会生态系统理论图

资料来源：付立华．社会生态系统理论视角下的社区矫正与和谐社区建设．中国人口，2009（4）：125-127.

（三）社会生态系统理论对社会保护的理论支撑

社会生态系统理论作为社会保护政策的重要理论基础之一，其关键点在于将受助对象置于一个系统之中，将受助对象和其所处的社会环境作为一个整体来看待，强调个人、家庭、社区及其他社会环境之间的相互关联性，认为：（1）人们

① Zastrow, C. and K. Ashman. Understanding human behavior and the social environment. Chicago: Nelson- Hall Publishers, 1997.

遇到的许多问题不是单纯的个人问题，而是生活过程中的问题，是多项因素互动而产生的。因此，对个人问题的理解和判定必须从其生存的环境中来进行，要综合考虑其所嵌入的错综复杂的社会环境系统。社会环境中的障碍（或是不友善的环境）才是导致问题产生的重要因素，如不利的家庭环境、社会分配不均、甚至社会环境与社会制度的限制等往往是导致个体陷入贫困、处于弱势地位的根本性因素。(2) 在为服务对象提供帮助时，不能仅着眼于受助对象自身，必须从其所生活的环境的不同层次系统之间的关联性入手，意识到受助对象的需求与各个系统之间不可分割的关联性。一方面要加强对受助对象自身的干预，促进个人的成长、发展和适应能力的提升；另一方面要致力于消除环境中阻碍人们成长、发展的各种深层原因，促使社会环境系统更好地满足人们的需要，即从改变人与生存环境的关系入手，提供多层面、多元化的社会保护措施，有效解决人们所面临的各种问题。

二、风险社会理论

进入 20 世纪末以来，社会风险越来越引起人们的关注。正如贝克所言，伴随着全球化和信息化，我们正进入一个不同于传统社会的“风险社会”。除了传统类型的风险外，各种新社会风险不断增加，给人类造成了巨大的灾难和损失，对人类的生存与安全造成严重威胁。社会风险的增多，刺激了风险社会理论的产生，这些理论为社会保护政策的产生奠定了良好的理论基础。

（一）风险社会的三种理论

“风险社会”这一概念首次出现在贝克 1986 年出版的《风险社会》一书中，但是对于风险社会理论，不同的学者有不同的理解。这些不同的理解一般被归为以下三类。

第一种以劳（Lau）的“新风险”理论为代表。该理论认为，风险社会的出现是由于出现了新的、影响更大的风险（如种族歧视、极权主义的增长、民族性缺失、贫富分化等），以及某些局部的或突发的事件所导致的潜在的社会风险的发生（如核危机、金融危机等）。

第二种以道格拉斯、拉什的“风险文化”理论为代表。早在 1982 年，英国学者玛丽·道格拉斯等人在著作《风险和文化》一书中，就率先从文化的视角来认识人类所面临的风险，认为风险在当代的凸显是一种文化现象，当前社会中的风险实际上并没有增加，只是人们感觉、意识到的风险增多了。斯科特·拉什同样从文化的角度来解读风险社会的含义，认为风险作为一种心理认知的结果，在不同文化背景有不同的理解，不同群体对于风险的应对有不同的认知模式，因此，风险在当代的凸显更是一种文化现象，而不是一种社会秩序。在风险文化时代，对社会成员的治理不应依靠法规条例，而应依靠一些带有象征意义的理念和信念。①

第三种以贝克、吉登斯等人的制度主义理论为代表。在探讨资本主义社会面临的问题时，贝克强调的是技术性风险（特别是在早期著作中），而吉登斯则侧重于制度性风险；贝克的理论带有明显的生态主义色彩，吉登斯则更侧重于社会政治理论的叙述。但是两者都强调个人主体性、现代制度以及科学技术在全球的扩展，把人类带入了以“人为风险”和“制度化风险”为特征的世界性风险社会图景中。

贝克认为，当前我们正处于从古典工业社会向风险社会的转型过程中，或者说，我们正处于从传统（工业）现代性向反思现代性的转型过程中，风险已经成为现代社会里的“常态”现象，风险社会已经成为当代人类难以规避的境遇。在《风险社会》一书中，贝克从社会整体出发，阐述了环境危险及其对西方工业社会的影响，使风险与社会发展的副作用联系在一起，凸显了当代人类社会所面临的独特的风险境遇。在后来的著作中，针对全球化的不断推进，贝克提出了“全球风险社会”的概念。在《世界风险社会》一书中，贝克认为，随着风险的不断呈现和大范围的扩散，风险社会从根本上来说，“是世界风险社会或全球风险社会”。这些全球风险有两个特征：一是世界上每一个人在原则上都可能受到它们的影响或冲击；二是要应对和解决它们需要在全球范围内共同努力。② 与贝克相比，吉登斯的风险社会理论有两个鲜明的特点。一是对制度性风险的强调，吉登斯认为：“在全球化背景下，由制度的运行所引发的风险大增。”二是他分析了

① 崔德华．风险社会理论与我国社会主义和谐社会构建研究．济南：山东大学出版社，2013：34-35.

② 杨雪冬，等．风险社会与秩序重建．北京：社会科学文献出版社，2006：33-35.

风险社会对人们日常生活的影响。在吉登斯看来，生活在高度现代性世界里，便是生活在一种存在机遇与风险的世界中。这个世界的风险与现代制度发展的早期阶段不同，是人为不确定性带来的问题。尽管在某些领域和生活方式中，现代性降低了总的风险性，但同时也导入了一些以前所知甚少或全然无知的新的风险参量。①

1994年，贝克、吉登斯和拉什三人共同出版了《自反性现代化》一书，在他们看来，风险社会的出现与反思现代化的概念相连，当代工业社会的再现代化过程或风险社会的现代化为“反思性现代化”或“激进的现代化”。在这一阶段，由科技进步和工业发展带来的风险已经脱离了传统工业社会中的安全控制系统而变得无法预防和控制。

（二）风险社会理论对社会保护的理论支撑

很显然，风险社会与此前社会相比，发生了根本性变化。相应地，风险社会对传统的风险应对方式也提出了严峻挑战，使得诞生于传统工业化社会的社会政策已经难以覆盖那些新型的风险。风险社会理论的提出对于新的社会保护政策的发展提供了重要指导意义。

首先，风险社会理论为社会保护政策提供了新的切入点。与传统工业社会相比，在风险社会中，现代风险和人为不确定性日益增多。随着越来越多的人为制造的风险取代传统社会风险（主要是自然风险）对人类生活造成严重威胁，风险社会理论要求新的社会保护政策视野应更开阔，要将“风险”视角（尤其是那些“被制造出来的风险”）纳入其政策分析框架中，从全球化背景下人们所面临的风险入手来建构反贫困政策框架，并对这些具有高度复合型和复杂性特征的现代风险做出积极回应。

其次，风险社会理论为社会保护政策干预问题的方式提供了新的思路。从风险的本质来看，风险是一种将来发生的可能性，它更着眼于未来，但却影响着我们当下思考问题的方式。在工业社会能够计算的风险，在风险社会中变得无法计算和预测。风险的不断涌现使得人类日益生活在一个充满风险和不确定因素的环

① 哈斯其其格．中国转型期农村社会风险管理机制研究．成都：西南财经大学出版社，2010：34.

境中。在这种情况下，传统以收入风险为焦点，通过调节收入或是进行收入补偿来满足公民基本需求的社会保障制度难以做出积极回应。由此，风险社会理论为社会保护政策干预重心的转移——由收入补偿转向对风险的积极防范——提供了新的思路。

最后，风险社会理论反映的不只是某个地区、某个领域发生的问题，也不只是某些人群的个别感受，而是一种带有普遍性的集体反映，它更来源于全球社会。现代社会中的风险具有高度不确定性、难以觉察的隐蔽性、不可预测性、显现的时间滞后性、爆发的突发性和超常规性等特征。风险的复杂性和高度复合型特征，客观上为社会保护政策在政府、企业、社区、非营利组织等之间构筑起共同治理风险的网络联系提供了必要性。

三、生命周期理论

生命周期（life cycle）理论的应用非常广泛，在经济、政治、社会、环境等多个领域被经常使用。由于不同领域的关注点不同，由此产生了不同的生命周期理论，如领导生命周期理论、产品生命周期理论、文件生命周期理论、家庭生命周期理论、生命周期消费理论等。在本章中所要介绍的是最一般意义上的个人生命周期理论。生命周期理论作为社会保护的重要理论基础之一，它采取以人为中心的视角，强调在人的整个生命历程中都会遇到各种类型的风险，没有哪个年龄段不会遭遇风险，因此需要有社会保护机制来应对人们所面临的风险和社会排斥，打破贫困的代价传递。同时，生命周期理论强调人的各个生命阶段的相互关联性，针对某一生命阶段的社会保护供给要考虑到可能会对其他生活阶段产生的影响。

（一）生命周期理论

1942 年《贝弗里奇报告》首次提出了要为公民提供从“摇篮到坟墓”的基本社会保障。自“摇篮到坟墓”这一词汇首次被创造出来后，解决人们“整个生命周期”的需要的概念开始被社会政策制定者广泛使用。

一般来讲，“生命周期”包含两层含义。第一，“生命周期”反映的是一个连续的年龄阶段，每一个人在从出生到年老的生长过程中都会经历具有不同特征的发展阶段，如按照年龄可以将人的生命周期划分为儿童期、成年期和老年期。随着年龄的增长，在人的整个生命历程中，个人需要也在不断变化。不过需要注意的是，人们需求的改变并不只是与生理年龄有关。第二，“生命周期”指个人面临的风险和必然事件保持相对稳定不变的一段时期。当这些风险和必然事件发生改变时（不论是积极还是消极变化），个人便由一个生命周期进入了另一个新的生命周期（见图 3-2）。在迅速变化的世界中，个人生活阶段不再遵循仅仅与年龄相关的线性路径，即出生——上学——结婚——工作——生子——年老——死亡。相反，教育、工作、组建家庭等事件都可能被重组，而且在人的生命周期中可能多次出现，如个人可能在 37 岁时又返回学校、在 45 岁时候才结婚、在 72 岁时再婚，还有一些则选择一直单身、不要孩子。一旦这些不同的生活事件发生，将会改变个人所处的较为稳定的风险和必然事件（certainties），个人便进入了另一个新的生命周期，个人的身份或角色也随之发生改变，如成为寡妇、单亲母亲、失业者等。

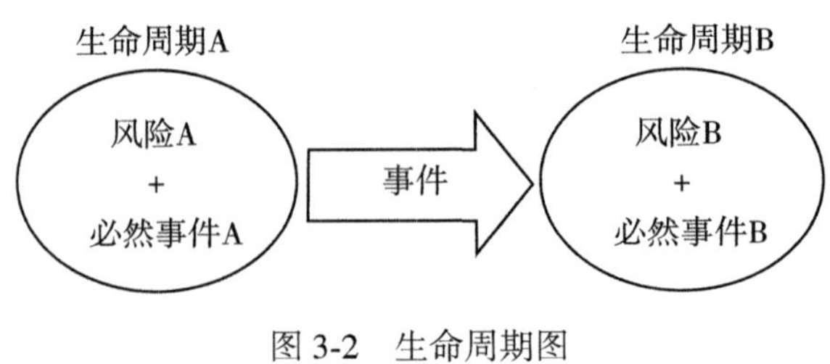

图 3-2　生命周期图

（二）生命周期理论对社会保护的理论支撑

生命周期理论强调：（1）在人的不同的生活阶段会有不同的需要和问题。如在儿童期，个人所面临的问题包括：营养不良、早教缺失所导致的认知能力低下、失去父亲（母亲）、失学等；在成年期，个人所面临的问题包括：失业或就业不稳定、离异、残疾、疾病等；在老年期，个人所面临的问题包括：收入中断、健康状况差、丧偶老人无法获得继承权等。因此，社会保护政策的制定必须具有针对性，以有效解决每一生命阶段的特殊问题和需求。（2）人的生命的各个阶段之间并不是彼此孤立、互不相干的，相反，某一阶段的经历可能会对其他阶段产生非常重要的影响甚至是决定性作用。如儿童期作为生命历程的初始阶段，其营养状况、受教育情况等会直接影响其一生；同样，处于工作年龄段的人面临的失业、就业困难或是健康问题等，不仅会使其自身处于贫困状况，而且会对他们的下一代产生不良影响，导致贫困的代际传递。人的生命的各个阶段间的关联性使得在采取社会保护干预措施时，应避免将人的各个生命阶段看作是孤立的、互不相干的，而是要从动态的、发展性的视角将人的不同生命阶段紧密联系起来，在采取针对某一阶段的干预措施时要考虑到其会对人的整个生命历程甚至是下一代的影响。基于生命周期理论的社会保护政策更强调对人的生命阶段的“上游”（儿童期）进行干预的重要性。

四、社会公平理论

追求公平公正是全人类的共同目标。从某种意义上来讲，社会保护政策也可以看作是人们对公平诉求的一种回应。其中，下面三种公平理论：罗尔斯的公平正义论、诺齐克的拥有正义理论和德沃金的资源平等理论对于社会保护政策的发展及理念的确立发挥着重要的导向作用。

在介绍社会公平理论之前，我们首先有必要对“公平”概念进行简要说明。“公平”这一看似简单的词汇，实质上却是一个十分宽泛的概念范畴，学术界并没有形成一个关于公平的统一界定，它与公正、平等、正义等概念间存在很大的相通性，在有些时候甚至被混淆使用。因此本章在讨论公平问题时将忽略这些概念之间的差异。

（一）罗尔斯的公平正义理论

罗尔斯的公平正义理论集中体现在其1951年出版的《正义论》一书中。罗尔斯将正义描述为一种“作为公平的正义”，公平是正义的首要标准。在书中，罗尔斯提出了两大正义原则：第一个原则：每个人都有权利拥有最广泛的自由，且大家拥有的自由在程度上是相等的；一个人所拥有的自由要与他人拥有的同样的自由能够相容（平等自由原则）。第二个原则：允许社会的和经济的不平等存在，但必须满足以下两个前提条件：（1）必须使那些社会处境最差者从这种不平等中获得最大的利益（差别原则）；并且，（2）在机会平等的条件下，保证职位和地位向所有的人开放（机会平等原则）。①

在上述两个正义原则中，第一个原则，即“平等自由原则”，关注的是公民的政治权利的分配问题；第二个原则，即“合理的经济不平等原则”，关注的是社会地位和经济利益的分配问题。罗尔斯认为第一个正义原则要优于第二个正义原则。但是，对于社会保护政策来讲，罗尔斯的第二个正义原则要比第一个正义原则的影响更大。在第二个原则中，罗尔斯承认人与人之间的差别是客观存在的，要求在保证社会全体成员机会公平（“保证职位和地位向所有的人开放”）的前提下，运用“差别原则”对社会最少受惠者进行补偿，改变他们在社会中的不利处境，从而减少社会不公平。可以说，弥补和补偿“最少受惠者”是罗尔斯正义论的一个重要主张。

（二）诺齐克的拥有正义理论

诺齐克与罗尔斯一样，都是自由主义者，但不同的是，罗尔斯是平等主义的自由主义者，而诺齐克是权利主义的自由主义者。正是立足于“个人权利”这一基石，诺齐克提出了他的公平理论。在《无政府、国家与乌托邦》中，诺齐克对罗尔斯的公平正义理论进行了批判。诺齐克认为，所谓“分配的正义”这一看似中立的概念实质上并不中立，它意味着已经承认国家的集中分配，而且已经承认初次分配有问题，所以需要进行再分配，而这又成为国家职能扩张的借口。鉴于此，诺齐克提出要用“拥有”来代替“分配”一词，并在此基础上提出了“拥有正义”理论。

对于正义问题，诺齐克认为“要考察的问题是拥有的过程是否正义，即考察一个人是否有权利拥有他所拥有的东西”。② 诺奇克的“拥有正义”理论包含的三个基本原则为：第一，一个人是在符合有关获取的正义原则的条件下获得的东西，则他有权利拥有这些东西（获取的正义）；第二，一个人是在符合有关转让的正义原则的条件下获得的东西，则他有权利拥有这些东西（转让的正义）；第三，除非是通过上面两条原则的重复运用，否则没有人有权利拥有任何东西（矫

① 约翰·罗尔斯．正义论．何怀宏，等，译．北京：中国社会科学出版社，1988：61.

② 钱宁．现代社会福利思想．北京：高等教育出版社，2006：268..

正的正义)。① 由此可以看出，在诺齐克的“拥有正义”理论中，只有通过“获取正义”和“转让正义”所拥有的东西才是公平的、正义的。

可以看出，不同于罗尔斯的公平正义理论，诺齐克的“拥有正义”理论强调的是过程的公平。只要过程合理，则结果必然公正，过程公平是实现结果公平的关键。按照这一逻辑，诺齐克认为国家应集中关注过程的公平，而非通过再分配手段对结果进行干预来实现公平。

(三) 德沃金的资源平等理论

德沃金试图超越罗尔斯和诺齐克的公平理论，提出了资源平等理论。德沃金将“平等”视为“至上的美德”，甚至断言“自由和平等之间的任何真正的竞争，都是自由必败的竞争”。② 他认为，政府的合法性来源于为全体公民提供平等的资源，如果政府对公民命运没有表现出平等的关切，则它也不可能是个合法的政府。

德沃金的平等理论包括福利平等和资源平等两种不同价值取向的平等理论。福利平等指的是政府在分配社会资源时，必须给予每个人平等的尊重与关照，使人们在享受福利方面更加平等。但是，德沃金认为福利平等忽视了个人责任，而且由于个体主观评价不同，要确保每个人都拥有同等的福利，必然会导致所花费的资源的不平等，如满足奢侈嗜好比满足普通嗜好需要更多的资源。因此，德沃金认为福利平等可能会导致资源分配的不公平。与福利平等相比，德沃金更强调资源平等。在他看来，初始资源持有的不平等才是造成人与人之间经济地位不平等的根本原因，公民所持有的初始资源的不平等最终导致了社会分配结果的不公平。因此，德沃金将资源平等作为实现社会公平的根本。德沃金的资源平等理论除了重视平等理念外，还强调个人责任原则，即个人要对自己的生活负责。因此，资源平等意味着政府只需要在起点上给予每个人平等的资源，而如何将这些资源转化为个人福利则是个人责任。另外，对于那些客观因素（如生理残疾、先

① 罗伯特·诺齐克．无政府、国家与乌托邦．何怀宏，等，译．北京：中国社会科学出版社，1991：159.

② 德沃金．至上的美德：平等的理论与实践．冯克利，译．南京：江苏人民出版社，2003：1.

天禀赋不足等）造成的不平等，个人不再负有主要责任，德沃金提出用社会保险的方法来弥补这部分不平等。

（四）社会公平理论对社会保护的理论支撑

通过对上述三种最具代表性的社会公平理论的阐述可以看出，罗尔斯的公平正义理论关注的是机会的公平，强调通过“差别原则”对“最少受惠者”等弱势群体进行补偿，以弥补机会的不公平，最终实现结果的公平；诺齐克的拥有正义理论则强调过程的公平，认为过程公平是实现结果公平的关键；德沃金的资源平等理论则认为起始资源的平等分配才是实现分配结果公平的前提，强调的是起点的公平。综合这三种理论可以看出，公平是由起点公平、机会公平、过程公平和结果公平四大环节构成的一个完整的循环链，任何一环的缺失都会导致不公平的产生。社会保护政策作为实现社会公平的重要手段，不能再期望仅仅通过对结果的干预（进行收入再分配）就想实现公平目标，而必须同时兼顾起点公平、机会公平和过程公平。具体来讲：

首先，对起点公平的强调（由于每个人生来并不相同，因此实际上并不存在绝对的起点公平，通常我们所指的起点公平是相对起点公平），一方面意味着社会保护政策的干预重心需要由“下游”转移到“上游”；另一方面需要个人充分发挥其主观能动性，对自己的福利承担一定的责任，依靠个人努力争取获得尽可能公平的起点。其次，机会公平，一方面意味着政府要确保每个社会成员都具有获得工作、权力、财富、教育和保障等的平等机会，不因性别、出生、身份、年龄、民族、种族等的差异而拒绝向一个人开放机会；另一方面政府要采取积极措施为社会弱势群体利用或抓住上述平等机会提供一定的工具或资源。再次，除了强调起点公平和机会公平外，社会保护政策还需要重视过程公平问题。过程公平又称规则公平或程序公平，过程的不公平将直接影响到结果的不公平，因此，为了保证结果的相对公平，社会保护还需要关注社会制度的建设，致力于扭转不公平的规则、程序，避免规则、过程的不公平导致公民权利或机会的被剥夺和丧失。最后，由于结果公平是保障下一轮起点公平的前提，因此，社会保护政策的落脚点在于确保结果的公平。同样，绝对的结果公平并不存在，但社会保护仍应采取积极行动尽可能地缩小结果的不公平。而这只有通过保证起点的公平、机会的公平、过程的公平才有可能实现。因此，为实现结果的相对公平，社会保护必须同时兼顾上述这四大公平。

五、公民权利理论

公民权利理论由英国著名社会学家马歇尔所创建。马歇尔对公民权利的界定为：公民权利是给予那些共同体中的所有成员的一种身份，它建立在对共同体共有文明的忠诚的基础之上。他认为随着公民身份的确立和被授予这种身份的人的增多，必然推动朝向更高的平等和更加富足的社会目标迈进。①

（一）公民权利的历史演进：从自然权利到社会权利

公民权利的形成经历了一个漫长的演进历程。现代公民权利理论起源于启蒙运动时期的自然权利说，它是由自然权利说发展而来的。通常，人们将霍布斯视为第一个对自然权利说进行系统论述的人，此后，洛克、卢梭等人又对自然权利学说做了进一步的深化和发展。所谓自然权利，指的是自然法赋予每个人的权利，即“天赋人权”。自然权利以个人主义的人性观为基础，以自由和平等为价值诉求，以自然法为权威的概念外壳，强调人人生而平等，人具有与生俱来的权利，不可剥夺。自然权利理论对资产阶级摧毁封建君主专制制度，建立资本主义政权发挥了重要作用。资产阶级正是以人权、自由及平等为武器，取得了反封建革命的胜利，促进了资本主义制度的确立和发展。自然权利说在1776年美国颁布的《独立宣言》和1789年法国颁布的《人权宣言》中得到了很好的体现。这些具有强烈个人主义色彩的权利通常又被称为“第一代人权”。自然权利强调的是个人主义的传统，旨在保护公民自由免遭国家（政府）的侵犯，因此，是一种“消极的权利”。

进入20世纪以后，以马克思主义为指导的科学社会主义权利理论逐步取代了资产阶级权利理论的主导地位。所谓科学社会主义权利理论，就是对资产阶级权利观进行了借鉴和改造，将资产阶级权利观中的抽象原则建立在科学世界观的基础上，并使之与社会主义的社会关系结合起来，这样就使人权原则具有了现实

① T. H. 马歇尔，安东尼·吉登斯，等. 公民资格与社会阶级. 南京：江苏人民出版社，2008：84.

性、具体性。① 科学社会主义的权利理论与资产阶级权利观的根本区别就在于它对权利主体的本质、权利的实质的科学理解。马克思认为，人是社会发展的产物，它的本质不在于其自然属性，而取决于其赖以存在和发展的现实社会关系。相应地，人的权利只有与它所赖以存在的社会基础相一致时才能被人们所承认，马克思指出，“权利永远不能超出社会的经济结构以及由经济结构所制约的社会的文化发展”，② 超出特定社会结构及其政治-经济关系的权利只能是特权，不能成为普遍的权利。马克思对权利的这种经济-政治关系的分析，使得对人的权利的理解不再局限于道德权利和政治权利，而且使之与社会经济权利紧密结合了起来。相比于传统自然权利主要是通过限制国家干预来获得更多个人自由，科学社会主义权利则是依靠国家的积极支持来获得经济社会权利的实现，因此，也称为“积极的权利”。

（二）马歇尔公民权利理论的核心要素

马歇尔（T. H. Marshall）在《公民资格与社会阶级》一书中指出，公民权利的三个部分或构成要素分别为：民事权利（civil rights）、政治权利（political rights）和社会权利（social rights）。其中，民事权利于18世纪最先发展起来，它由个人自由所必需的各种权利组成，如人身自由、言论自由、思想自由、信仰自由、订立有效契约的权利以及司法权利等。民事权利本质上体现了人的基本权利和自由权利。随着民事权的发展，到19世纪，政治权利作为公民权利的一个要素逐步成长起来，它包括公民的选举权和被选举权。到20世纪社会权利作为公民权利的主要内容得到了确立。社会权利指的是“从享受少量的经济福利和安全的权利，到充分分享社会遗产并按照社会通行标准享受文明社会生活的权利等一系列权利，与之最密切相关的机构是教育系统和社会服务”。③ 马歇尔认为，当公民权利包含社会权利之后，公民权的平等原则将发生意义深远的转变。社会权

① 宋惠昌．现代人权论．北京：人民出版社，1993：61.

② 钱宁．社会正义、公民权利和集体主义——论社会福利的政治与道德基础．北京：社会科学文献出版社，2007：203-204.

③ T. H. 马歇尔，安东尼·吉登斯，等．公民资格与社会阶级．南京：江苏人民出版社，2008：92.

利最本质的特征是使人脱离了市场力量，它意味着公民的收入水平不再按其市场价值来衡量。因此，从民事权利到政治权利再到社会权利，公民权利才得到完整体现，社会权利是公民权利的最终实现。①

（三）公民权利理论对社会保护的理论支撑

公民权利理论特别是公民权利中的第三个要素——社会权利的确立，不仅直接为福利国家的建立奠定了重要的理论基础，而且也为社会保护政策的发展以及国家提供社会保护提供了法理基础。具体看来，公民权利理论在以下几个方面为社会保护提供了理论支撑。

（1）公民权利理论通过将资源和财富的再分配与公民应当拥有的福利权利加以融合，使得社会保护水平的提高以及社会保护范围的延伸被看作是扩大公民权利范围的一项重要手段与方式。

（2）公民权利理论强调公民地位的平等，在公民权利理论下，享受福利是每一位公民都享有的基本权利，因此，国家必须履行其对所有公民的福利责任与义务。

（3）公民资格（一个共同体的充分的成员身份）是享有公民权利的唯一条件，除此之外并无其他条件要求，这就为社会保护供给的普遍性提供了理论支持。社会保护不应是少数人的“特权”，而是全体公民都应享有的普遍性权利。

（4）公民权利理论中的非市场化也为社会保护的发展提供了支持，即公民社会保护的享有不以个人在市场中的价值为标准，公民不需要通过劳动义务和缴费义务的履行来换取社会保护。享有社会保护是每位公民固有的权利。

简言之，上述理论极大地丰富了社会保护的内涵，社会保护政策对受助者的支持不只是考虑受助者自身情况，而且还置于受助对象所处的社会环境中来考虑；社会保护政策不仅要满足人的基本生存需要，还要满足人的发展需要，确保人们能够过上体面生活；社会保护不只是关注人的生命的某个阶段，而是对人的

① 钱宁．社会正义、公民权利和集体主义——论社会福利的政治与道德基础．北京：社会科学文献出版社，2007：215.

整个生命历程的保护，特别是对早期阶段的保护；社会保护政策不只是重视政府的福利责任，而且鼓励政府之外其他主体的参与；社会保护不只关注社会结果的公平，还重视起点公平、机会公平和过程公平；社会保护政策要致力于公民社会权利的实现。

第四章　社会保护政策的分类框架

在前文中已经提到，目前国际社会对于“什么是社会保护”仍未达成共识。相应地，目前国际社会并未形成一个统一的、较为完善的社会保护政策框架。尽管活跃于社会保护领域的不同的国际发展机构和民族国家均承认社会保护政策在消除脆弱性和长期贫困方面扮演着非常重要的角色，但是，对于应采取什么样的途径来达成这一目标，不同的机构所持观点不同。在此，我们将这些不同的观点大体归为三类：风险管理型社会保护政策、发展型社会保护政策和权利本位型社会保护政策。风险管理型社会保护政策将风险因素纳入贫困分析中，强调全球化背景下日益增多的风险和不确定性对人们日常生活的影响，主张通过对社会风险的管理来减少人们的脆弱性。发展型社会保护政策致力于打破一直以来社会政策与经济政策相分离的状态，主张将“发展”维度纳入社会政策中，通过社会投资，在提高人们福利水平的同时促进经济增长。风险管理型社会保护政策及发展型社会保护政策的倡导者，本质上都属于工具主义者（instrumentalists），关注的都是达成最终目标的手段。相比之下，第三类社会保护政策——权利本位型社会保护政策则从公民的基本权利出发，探究公民长期贫困和受排斥的根本原因，致力于实现基于公民资格的福利权利。在下面三节中将分别对这三种不同的社会保护政策进行详细阐述。

第一节　风险管理型社会保护政策

风险是现代社会的一个重要特征，置身于社会中的每一个人都处于风险之中。正如吉登斯所言，“不管我们生活在哪，也不管我们是富有还是贫穷，许多新风险和不确定性无不对我们产生影响”。① 全球化背景下，日益增多的风险以及风险的不确定性，使得人们比以往要更加脆弱，特别是对于那些徘徊于贫困线附近的人来讲，脆弱性问题尤其值得关注。由于风险抵抗力较弱，对他们来讲，哪怕是收入的一丁点下降都会将其置于赤贫行列。在此背景下，对风险进行管理成为社会保护的一个重点。其中，由世界银行提出的社会风险管理框架最为典型。

社会风险管理（social risk management，SRM）是世界银行于 1999 年提出的一个全新的社会保护政策框架。与传统的社会保障政策相比，社会风险管理更强调对风险的动态和过程管理。社会风险管理框架汲取了风险社会学的营养，从风险的角度来审视贫困问题，认为未保险的风险（uninsured risks）是导致人们脆弱性和贫困的最主要因素之一，主张通过综合运用各种风险管理手段、社会风险防范与补偿机制来应对风险社会中日益增多的不确定因素，以此来降低人们的脆弱性，增强脆弱群体的抗风险能力，使之有能力投资高风险高回报活动，在此基础上实现经济社会的协调、可持续发展。

一、社会风险和脆弱性贫困

脆弱性（vulnerability）是与风险紧密相连的一个概念。世界银行在《世界发展报告（2000—2001）：与贫困作斗争》中将脆弱性定义为：个人或家庭面临风险的可能性，以及由于遭受风险等外部冲击所造成的生活水平下降到某一社会公认的水平之下的可能性。② 从该定义可以看出，脆弱性与风险直接相关。

（一）风险的性质与特征

风险，在本书中指的是可能会导致个人或家庭福利水平下降的所有不确定性因素。按照风险管理理论，所有的个人、家庭和社区都要面临来自各个方面的风险。风险的性质和特征（如风险的来源、相互关系、风险的频率和强度等）不仅直接影响到人们的脆弱性，而且也关系到不同风险管理措施的采取。以下几方面

① 安东尼·吉登斯．失控的世界．南昌：江西人民出版社，2001：21.

② 世界银行．世界发展报告（2000—2001）：与贫困作斗争．北京：中国财政经济出版社，2001.

的分类可以使我们对风险有更全面的把握。

（1）根据风险产生的根源，吉登斯将现代社会的风险分为外部风险（external risk）和制造出来的风险（或人造风险）（manufactured risk）。其中外部风险是“来自外部的、因为传统或者自然的不变性和固定性所带来的风险”，如地震、洪灾、干旱等；人为风险是“由我们不断发展的知识对这个世界所产生的影响，是在我们没有多少历史经验的情况下所产生的风险”，如由全球变暖引发的环境问题、金融风险引发的经济危机等都属于“被制造出来的风险”。对于外部风险，可以依靠传统经验和规律来控制；而人造风险是人们以往没有体验过的，因此也基本上无法用以往的经验来消除。吉登斯认为，在现代社会中，人为风险已经取代外部风险发展成为主导的风险，“我们所面对的最令人不安的威胁是那种‘人造风险’”。①

（2）根据风险产生的原因及其影响可以将风险分为异质（idiosyncratic）风险和协变（covariant）风险，前者是某一个体遭受的独有风险（如残疾）；后者则会对较大范围内的所有成员造成影响（如自然灾害）。协变风险和异质风险的区分往往与其所处的特定背景密切相关，如失业既可能是单个人所面临的风险，也可能是金融危机发生时绝大多数从业人员面临的共有风险。对于异质性风险，一般可以采取非正规的或是以市场为基础的风险管理工具来应对，而同质性风险（或协变风险）由于波及范围广、受损面积大通常需要政府介入。

（3）除了“异质-协变”的二元划分法之外，依据风险和冲击的烈度及发生频率也可以确定风险的类型。依据风险事件发生的重复性特征，可以将风险划分为高频率风险和低频率风险；依据风险破坏性的大小可以将风险分为强烈度风险和弱烈度风险。其中，有些风险是低频率的但却会给人们福利带来严重影响（灾难性的），如较强的地震、洪灾等；也有的风险是高发生率但低福利影响的（非灾难性的），如一场小病或是临时性失业等，如果是高频率强烈度风险，即突发性重大事件接二连三地发生，则必将会给家庭或社区带来灾难性影响，使人们陷入长期贫困。

（4）依据风险或冲击发生的层面，可以将风险分为微观、中观和宏观三个层面的风险。其中，微观层面的风险仅针对个人或单个家庭（如生病、年老、暴力

① 安东尼·吉登斯．失控的世界．南昌：江西人民出版社，2001：22.

等)，因此是异质性风险；中观层面的风险则会对整个社区或是村庄产生冲击，居住在社区或村庄内的所有家庭都会受到影响（如旱灾、洪灾），这种风险为同质的或是共有的；宏观层面（即国家范围内）的风险（如经济危机、战争）同样也是同质性风险。

结合上面几个维度，可以将脆弱群体面临的风险汇总如下（见表4-1）。

表4-1　　　　**风险的主要来源**

	异质性风险	共有风险	
风险类型	影响单个人或家庭的风险（微观）	影响多个家庭或社区的风险（中观）	影响国家层面的风险（宏观）
自然的		暴雨 滑坡 火山喷发	地震 洪水 干旱 暴风
健康的	疾病 受伤 残疾 年老 死亡	流行性疾病	
社会的	犯罪 家庭暴力	恐怖主义 帮派活动	市民冲突 战争 社会动荡
经济的		失业 重新安置 农作物歉收	食品价格波动 经济增长滑坡 恶性通货膨胀 国际收支、金融或货币危机 技术冲击 贸易条件冲击 经济改革的转型成本

续表

	异质性风险	共有风险	
风险类型	影响单个人或家庭的风险（微观）	影响多个家庭或社区的风险（中观）	影响国家层面的风险（宏观）
政治的		暴乱	政治上不支持社会项目 政变
环境的		污染 森林砍伐 核灾难	

资料来源：世界银行．世界发展报告（2000—2001）：与贫困作斗争．北京：中国财政经济出版社，2001：136.

（二）风险和脆弱性贫困

上文中已经提到，脆弱性与风险密切相关，风险暴露度和风险管理能力是影响人们脆弱程度的两大因素。图 4-1 更直观地揭示了风险暴露度和人们风险应对能力的不同对脆弱性贫困的影响。

在图 4-1（1）中，一开始时个人所面临的冲击较小，但由于个人或家庭本身比较贫困或是缺乏资产，风险抵御能力较弱。随着时间的推移，在与所遭受的冲击相互作用的过程中，原本较弱的风险应对能力逐渐被侵蚀，到某一特定点时，冲击强度超越了个人或家庭的可承受力，这时个人或家庭便会陷入贫困。

从图 4-1（2）可以看出，尽管在冲击刚发生时，个人或家庭的风险应对能力也比较低，但是由于个人或家庭获得了外部支持（包括公共的或私人的支持），风险管理能力得以大幅提升。因此，即便风险持续存在，个人或家庭也仍有能力对风险做出有效回应（如在艾滋病风险得到有效控制的领域）。

在图 4-1（3）中，一开始时，个人或家庭的风险抵御能力较强，因此，在面临持续的、强度较小的风险时，仍能够有效应对。但是遭遇一次非常严重的冲击（如战争或较严重的自然灾害）会导致个人或家庭风险应对能力迅速下降，使之陷入贫困。

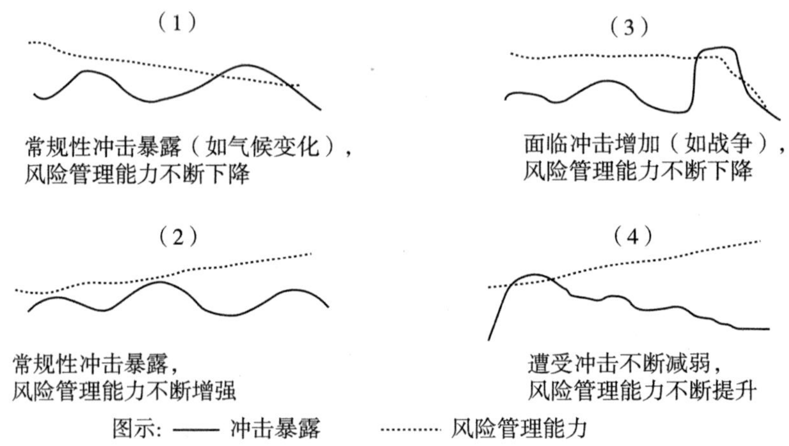

图 4-1　脆弱性变化（风险管理能力-冲击暴露）

资料来源：Wheeler . R. S. and L. Haddad. Reconciling different concepts of risk and vulnerability：a review of donor documents. Institute of Development Studies，Sussex，2005.

图 4-1（4）显示的是最为理想的状态。一方面个人或家庭所面临的风险在不断减弱（如家庭搬离洪灾发生区域），另一方面其风险管理能力却在不断增强。随着风险逐渐处于人们的控制范围之内，个人或家庭的脆弱性便会消失，从而远离贫困。

风险主要通过对个人或家庭所拥有的资产的侵蚀而加剧人们的脆弱性。具体来讲：（1）风险通过对家庭所拥有的资产的价值和资产的产出的影响而被传递给家庭。如自然灾害首先会对家庭的有形资产（房屋、土地、生产工具等）造成破坏。不仅如此，学者 Moser 的一项研究表明，持续的突发事件也会导致社区社会资本储备的严重流失。①（2）家庭在应对风险时会对他们所拥有的资产进行重新分配，而资产的重新分配会影响到短期收益以及收益的变化，同时还会通过对家庭储蓄和投资的影响对家庭的长期脆弱性产生影响；（3）家庭所持风险态度在很大程度上要受到其资产组合的影响，通常较富裕家庭较少采取风险规避行为，在

① 杨安华．国外农村风险管理研究：一个分析框架．农业经济问题，2007（10）：99-100.

资源分配方面更有效率，能够更有效地应对与风险相关的损失；而低收入家庭偏向于采取低风险、低资产回报的风险管理策略（如使儿童辍学、出售牲畜、降低食物质量和数量等），尽管这些策略在短期内能够减缓风险的直接后果，降低贫困家庭的显在脆弱性，但从长远来看，这些无效的风险应对策略会导致资产的恶化和收入的不平等，使脆弱家庭陷入贫困陷阱。

总之，尽管脆弱人群不一定是贫困人群，但是因风险而引起的脆弱性却是导致贫困产生或长期持续存在的一个重要因素。脆弱群体不仅更容易遭受风险，而且由于风险管理工具有限，风险对他们的损害也更为严重。不仅如此，贫困群体往往没有能力或是意愿去选择高风险、高回报活动，最终导致他们不仅难以摆脱贫困，而且有可能导致其贫困状况的进一步恶化。有学者指出，“贫困的持续是风险的出现及其后果所导致的”。① 因此，要想减少贫困的发生率，防止人们陷入长期贫困，就必须加强对风险的管理。

二、风险管理型社会保护政策的主要内容

作为社会风险管理的社会保护政策主要包括社会风险管理安排和社会风险管理策略两部分内容。②

（一）社会风险管理安排

社会风险管理安排可以分为两类：非正式安排和正式安排，正式安排又包括基于市场的安排和公共安排。非正式安排机制的出现要早先于正式安排机制。

第一，非正式安排（informal arrangements）。非正式安排自人类产生以来就已存在。直到今天，非正式安排仍然是世界上绝大多数人口进行风险管理的重要机制。在市场机制和公共供给机制缺失的情况下，非正式安排机制（包括家庭或是社区的安排或是个人的安排）便成为人们应对风险、满足基本需求的最主要渠道。特别是在低收入国家，由于正式社会保护机制覆盖面非常狭窄，家庭以及各

① Prowse, M. Towards a clearer understanding of vulnerability in relation to chronic poverty. Working Paper, CPRC, University of Manchester, 2003 (24).

② Holzmann, R. and S. Jorgensen. Social risk management: a new conceptual framework for social protection and beyond. Social Protection Discussion Paper Series, the World Bank, 2000.

种基于亲缘、地缘和业缘关系而建立起来的松散的、自助型或互助型的非正式社会支持网络，如各种各样的合作社、市场协会、储蓄和信贷俱乐部、丧葬费保险协会等在帮助人们应对危机、摆脱困境中发挥着非常重要的作用。但是，非正规安排机制一般只是在应对异质性风险时比较有效，在面临具有高度同质性的（或共有的）、宏观层面的风险时（如自然灾害、经济危机），家庭、邻里等结成的互助网络等非正式风险管理机制将会瓦解。因此，单纯依靠这些机制远不能消除贫困群体的脆弱性，还需要正式安排机制的介入。

第二，基于市场的安排（market-based arrangements）。以市场为基础的安排是一种正式安排机制，通常包括银行储蓄和借贷、购买各种金融资产，如有价证券、参加商业保险计划等。在社会风险管理框架中，基于市场的风险管理安排被看作是应对风险的最有效形式。但是现实中，范围广泛的市场失灵、财产权的不安全、市场机制的不健全等缺陷的存在，使得基于市场的正式风险管理机制在发展中国家（尤其是低收入国家）的使用并不广泛，对穷人的作用相对较小。不过风险管理理论认为，随着金融市场的不断发展与完善，穷人所能获得的基于市场的风险管理工具将会增多。

第三，公共安排（public arrangements）。公共安排包括由政府提供的社会保险、社会救助、疾病控制及由政府制定的其他社会保护措施。在社会风险管理框架中，公共安排机制只有在前两种安排机制不存在、瓦解或是功能失调时才会出现，用以“协助个人、家庭和社区更好地应对风险。”① 相比于前两种风险管理安排机制，政府的优势在于：一方面，与非正式风险管理安排机制相比，政府可以同时对特有的和共有的风险做出回应，这样将能使家庭的福利得以增大；另一方面，相比于基于市场的安排机制，政府通过采取强制性的风险分担措施，可以避免逆向选择等问题的出现（在逆向选择中，低风险的个体参加保险是为了获得保险费，而面临高风险的群体加入保险计划则是为了获得保险赔付款）。但是，以政府为主体的公共安排机制也存在一定不足。由于正规保险项目仅针对正规就业部门，对于正规经济发展较不充分的发展中国家来讲，这些项目的覆盖率普遍

① Holzmann, etc. Social risk management: the World Bank's approach to social protection in globalizing world. Washington D. C.: the World Bank, 2003.

较低，使得大量需要保护的脆弱群体被排除在外。

总之，非正式安排主要包括个人、家庭或诸如社区、村庄等的安排，而正式安排指的是由私营机构以及公共机构供给的安排。由于在发展中国家，家庭和社区等非正式机制仍然是应对各类风险的第一道防线，因此，社会风险管理突出强调了非正式安排的重要性。同时，社会风险管理认为基于市场的风险管理安排能够为人们提供较简单的金融服务，随着市场的不断完善，基于市场的风险管理安排将在社会风险管理中发挥重要作用。因此，在社会风险管理框架中，以群体为基础的非正式风险管理安排和以市场为基础的正式风险管理安排被视为应当最先启用的风险管理机制，只有当两者运行失效时公共安排措施才应介入。社会风险管理主张，在决定让政府机构替代其他风险管理安排进行社会风险管理时，必须把替代后可能会带来的消极影响以及替代后贫困家庭的福利能够在多大程度上得到改善结合起来进行权衡。特别是公共政策和正式机制的可获得性会严重影响到非正式安排在多大程度上会被广泛使用，因此，为确保非正式安排在风险管理中能够发挥积极作用，在启动正式风险管理安排时应避免将非正式风险管理安排排挤出去。

（二）社会风险管理策略

根据社会风险控制的方式，社会风险管理策略可以分为事前干预措施（ex-ante measures）（包括风险预防和风险缓解策略）和事后干预措施（ex-post measures）（包括风险应对策略）两大类。其中，事前干预措施的目的在于预防风险的发生，如果无法预防风险的发生，则尽可能缓解风险带来的消极后果。事后干预措施则是在风险事件发生后对受损者采取的补救性措施，以减轻冲击给人们造成的不良后果。

第一，预防策略（prevention strategies）。风险管理可以在任何时刻进行——既可以在风险发生前也可以在风险发生后。预防策略是在风险事件发生前实施。个人或家庭可以自行采取一些措施来减少或是消除风险的发生，如为小孩接种疫苗就可以增强儿童免疫力，减少疾病风险的冲击；种植耐寒植物或是修筑抗旱工程可以有效降低旱灾对农业收成的影响，等等。不过从现实情况来看，穷人往往没有觉悟或是能力采取预防性措施。因此，为了更有效地减少风险事件的潜在影响，最根本的还需要从中观或宏观层面进行干预。如在社区修筑排水沟或是由政府投资建造的水利工程就可以减少发生洪灾的风险；健全的宏观经济政策可以减少经济危机的发生，降低人们的失业风险；有效的环保政策可以减少对自然资源的过度开采，进而减少泥石流、飓风等破坏性自然灾害的发生。通过降低不利风险事件的发生几率，预防策略有助于增加人们的预期收入并减少收入的波动，所有这些将有助于增进人们的福利。

第二，缓解策略（mitigation strategies）。并不是所有的风险都能够被化解，当无法避免冲击事件的发生时，风险缓解策略便成为风险管理的次优选择。缓解策略与预防策略一样，目的在于在风险发生前对风险进行管理。预防策略主要是用来降低风险发生的几率，而缓解策略则是要通过资产、时间等的积累来协助个人尽可能地减少未来风险事件的不利影响。常用的风险缓解策略主要有两种：一是通过采取多元化的投资策略，如贫困家庭可以采取种植不同种类的作物、将农业收入与非农业收入结合起来、同时打几份工等收入多元化策略来降低家庭收入的波动。另一种有效的风险缓解策略是保险，家庭可以通过正规或非正规的保险策略对其所面临的大量无关联的风险进行分担。

非正规保险策略，如成员之间通过互赠礼物、借款或贷款等方式来应对收入的波动。非正式保险机制是社会资本发挥现实经济功能的典型形式，其运作具有保险制度的内核，发挥着非常重要的风险缓解的功能，其优势在于所有的参与者都可以获得几乎相同数量的信息。局限性在于，由于非正式保险机制属于熟人网络，只有在社会资本发育程度较高时才会有效。此外，正如上文提到的，非正规保险策略只能应对异质性风险，当互助网络中的所有成员同时遭遇风险时则无效。

正规保险策略包括由政府和市场提供的保险策略。政府可以通过提供社会保险项目，如养老、医疗、工伤、失业、生育等保险来应对风险。不过由政府提供的保险机制在实施中存在着制度刚性的问题，覆盖面和保障程度远远不能满足广大贫困家庭的需求。以市场为基础的小额金融计划，特别是小额保险项目也被视作减轻低收入群体贫困性以及增强其风险抵御能力的重要工具。在世界银行等国际机构的推动下，目前世界上已经有100多个发展中国家在积极探索用小额保险的方式为低收入人群提供风险保障服务。不过从各国实施情况来看，小额保险计划的受益者仍主要是低收入家庭而非贫困家庭，赤贫家庭往往难以受益。

第三，应对策略（coping strategies）。应对策略主要关注的是风险事件发生后如何来应对风险造成的损失。当冲击降临时，受影响的个人和家庭会最先对冲击做出回应。一般而言，家庭会选择在年景好时积累资产，待冲击降临时再出售资产来平滑消费。但是，许多贫困家庭由于短视一般只关注当前消费，因此妨碍了资产的积累。而且即便贫困家庭积累了一定的资产，当宏观冲击发生后，资产也面临着被贬值的风险。除此之外，家庭还可以从邻里、亲朋好友等结成的互助网络中寻求帮助，但是在前文已经提到，当全体成员均遭遇冲击时这一措施将无效。最后，当上述所有这些机制都失效时，家庭只能选择让儿童辍学打工、外迁、减少食物摄取量甚至从事非法勾当（如偷盗、性交易）等，而所有这些措施虽然能够在短期内为贫困群体提供一定保护，但从长远来看却“得不偿失”，使他们难以摆脱贫困。

当家庭无法依靠自身力量对风险做出回应时，就需要启动社会干预机制。其中，政府在为贫困群体提供保障方面发挥着核心作用。由政府提供的风险应对措施通常包括转移支付、对基本商品和服务的补贴以及公共工程项目等。需要注意的是，政府采取哪一种风险干预措施通常要受到其优先排序、财政资源、行政管理能力以及所涉及的风险类型等多种因素的影响。

在上述这三种风险管理策略中，社会风险管理理论认为，社会风险管理的最佳方法首先应当是风险预防，确保“下行风险”（down-side risks）永不发生；其次是风险缓解，在潜在风险发生前就降低其负效应；最后才是应对策略，只有在前两种策略失灵时才应诉诸应对策略。但是，大多数发展中国家在采取风险管理策略时，往往不太重视预防性和缓解性策略，而过分倚重事后干预措施。1997年亚洲金融危机的发生就证明了在风险发生后要想建立有效的社会保护体系是多么困难。因此，社会风险管理框架强调风险管理措施要从应对策略向预防和缓解策略倾斜，实现三者间的平衡。这样将有助于引发良性循环，促使人们参与高回报活动。

总体来讲，风险的来源及风险性质的复杂性决定了在进行社会风险管理时不应只采取某一种策略，更不能只采取单一的风险管理工具，只有实现不同风险管理安排、风险管理策略和风险管理工具间的组合运用才能有效应对风险，减少人们的脆弱性（见表4-2）。

表4-2　**社会风险管理框架表**

安排/策略	非正式机制		正式机制	
	个人和家庭的	以群体为基础的	以市场为基础的	公共机构提供的
预防策略				
	①低风险生产 ②移民 ③合适的喂养及断乳行为 ④参与卫生及其他疾病预防活动	①为加强基础设施建设、教育、卫生、环境所实施的集体行为 ②公共财产资源的管理	①在职培训 ②金融市场知识 ③基于公司的或是市场驱动的劳工标准	①良好的宏观经济政策 ②教育和培训政策 ③劳动力市场政策 ④残疾人政策 ⑤公共卫生政策 ⑥环境政策
缓解策略				
多样化	①从事多份工作 ②投资于物质资本和人力资本	①职业协会 ②轮流储蓄与信贷协会	①投资于多元化的金融资产 ②小额金融（储蓄、贷款和保险）	①多支柱的养老金体系 ②资产转移 ③财产权保护（尤其是妇女的） ④支持服务于穷人的金融市场的扩大
保险	①联姻/扩大家庭规模 ②社区安排 ③收成保险 ④存货	①劳工契约 ②投资于社会资本（互助网络、宗教仪式、互赠礼物）	①老龄年金 ②残疾、意外事故及其他私人保险 ③作物、火灾及其他损失险	强制性的/公共提供的失业、年老、残疾、抚恤、疾病等保险

续表

安排/策略	非正式机制		正式机制	
	个人和家庭的	以群体为基础的	以市场为基础的	公共机构提供的
应对策略				
	①出售资产 ②借贷 ③让儿童辍学打工 ④减少食物消费 ⑤季节性/临时性移民	来自互助网络中的转移支付/赈济	①出售金融资产 ②从金融机构贷款	①灾害救济 ②有条件或无条件转移支出 ③公共工程 ④津贴

资料来源：R. Holzmann. Risk and vulnerability：the forward looking role of social protection in a globalizing world. Washington D. C.：the World Bank，2001.

三、对风险管理型社会保护政策的评价

风险管理型社会保护政策将风险视角引入贫困分析中，使得关注重心由事后贫困转向了对前瞻性的脆弱性的分析，是不同于传统社会保障政策的一种新的反贫困政策。作为一种新的政策，必定有其创新性，但同时也必然存在着一定的局限性。

（一）风险管理型社会保护政策相对于社会保障政策的优越性

事实上，对社会风险进行管理并不是一个新的主题，社会风险一直都是社会政策关注的重点，只不过传统社会保障政策主要针对的是劳动力市场风险，是一种集体性风险（collective risk）。用 Ewald 的话来说，“严格来讲，（在传统社会保障体系中）并不存在像个人风险（individual risk）这样的东西”。① 这种以劳

① Ewald，F. Insurance and risk//Burchell，G.，Gordon，C. and Miller，P. The foucault effect：studies in governmentality. London：Harvester Wheatsheaf，1991：203.

动力市场风险为主的社会政策模式被界定在以西方为中心（western-centric）的特定文化背景中，对广大发展中国家并不适用。而作为社会风险管理的社会保护政策框架中的“风险”涵盖了社会的、经济的、政治的、环境的、劳动力市场的和非劳动力市场的各种危险和风险事件。

社会保障政策所采取的是一种被动回应的、损失后的应对措施（post-loss approach），具有明显的消极性。新的社会风险管理框架则致力于补充现有社会保障机制的缺陷，采取了一种更为积极的、损失前预防策略（pre-loss approach）来管理整个生命周期的风险。正如 Holzmann 和 Jorgensen 所言：“社会风险管理框架对社会保护的传统领域（劳动力市场干预、社会保险和社会安全网）进行了重新定位，在这一新的框架中包含三大战略（预防、缓解和应对）、三个层面的风险管理形式（非正式的、基于市场的、公共的）和许多主体（个人、家庭、社区、NGOs、各个层面的政府机构以及国际组织）。”①

在此，将作为社会风险管理的社会保护政策相对于传统社会保障政策的优越性归纳为以下几点。

（1）从政策工具的选择来看，新的社会保护框架突破了劳动力市场政策、社会保险和社会救济等传统的社会保护领域，将宏观经济政策、财产权保护政策等政策工具纳入社会保护框架内，极大地扩展了社会保护的领域。

（2）从供给主体来看，社会保护的供给主体不再单纯局限于国家，还强调家庭、社区、非政府组织等非正式社会保护机制以及私营部门在社会保护中的重要角色。

（3）从供给内容来看，除了提供收入支持外，作为风险管理的社会保护政策框架更强调资产的积累，以及教育、培训等机会型福利，强调通过职前培训、支持服务于穷人的金融市场，加强对脆弱群体人力资本的建设和促进资产的积累等，与下一节中所讲的发展型社会保护政策具有一致性。

（4）从供给策略来看，基于风险管理的社会保护政策除了强调风险应对策略外，更重视风险的预防与缓冲，通过将干预时机提前，从而使得社会保护从滞后

---

① Holzmann R. and Jorgensen, S. Social risk management: a new conceptual framework for social protection and beyond. Social Protection Discussion Paper, the World Bank, 2000 (6).

型政策转化为一种积极的社会政策。

总括而言，与传统社会保护政策相比，新的社会风险管理框架的创新性在于将社会保护的关注点由事后补偿转向了事前干预；社会保护对穷人来讲，不仅仅是安全网还是摆脱贫困的跳板；通过使穷人有能力参与高风险高收益活动，社会保护能够避免贫困陷阱的产生。因此，基于社会风险管理途径的社会保护政策是一种更加积极的、前瞻性的、全面的社会政策。

（二）风险管理型社会保护政策的不足

尽管风险管理型社会保护政策相对于传统社会保障政策具有很大优越性，但同时也存在一定不足。

第一，政府的有限角色。学者 Holzmann 和 Jorgensen 指出，在新的社会保护政策中，政府的角色是“在私营部门失败时提供风险管理工具”，或者是“从社会福利的视角来看，认为市场结果不可接受时实施收入再分配”。① 由此可以看出，政府在社会保护中仅发挥着补偿作用，用于弥补市场的失败。政府在社会保护领域的有限角色，意味着将更多的社会风险责任由国家转嫁给了个人。在采取集体行动前更偏好由个人承担责任的风险管理理念，不仅会导致政府机构能力的弱化，而且在经济社会变迁日趋复杂的今天，使得脆弱群体处于更为不利的地位。

第二，将穷人置于更大的风险中。社会风险管理框架的另一个主张是鼓励穷人去从事高风险、高收益的活动、减少风险规避行为，认为通过为穷人提供必要的风险管理工具，鼓励穷人参与高风险、高回报的活动，将能够帮助穷人逐渐摆脱长期贫困。然而鼓励穷人承担风险更高的活动，如果成功则可以获得较高的收益，而一旦失败的话，则意味着严重的甚至是灾难性的损失。一项有关旨在通过提供小额信贷来促进微型企业发展的计划指出，“有一些赤贫借贷者由于小额信贷反而陷入了更加糟糕的境况，因为这些小额信贷使脆弱群体面临着更高的风险”。② 因此，从某种意义上来讲，社会风险管理框架有可能将赤贫群体置于更

① Holzmann. R. and S. Jorgensen. Social risk management: a new conceptual framework for social protection and beyond. Social Protection Discussion Paper, the World Bank, 2000 (6).

② McKinnon. R. Social risk management: a conceptual fallacy of composition. Palgrave Macmillan Journals Stable, 2002.

大的风险中，而不是减少其脆弱性。

第三，无法解决长期贫困问题。社会风险管理框架最大的局限性在于，风险管理视角下的社会保护政策没有触及贫困产生的根本原因。尽管脆弱性是导致长期贫困的一个重要因素。但是，风险和脆弱性只是长期贫困产生的因素之一，因此，对风险和脆弱性的干预只能解决长期贫困的一部分，并不能够彻底消除贫困。有学者指出："尽管风险和脆弱性是解释贫困问题的关键因素，但是并不清楚……这些要素在使人们持续处于贫困状态、导致贫困的代际传递以及防止贫困中断方面有多重要"，并认为"社会的、政治的和经济的结构及关系，排斥过程和不利整合等"结构性因素才是阻碍长期贫困群体从发展政策和市场变化中获益的最根本因素。① 因此，作为社会风险管理的社会保护政策实际上只是一种"经济保护"而非"社会保护"，对于社会不公正、社会排斥等导致人们陷入长期贫困的结构性因素，基于社会风险管理途径的社会保护政策无法做出有效回应。

第二节　发展型社会保护政策

基于发展视角的社会保护政策是不同于风险管理型社会保护政策的又一大新的社会保护政策途径。风险管理型社会保护政策主要是通过对外部风险的干预来减少人们的脆弱性，而发展型社会保护政策则着眼于对人自身的干预，主张将"发展"维度纳入社会保护政策中，由传统的消极收入再分配转向对人的投资，通过提高人们参与经济活动的能力，在帮助人们摆脱困境的同时实现经济的发展。由于发展型社会保护政策既能够有效消除贫困，又能够促进国家竞争力的提升，目前不论是在发达国家还是发展中国家，均被广泛推行。

一、社会发展和发展型社会保护政策的产生

（一）扭曲发展与社会福利的背离

发展问题一直以来都是国际组织和各国政府高度关注的一个问题，如何才能更好地促进发展、提升公民的福祉是国际社会及各国政府不断探索的主题。然而

① Devereux, S. and Sabates-Wheeler, R. Transformative social protection. IDS, 2004.

一直以来，人们只是将发展与经济进步相联系，将发展狭隘地等同于经济的增长。自英国古典经济学家亚当·斯密在其著作《国富论》一书中首次将国民财富的增长等同于发展后,① 许多国家尤其是广大发展中国家将经济增长置于首位，国民生产总值的增长被作为衡量社会发展的首要甚至唯一指标，发展几乎等同于经济增长。

诚然，经济增长与社会发展之间确实有着很高的关联性，当经济发展到一定程度时必然会促进社会福利水平的改善，如与19世纪末相比，今天人们的收入水平、预期寿命、受教育程度等都要比以前有很大进步，是100年前的人们所无法料想到的。但是不可否认的是，在经济发展获得空前繁荣的今天，却仍然有很大一部分社会成员未能从经济发展中获益。在第二章中已经提到，在20世纪80年代期间，无论是发达国家还是发展中国家的贫困率均有所上升。“有增长无发展”“经济富裕环境中贫困现象持续存在”已经成为世界各国面临的一大难题。学者米奇利将这种“经济发展未能带来相应程度的社会进步”的现象称为“扭曲发展”。

发展的最终目的是促进人的发展，提高人们的福祉水平。要解决扭曲发展问题，最根本的是要实现经济政策和社会政策的协调发展，确保在经济增长的同时，人们的福祉水平也相应得到提升。一直以来，社会政策与经济政策是割裂开来的，社会政策属于再分配范畴，而经济政策则属于生产范畴，社会政策被视为经济政策的附庸。米奇利认为，成功发展的一个先决条件就是要将社会维度纳入发展政策中，要采取既能促进经济发展又能保障社会发展得以优先考虑的措施，即实现经济政策与社会政策的融合。只有融合经济和社会目标的发展途径才能解决目前许多国家所面临的繁荣与匮乏并存的状况。② 在此背景下，基于发展视角的社会保护政策应运而生。新的社会保护政策试图超越传统消极的、属于再分配范畴的社会政策，主张在本质属于再分配领域的社会政策与本质属于生产领域的经济政策之间建立新的关系，使得社会政策由再分配范畴进入生产范畴。

---

①　姚云云，刘金良．我国社会福利发展诉求与政策回应. 西安电子科技大学学报，2013（1）：18.

②　詹姆斯·米奇利．社会发展：社会福利视角下的发展观. 上海：格致出版社，2007：4-8.

（二）发展型社会保护政策的产生

事实上，早在1968年，联合国第一届社会福利部长国际会议就将发展性途径作为实现社会福利的三大途径之一明确提了出来（其他两种社会福利途径分别为矫正性的和预防性的途径）并指出绝大多数国家的社会福利机构主要关注的是矫正性服务，因此提议各国加强预防性和发展性措施。① 但是在之后很长时间内，这一新的理念并没有得到各国政府首脑的响应。

米奇利所提出的基于社会发展途径的“发展型社会福利模式”对于发展型社会保护政策的产生起到了重要推动作用。米奇利所称的“社会福利”并不是狭义的慈善活动或是政府的官方援助。她认为：“如果家庭、社区和社会能体验到一种高度的社会福祉，就可视作是社会福利。”社会福利状况包括三大要素：一是社会问题得到控制的程度；二是需求得到满足的程度；三是改善机会得到提高的程度。米奇利认为当前世界各国广泛采用的三种用于促进社会福利的途径分别是：社会慈善活动、社会工作和社会行政管理途径，而这三种途径各自都存在一定弊端，为此，她提出了第四条途径——社会发展途径。社会发展途径与其他途径的不同之处就在于，为促进人们的福利，社会发展途径试图将社会政策和经济政策及项目融合起来。其核心思想包含以下两方面：（1）经济的发展必须是协调的、可持续的、包容性的，要让发展成果惠及所有社会成员；（2）社会政策应当能够在无伤经济发展的前提下提高人们的福利水平，社会福利要以社会投资为导向，促进人们能力的提升，进而提高人们对生产性经济活动的参与度，积极推动经济的发展。② 可以看出，米奇利所倡导的社会发展途径超越于传统补救性的、以维持基本生活为导向的福利模式，具有明显的生产主义特征，这一生产主义的社会政策突出强调了社会福利对经济发展的生产性功能。

除米奇利之外，彼得·泰勒-古比（P. Taylor-Gooby）、吉登斯（A. Giddens）、阿马蒂亚·森（A. Sen）等学者也提出了类似的观点。

新福利主义的主要倡导者古比认为，福利国家现有的以充分就业、再分配及

① 詹姆斯·米奇利．社会发展：社会福利视角下的发展观．上海：格致出版社，2007：70-71.

② 詹姆斯·米奇利．社会发展：社会福利视角下的发展观．上海：格致出版社，2007：23-29.

提供较高费用为特征的普遍福利模式已经无法应对经济的全球化、劳动力市场的灵活化、传统家庭结构的变化等新风险、新挑战，福利国家迫切需要建立一种新的社会福利制度。对此，他提出福利国家应将政策重心转到社会投资上来，将福利视为社会投资，而不仅仅是经济部门的负担。社会福利支出只有用来投资于人力资本、提升人们参与经济活动的机会才具有可行性。

吉登斯提出要用积极福利思想对传统福利国家进行改革。他认为《贝弗里奇报告》所关注的几乎都是否定的方面：匮乏、疾病、无知、肮脏和懒惰，积极福利思想就是要将《贝弗里奇报告》中的每一个消极概念都转化为积极的，要将传统福利国家打造成为社会投资国家。社会投资国家的政策取向不是要人们依赖无条件的福利，而是强调通过对人力资本的投资来增强人们的再就业能力，鼓励人们进入劳动力市场。社会投资国家的基本原则为：在任何可能的情形下都要投资于人力资本，而不是直接给予利益。通过对人力资本的投资以实现机会的均等而非结果的均等。①

另一位对发展型社会保护政策的产生具有重要贡献的学者是阿玛蒂亚·森。森在吸收了自由主义、功利主义和罗尔斯正义论的合理内核的基础上，提出了以自由为核心的发展观。在《以自由看待发展》一书中，森将发展看作是扩展人们享有的真实自由的一个过程，而非仅仅是 GDP 的增长或个人收入的提高。森所指的自由是能力的自由，他将其称为可行能力（capability）。所谓可行能力，是指人们能做自己想做的事情、过上自己想过的生活的能力。② 发展的本质就在于满足“人们有理由珍视的那种生活的可行能力”。③ 在森看来，一个人的福祉是以能力为保障的，贫困正是由于人的可行能力被剥夺。因此，要提升人的福利水平，就要确保人能够获得足够的营养、基本的医疗卫生条件、受教育的机会以及基本的住房条件等，即要进行人力资本的投资，提高人的可行能力。

总体看来，无论是米奇利的发展型社会福利模式、古比的新福利主义、吉登斯的社会投资国家还是森的以自由看待发展理论，所有这些主张都将“发展”维

① 安东尼·吉登斯．第三条道路：社会民主主义的复兴．北京：北京大学出版社，2000：68.

② 萨比娜·阿尔基尔，等．贫困的缺失维度．北京：科学出版社，2010：2.

③ 阿马蒂亚·森．以自由看待发展．任颐，于真，译．北京：中国人民大学出版社，2002：30.

度纳入社会政策中，强调社会政策要以社会投资为导向，通过多种方式促进人们人力资本和社会资本的发展，从而提高人们参与生产性经济活动的能力，使社会福利的提供能够促进经济的发展。

二、发展型社会保护政策的主要内容

发展型社会保护政策的核心就是进行“社会投资”，主张社会保护干预措施的采取要超越传统社会保障政策对资源进行再分配的功能。社会保护干预措施不应当仅仅是单纯的消费性支出，还要具有投资取向，要有助于贫困群体的人力资本的提升，使之有能力依靠自身去发展、保护和支持自己的生活，获得更多发展机会，进而对经济发展做出积极贡献。为实现这一目的，发展型社会保护政策主张从以下几方面进行投资。

（一）投资于人力资本

人力资本为个体提供了与其他资产相联系的能够快速恢复和摆脱贫困的能力。因此，发展型社会保护政策将对人力资本的投资作为一项基本策略。发展型社会保护政策认为，对于绝大多数人来讲，他们之所以陷入贫困是因为他们自身能力不足、素质低下，未能被劳动力市场所包容。对此，仅靠提供收入支持不仅不足以使这些贫困群体摆脱贫困，而且还会“抽干”经济成果。最有效的办法就是进行人力资本的投资，帮助贫困群体重新融入劳动力市场中，使之通过工作来挣得收入、满足其生活需求。

（1）针对失业或是就业困难群体，发展型社会保护政策主张采取以积极的就业政策来代替传统的消极救助措施。传统的社会保障政策尽管也强调对失业者和就业困难者提供支持，但是其干预措施主要是通过提供收入支持来确保社会成员在失业或是丧失劳动能力的情况下也能过上不失尊严的生活，而发展型社会保护政策的干预重点是如何通过人力资本的投资来提升这些失业者的就业能力，提升他们在劳动力市场中的竞争力。自 20 世纪 90 年代以来，欧盟国家均围绕着这一核心实施了一系列的“激活计划”，通过为失业者提供更多的学习、培训机会来帮助失业者重新进入劳动力市场。这些激活计划可以归为以下三类：第一类是向目标群体（特别是青年人）提供失业津贴，同时辅以一定的培训计划；

第二类是向受助者提供数额很小的津贴，同时要求救助者用工作来回报他们所获得的救助，即以工作换福利；第三类是先向受助者无条件提供一定期限的失业津贴或救助津贴，之后再根据申请者自身条件决定是帮助救助者找到工作还是先让其接受教育。所有这些计划的目的都在于通过强化那些完全依赖社会福利的人的技能来帮助其顺利进入劳动力市场，即“拉”申请人一把，而不是“救一救”他们。①

（2）对于那些有工作的穷人（working poor），其典型特征是工资低、缺乏技能、不充分就业，因而脆弱性很高，在遭遇就业重组时这些人最容易失业，而且一旦失业往往很难再获得新的就业机会，即使能够重新进入劳动力市场，所从事的也依然是低工资工作，导致他们极容易陷入周期性的失业循环。鉴于此，发展型社会保护政策强调从两方面来改善这些贫困就业者的不利处境：一是要提供接受教育和培训的机会，增强贫困就业者的可雇佣性（employability）及适应性（adaptability），通过提升贫困就业者的劳动技能，使之能够适应变化了的劳动力市场条件和潜在的职业转换，以此来降低其失业风险。二是提供在业津贴，确保贫困就业者依靠工作要比依靠政府福利更划得来（make work pay），从而激励他们继续待在工作岗位上。为激励低收入劳动者继续工作，英国还采取了税收抵扣的方式来取代直接的津贴发放。与津贴相比，税收抵扣不再由社会福利部门支出，而是直接与就业相联系，这样更有助于鼓励人们就业，使其不再依赖福利，而且还能够减少津贴补助带来的耻辱感。

（3）对于因承担家庭照料责任而无法工作的人（尤其是单亲父母和妇女），发展型社会保护政策强调，最关键的是要帮助他们协调好有薪酬的工作和家庭照料之间的关系，以此来提高他们在劳动力市场的参与率。近年来，许多欧盟国家采取的重要措施有：鼓励雇主制定有利于职工行使家庭责任的工作安排（如家庭休假制度和弹性工作时间）；② 扩大公办的儿童照顾服务，确保贫困家庭享有可负担得起的日托服务；为父母双方提供带薪育儿假，确保丈夫和妻子共同公平承担家庭责任（如瑞典规定父亲和母亲分别享有60天的带薪育儿假，在孩子出生

① 简·米勒．解析社会保障．郑飞北，杨慧，译．上海：格致出版社，2012：87.

② 张秀兰，等．中国发展型社会政策论纲．北京：中国劳动社会保障出版社，2007：67.

时，父亲还有额外的 10 天带薪假期，以此来确保丈夫和妻子共同承担家庭责任①)。所有这些措施均使得妇女获得了解放，提高了妇女劳动力市场的参与率，有助于减少其贫困率，而女性贫困率的降低能够显著地减少儿童的贫困风险。

(4) 投资儿童。发展型社会保护政策认为，对失业和低收入群体的干预措施从本质上来讲仍属于矫正性措施，是早期儿童干预措施的一种拙劣的替代。大量研究证明，如果个体在早期发展过程中经历不利因素，将会对青年期、成年期产生不利影响，制约其各种机会的获得。儿童期经历贫困的人在成年人后遭遇贫困的概率要远大于那些没有遭遇贫困的人。为此，发展型社会保护政策主张，要减少人们成年期陷入贫困的几率，除了对工作年龄人口的投资外，最根本的是要从儿童期抓起。

在绝大多数发达国家，对儿童提供保护、为儿童成长营造良好环境一直以来都是政府最基本的福利计划。不过与传统儿童福利政策相比，发展型社会保护政策不仅仅将对儿童的支持看作是切断贫困的代际传递的有效手段，更重视对儿童的投资对于提高未来劳动力素质、提升一国竞争力的重要性。正如英国前首相布莱尔所言："投资儿童就是投资未来。"因此，发达国家除了实施普遍性的儿童津贴外，越来越重视与儿童相关的社会服务的投资以及对有儿童的家庭的支持。一方面，通过实施儿童营养健康项目、儿童早期教育项目等直接针对儿童的投资项目，以确保儿童能够获得恰当的教育（特别是早期教育）、充分的营养，如英国的"确保开端"计划（Sure Start）、"国家儿童保育战略"计划（The National Childcare Strategy）、美国的"初学者计划"（Abecedarian Project）、"早期开端"计划（Early Head Start）、法国的"国家幼儿园"项目（Ecole Maternelle）等一系列儿童投资计划，均旨在确保每个儿童都能拥有良好的人生开端。另一方面，大量研究表明，成长于家庭关系稳固和谐、家庭功能正常的家庭中的儿童，在身心健康、学业表现以及未来发展方面都会有出色的表现，相反，在离异家庭，经历家庭暴力的家庭，父母有酗酒、吸毒、犯罪等经历的家庭成长的儿童，在学业、情感和人际关系等方面更容易出现问题，甚至产生攻击性、反社会行为，成

① 瑞典官网——工作福利 [2014-06-30]. http://www.sweden.cn/work/labormarket/employmentbasedbenefits/.

为“问题儿童”。① 因此，目前许多发达国家将支持家庭、改善儿童成长环境作为政府福利政策的一项主要内容。通过建立由政府补贴的家庭服务中心，面向单亲家庭、低收入家庭、有幼儿的双职工家庭提供各种不同类型的服务，以增强家庭功能、促进儿童发展。

在发展中国家，最典型的儿童投资策略是有条件现金转移支付计划（CCT）。该计划最先在拉美国家兴起，目前已被许多发展中国家广泛采用。有条件现金转移支付计划指的是，向贫困家庭提供现金支持（通常是直接支付给孩子的母亲），受助家庭获得救助金的前提条件是必须把钱用于孩子身上，以促进儿童人力资本的提升。一般来讲，儿童人力资本的投资包括两方面内容：健康和教育。健康方面的投资包括：定期带孩子去体检、注射疫苗，观察五岁以下儿童的生长发育状况，对产妇进行产前护理，以及要求产妇参加定期的健康咨询讨论等；教育方面的投资包括保证儿童入学率、出勤率等。这些对于打破贫困的代际传递、提高儿童的健康状况、营养水平和入学率产生了积极效果。

总体来讲，与传统“劫富济贫”的社会保障政策不同，发展型社会保护政策更强调对人力资本的投资，以此来增强当前和未来人口的竞争力，增加贫困群体和低收入群体的生产性就业和创业机会，进而促进经济的发展。

（二）投资于社会资本

除了重视人力资本的投资外，发展型社会保护政策也将提升社会资本作为提升公民福利水平、促进经济增长的重要手段，强调社会资本的积累和社区参与。

“社会资本”这一概念最早由法国社会学家皮埃尔·布迪厄（Pierre Bourdieu）提出。他将社会资本定义为“实际或潜在资源的集合，这些资源与由相互默认或承认的关系所组成的持久网络有关，而且这些关系或多或少是被制度化的”。② 一般来讲，社会资本可以分为两种：认知性社会资本和结构性社会资本，认知性社会资本指的是主观上共享的价值观念和情感，如信任、利他主义、

---

① 张秀兰，徐月宾．构建中国的发展性家庭政//张秀兰，等．中国发展型社会政策论纲. 北京：中国劳动社会保障出版社，2007：102-103.

② 陈银娥，秦静．社会资本与妇女农民工就业. 中南财经政法大学学报，2005（5）：21.

个人和社区间的互助；结构性社会资本指的是与信任、凝聚等的生成相关的客观性社会组织和正规网络。①

社会资本在促进经济社会发展及提升人们福祉方面发挥着非常重要的作用，对此有不少学者均做了论述。詹姆斯·科尔曼认为，社会资本和其他形式的资本一样是生产性的，它能使某些目标的实现成为可能，而一旦缺失社会资本，要想实现这些目标就很难。② 布坎南认为社会资本通过促进协调和行动能够提高社会效率，有助于提高投资于物质资本和人力资本的收益。另外，他通过在意大利地区的实证研究证明，社会资本与经济发展水平之间关系密切。在那些治安条件差、无组织程度高、收入低的社区，社会资本程度也相应较低。相比之下，经济发展水平高的地区往往社会整合度、公民参与程度都很高，社会网络发达。③ 穆尔德（Mulder）等人在利用回归模型对人力资本、物质资本、自然资本和社会资本与福利的关系进行分析后发现，相比于其他资本，社会资本对福利具有更大的影响。④ 此外，还有些经济学者明确指出社会资本能够产生经济效益。⑤因此，社会资本与人力资本一样是提高人们收入、改善贫困群体的生活水平、促进经济发展的一个重要工具。

要促进社会资本的形成和积累，发展型社会保护政策认为最重要的是要依靠市民社会的力量，以及动员社区居民积极参与社区活动，通过社会资本的形成来促进社区经济的发展，进而改善社区居民的整体生活质量。非政府组织在社会资本的积累方面发挥着非常重要的作用。相比于市场或政府机构，非政府组织更容易获得社区居民的信任，能够将分散的贫困个体有效地组织在一起，协助他们建立起不同质的网络组织，并帮助他们从其他社会网络中获取信息和资源。这将能

① Krishna, A. and N. Uphoff. Mapping and measuring social capital: a conceptual and empirical study of collective action for conserving and developing watersheds in Rajasthan, India. Social Capital Initiative Working Paper, the World Bank, 1999 (13).

② 陈银娥，秦静．社会资本与妇女农民工就业. 中南财经政法大学学报，2005（5）：21.

③ 罗伯特·D. 普特南．繁荣的社群——社会资本与公共生活//李惠斌，杨雪冬．社会资本与社会发展. 北京：社会科学文献出版社，2000：155-164.

④ 黄英君，等．我国政府反贫困政策回顾、反思与展望——基于社会资本投资的视角. 探索，2011（5）：154.

⑤ 谭崇台．开发人力资本 构建社会资本. 宏观经济研究，2004（11）：26.

够增强社区贫困群体解决问题的能力。此外，通过组建贫困群体自己的组织，引导他们开展生产性经济活动，由他们根据自身实际需要来制订适合自身的经济发展计划，而非依赖外部援助人员来制订，能够确保发展计划更符合社区实际情况，切实满足社区居民的实际需求。这将有助于确保他们最大限度地从项目中受益。由此可以看出，发展型社会保护政策除了强调政府的干预外，还注重个人与社区的参与。

总之，发展型社会保护政策所强调的社会资本是一种基于互帮互助、相互关怀的社会关系，通过社会资本的积累来进一步促进社区经济的发展。但是对社区提供支持并不是要替代市场或是政府提供的服务或福利，而是强调通过激发社区活力，通过自下而上的参与和动员，充分发挥结成社会网络的成员的才能、技术和经验来服务其他成员、满足社区自身需求。这有助于社区居民生活质量的改善、减弱他们的边缘化地位、使他们获得生活的意义与尊严，与此同时也促进了社区生活环境的改善和经济的发展。①

（三）投资于资产发展

发展型社会保护政策所主张的另一项重要策略是促进穷人资产的积累。传统的社会保障政策主要以收入再分配的方式为穷人提供帮助，以此来满足他们的基本生活需求。这种以收入为本的福利政策只是对受助对象的“输血”，缺乏造血功能。换言之，通过为穷人提供收入支持，虽然一定程度上能够缓解困难群体的贫困状况，却并不能彻底消除其贫困、帮助贫困群体获得更大的独立性。一些学者尖锐地指出，以收入为本的社会保障政策“使得穷人的双脚永远地站在了制度化资产积累的门外”，② 进一步拉大了贫困群体与非贫困群体之间的差距。正如谢若登（Sherraden）所说，传统以收入为本的社会保障政策供养了弱者，却无助于使他们变得更强大；尽管可以暂时缓解他们的贫困，却很难减轻贫困的程度；

---

① 黄洪，李剑明．困局、排斥与出路——香港边缘劳工质性研究//黄洪．香港边缘劳工近年的发展（内刊），2001：18.

② 杜玉华，文军．从福利为本到资产为本：社会政策发展的新趋向．河北学刊，2010（4）：121.

尽管保障了他们的收入，却很难同时促进社会与经济的可持续发展。①

针对传统社会保障政策的弊端，美国学者谢若登在其《资产与穷人——一项新的美国福利政策》一书中首次提出了资产为本（asset-based）的福利模式。谢诺登认为，贫困的最直接表现是消费的不足，而人们的消费潜力不仅只包括收入，还应当包括人们所掌握的资产和储蓄。资产在一定条件下能够转化为收入。但与收入相比，资产的优越性还在于，收入作为一种流动性资源，“是人们为短期消费而获取并使用的”，而“资产是资源的贮存，可以被人们长期积累与持有”。②通过帮助穷人获得资产，能够在较长时期内改善穷人的生活状况，促进穷人人力资本的积累，增强其个人效能。因此，发展型社会保护政策主张将政府原先用于收入转移支付的部分资金以资产的形式转移给穷人，帮助穷人形成并扩大自己的资产。

强调资产积累的社会保护政策，其直接目标是帮助人们（尤其是穷人）形成个人资产，其中“个人发展账户”是最常见的政策工具。其主要特征是通过储蓄形成个人自己所有的资产，以此来应付未来可能会遭遇的各种风险。个人发展账户可以是住房个人发展账户、教育个人发展账户、退休养老个人发展账户以及其他替代性的以资产为基础的各种政策工具。如英国新工党政府于2004年启动的“儿童信托基金”（Child Trust Fund）旨在增加低收入家庭子女的储蓄率和资产持有率。布莱尔认为，“儿童信托基金是一个巨大的进步想法，将对扩大英国的机会有深远的影响”。通过建立儿童信托基金，对于儿童将来长大成人而言具有重要意义，有助于增强他们的自立能力和理财能力，确保每个儿童都能拥有良好的人生开端。

总体看来，传统为穷人提供收入支持、旨在满足穷人最基本生活需求的社会保障政策，只能使穷人永远徘徊在低收入、低消费的循环圈中，无助于他们摆脱贫困陷阱。相比之下，基于资产的社会保护政策通过将“收入”和“资产”结合在一起，通过赋权于个人，促进个人资产的积累，不仅能够缓解贫困群体眼前

---

① 杜玉华，文军．从福利为本到资产为本：社会政策发展的新趋向．河北学刊，2010（4）：121.

② 迈克尔·谢若登．资产与穷人——一项新的美国福利政策．高鉴国，译．北京：商务印书馆，2005：233.

的困境，而且有助于培养起他们可持续发展的能力，推动个人、家庭和社区的发展。

三、对发展型社会保护政策的评价

发展型社会保护政策最大的亮点就在于将“发展”维度纳入社会政策中，从而形成了区别于传统社会保障模式的新的社会保护政策。相比于传统以收入保障为主要特征的社会保障模式，新的发展型社会保护政策具有以下几方面的优越性。

一方面，发展型社会保护政策实现了工具性价值与目标性价值的统一。工具性（实用性）价值和目标性（终极性）价值是社会政策应包含的两大基本价值。然而一直以来，传统社会政策在讨论这两类价值时往往将两者割裂开来。相比之下，发展型社会保护政策则实现了两者的统一。公平公正一直是传统社会政策追求的目标性价值，也是人类千百年来追求的普遍价值。新的发展型社会保护政策并没有抛弃这一核心价值，仍然将社会公平作为其追求的终极目标，只不过是在原有价值体系中又新增加了一个工具性价值——发展。发展是手段，公平公正是目标。发展型社会保护政策就是要通过将发展维度纳入社会保护政策中，为公平公正的实现奠定必要的基础。通过采取具有“发展”功能的社会投资策略，发展型社会保护政策旨在促进经济社会的协调发展，进而实现社会的公平公正。①

另一方面，发展型社会保护政策实现了经济增长和社会发展的统一。与传统社会保障一样，发展型社会保护政策也致力于贫困的消除、公民福祉的实现。但是在发展型社会保护政策的视角下，公民福祉的内涵得到了很大拓展，不再局限于物质的拥有和基本需求的满足，更重要的是人的自主性、自主能力的提升以及发展机会的获得。换言之，发展型社会保护政策所追求的不仅仅是收入的提高或是消费能力的增强，而是一种良好的生活状态。为实现这一良好的生活状态，发展型社会保护政策主张将经济政策和社会政策协调起来。通过采取以“社会投资”为核心的投资机制，推动有劳动能力的人进入劳动力市场、对未来劳动人口（儿童）进行投资、促进社会资本的积累和贫困群体个人资产的发展，发展型社

① 张秀兰，等．中国发展型社会保护政策论纲．北京：中国劳动社会保障出版社，2007：11.

会保护政策很好地将“发展”维度融入了社会政策中，在为困难群体提供帮助的同时，也推动了这些人对经济发展的贡献，从而达到了促进经济社会协调发展的目标。

尽管发展型社会保护政策体现了对传统社会保障政策的一种超越，但是不容忽视的是，它也有一定的局限性。发展型社会保护政策强调的一个重点是社会政策的发展要能够积极推动经济的发展，即推行有益于经济发展的社会福利政策。社会保护干预措施的采取不只是要满足公民的基本需求，更重要的是要能够对经济产生正回报率。隐藏在这一做法背后的是生产主义逻辑。在“生产主义”观念的指导下，政府的主要职责与其说是为公民提供经济社会保障，不如说是在激烈的国际竞争中为提高经济竞争力创造条件。同时，政府“鼓励”个人在面对风险时主动承担责任，像企业主那样行为。如此一来，政府及公民个体间的关系进一步契约化，公民和社会保护供给主体间的权利、责任和风险被重新分配。然而，正如有的学者所言，这种“通过个人在市场上对自己负责而获得的‘保障’是个体的、自治的、私人的，它本身就是不断变动的动态世界的危害之一”。①

总之，在发展型社会保护政策框架下，公民的保障不再是基于权利而获得的“保护”，而是基于责任而得到的“支持”。受生产主义逻辑的影响，发展型社会保护政策体现出一定的“功利主义”取向。如针对儿童的社会保护干预措施的采取更重要的是出于对未来投资的重视，而不是将其作为“公民权的象征”或是儿童权益和儿童公民权的重要元素。公民权利视角的缺失，以及对成本收益、经济产出等经济指标的过分强调，很容易导致将那些需要帮助但从经济效益来看却“划不来”的群体排除在外，由此必将减弱减贫效果。

第三节　权利本位型社会保护政策

除了基于风险管理视角和社会投资视角的两大社会保护政策途径外，权利本位型社会保护政策（rights-based approach to social protection）是自20世纪90年代末期以来兴起的另一种新的社会保护政策途径。如果说前两类社会保护政策的目的在于应对“经济风险”、提高人力资本，进而促进经济发展的话，那么以权

① 简·米勒．解析社会保障．郑飞北，杨慧，译．上海：格致出版社，2012：37.

利为基础的社会保护政策则着眼于应对“社会风险”、实现公民社会权利，进而促进社会包容。

权利本位型社会保护政策的产生与千年发展目标实现效果不佳密切相关。千年发展目标被提出后，社会保护政策被作为削减贫困的有效手段被提上了国际发展议程。但是社会保护政策在实现千年发展目标（MDGs）方面却并未取得理想效果。为此，一些国际发展机构开始重新审视现有的社会保护政策框架，认为它的一个最大的弊端是“完全缺乏从人权的角度对社会保护进行思考”①。联合国极端贫困与人权特别报告员 Magdalena Sepúlveda 在审议千年发展目标实施进展时明确指出，千年发展目标框架的弱点之一是“没有充分反映出各国在《千年发展宣言》中所承诺的要争取保护和促进所有人权的诺言”，“尽管人权对于改善贫困人群的生活至关重要，但是在千年发展目标中并没有得到很好体现”。② 鉴于此，她提出要对现有社会保护框架做进一步拓展，在 2015 年之后的发展议程中推行基于人权的社会保护框架（a human rights framework for social protection），充分发挥社会保护在满足极端贫困人群的需求、应对不平等和实现人权方面（所有这些都是未来发展议程必须关注的重点）的重要作用，要明确关注那些目前被忽略的群体——穷人中的穷人（the poorest of the poor）。在此背景下，以权利为基础的社会保护框架开始被国际社会所关注。不过目前看来，权利本位型社会保护政策在国际社会（特别是发展中国家）并没有像发展型社会保护政策那样得到广泛应用。

一、权利贫困和社会排斥

（一）社会权利和权利贫困

权利是一个关乎人们生活幸福的概念。从一般意义上来讲，权利指的是那些

① Sepúlveda M. and C. Nyst. The human rights approach to social protection. Helsinki: Ministry for Foreign Affairs of Finland, 2012.

② Carmona M. S. The need to include a rights-based approach to social protection in the post-2015 dvelopment agenda. Geneva: the United Nations Human Rights Office, 2013..

保护人的自由、平等，以及满足人们基本需要和追求美好生活愿望的社会性措施。① 边沁曾指出，由法律所规定的权利是作为人追求幸福的手段而被构建的，通过调节个人利益与社会利益，权利能使人得到最大的幸福。② 同样，马歇尔也指出："任何法定权利都会与福利的直接或间接性质存在着关联性，因为权利存在于那些被期待会带来福利的利益以及通过审慎推测所识别出的将来可能会带来福利的利益中。"③因此可以说，权利本质上是一种福利权利，公民福祉的实现有赖于权利的充分享有。经济贫困只是权利贫困的折射和表象，其深层次原因在于社会权利的贫困，以及与社会权利相关的政治权利、经济权利和文化权利的贫困。那些没有权利（尤其是社会权利）的人必定不是富人，而穷人必定没有足够的权利。④ 正是由于权利的被剥夺或丧失，人们被排斥在政策议程、劳动力市场、接受教育的机会等之外，由此导致其在政治、经济、社会生活中处于劣势，陷入长期贫困。

从权利的视角来研究贫困问题，最早可以追溯到英国学者汤森（Townsend）提出的"社会剥夺"（social deprivation）概念。汤森指出，"人们常常因社会剥夺而不能享有作为一个社会成员应该享有的生活条件。假如他们缺乏或不能享有这些生活条件，甚至因此而丧失成为社会一员的身份，他们就是贫困的"。⑤ 阿玛蒂亚·森将这种剥夺称作是"权利不足（而不是财货不足）的结果"。森最早在《贫困与饥荒》一书中，用权利方法（entitlement approach）对贫困和饥荒原因做了剖析，指出一个人避免饥饿和贫困的能力主要取决于他在社会中的权利关系。森通过对埃塞俄比亚、印度、孟加拉国等国饥荒问题的实证研究发现，即便在食物供给比较充足的情况下，饥荒仍可能发生，这主要是由于穷人对食物缺乏控制的权利。由此，他得出结论称：权利的缺失将直接阻碍穷人权利的获得，进

① 钱宁．社会正义、公民权利和集体主义——论社会福利的政治与道德基础．北京：社会科学文献出版社，2007：184.

② 罗素．西方哲学史（下卷）．上海：商务印书馆，1981：328-329.

③ 钱宁．社会正义、公民权利和集体主义——论社会福利的政治与道德基础．北京：社会科学文献出版社，2007：205.

④ 洪朝辉．论中国城市社会权利的贫困．江苏社会科学，2004（2）：116.

⑤ 唐钧．社会政策的基本目标——从克服贫困到消除社会排斥．江苏社会科学，2002（3）：57.

而导致穷人更多权利的丧失，最终使穷人越来越难以摆脱贫困。①

继森之后，开始有越来越多的研究者、国际机构关注贫困和权利缺失之间的关联性。世界银行在发布《世界发展报告（2000—2001）：与贫困作斗争》前，首先进行了一项题为《穷人的声音》（*The Voice of the Poor*）的调查研究，通过对世界23个国家近2万名穷人的采访，努力倾听并试图理解“穷人的声音”。调查结果显示，对于穷人来说，除了收入的匮乏外，贫困还涉及无力和无语感、没有选择自己人生方向的自由等。学者Howen将穷人所称的这一系列贫困因素归为对人权的一系列否定。② 紧接着，世界银行在《世界发展报告（2000—2001）：与贫困作斗争》中，在对贫困的界定中增加了“权利和发言权的缺乏”两个要素，从而将贫困概念扩展到权利贫困。③

从权利的视角来分析贫困问题可以得出，贫困无疑是一个非常重要的人权问题。尽管贫困本身可能并不会构成对人权的侵犯，但是毋庸置疑的是，贫困是人权侵犯的重要原因也是其结果。在人权侵犯和以经济、社会、文化和政治剥夺为特征的贫困之间存在着清晰的、无可争议的联系。正如英国国际发展署大臣克莱尔所言，“人们往往在经济、社会、政治等不同方面同时遭到剥夺……贫困所指，并不仅仅限于物质的和伤及人体的剥夺，它也损害人们的自尊、尊严和自我认同，堵塞他们参与决策过程、进入有关机构的途径。至关重要的一点是，这些方面往往互相加强，使得若干群体易受伤害的程度沿螺旋线上升”。④ 因此可以说，促进所有人权的实现与努力消除极端贫困，两者间相辅相成、相互增强。任何想不考虑公民经济、政治、社会权利以及文化方面的剥夺，就想消除贫困的举措都将是徒劳的。

（二）权利贫困与社会排斥之间的关联性

从权利剥夺的视角来分析贫困问题，使得贫困概念逐渐被另一个内涵更广

① 阿玛蒂亚·森．贫困与饥荒．上海：商务印书馆，2001：197-209.

② Howen, N. 人权视角的发展观//北京大学法学院人权研究中心．以权利为基础促进发展．北京：北京大学出版社，2005：29.

③ 世界银行．世界发展报告（2000—2001）：与贫困作斗争．北京：中国财政经济出版社，2001：1-3.

④ 克莱尔·肖特．消除贫困与社会整合：英国的立场．国际社会科学杂志（中文版），2000（4）：53.

泛、更容易被人们所接受的词——社会排斥（social exclusion）所代替。联合国开发计划署将社会排斥界定为：基本公民权和社会权利得不到认同（如获得充足医疗、教育和其他非物质形式的福利）以及在存在这些认同的地方，缺乏获得实现这些权利所必需的政治和法律渠道。① 欧盟委员会指出："每个公民都有权享受某种最低的生活标准，有权参加社会和职业的主要建制，社会排斥问题可以从这些社会权利的否定或未实现的角度来分析研究"，并在此基础上将社会排斥定义为：对公民社会权利的否认，或者这些权利未充分实现。②

与贫困概念相比，社会排斥概念的优越性在于：使用贫困概念时，主要聚焦于对已经发生的、静态的贫困事实的研究，而且主要是从收入、消费的维度将贫困界定为绝对贫困和相对贫困。相比之下，社会排斥一方面能够揭示公民遭受歧视或剥夺后的多重结果，具有多维性；另一方面还关注剥夺的过程，具有动态性。通过关注剥夺的结果，社会排斥既可以揭示个人所经历的被剥夺的程度，又有助于识别出剥夺的多个维度。人们可能被排斥在就业、生产性资源、经济机会之外，或是无法获得教育、医疗保健、公共设施、体面住房、社会和文化参与、福利保障、政治权利、发言权和代表权等。一些研究者将个体或群体所经历的这些排斥维度归为：经济排斥、政治排斥、制度排斥和社会关系的排斥，③ 也有学者将社会排斥分为：经济排斥、政治排斥、社会关系排斥、文化排斥和社会福利排斥等④。在此，我们采用 Babajanian 等学者的分类，将所有这些排斥结果归为三个维度：收入排斥、获得基本服务的排斥和参与性排斥（包括社会参与和政治参与）。⑤ 一般来讲，人们往往会经历不止一个而很可能是多重的社会排斥。

社会排斥除了关注导致剥夺的多维结果外，更强调导致剥夺产生并持续存在的内在的而非外部附加的过程。但是，要想通过指标构建来表示剥夺过程的机制和轨迹则非常困难，因此，对排斥过程的理解通常会转化为探究各种形式的剥夺

① 丁开杰．社会排斥与体面劳动问题研究．北京：中国社会出版社，2012：13.

② 杨立雄，陈玲玲．欧盟社会救助政策的演变及对我国的启示．湖南师范大学社会科学学报，2005（1）：28.

③ Clert C. Evaluating the concept of social exclusion in development discourse. European Journal of Development Research，1999，11（2）：176-199.

④ 曾群，魏雁滨．失业与社会排斥：一个分析框架．社会学研究，2004（3）：12.

⑤ Babajanian B. and J. Hagen-Zanker. Social protection and social exclusion：an analytical framework to assess the links. London：ODI，2012.

产生的动因。概括来讲，导致社会排斥的原因大体可以归为以下两类：（1）个人原因导致的排斥，如由于伤残、疾病、年老、受教育或技能水平低下等而被排斥在市场，特别是劳动力市场之外；（2）社会原因导致的排斥（通常又称为制度性或结构性排斥），即由于经济、社会、政治及其他制度性因素限制了公民获得机会、资源和融入社会所需权利的渠道而引发的社会排斥，① 如不良治理；因性别、种族、民族、性取向等而遭受歧视的非正式规范和实践；未能建立起确保人们平等获得公共服务的包容性制度和措施；缺乏有效的公共政策和机构来促使人们平等获得生产性资产、资源和机会；缺乏法律规范和权利（包括财产权、反对性别歧视的法律、公平公正的劳工标准等）。②

总之，社会排斥概念的提出，使得对贫困问题的理解扩展到了社会地位和权利等非经济因素。人们之所以贫困不只是因为个人缺陷或是能力不足，更重要的是因为社会没有赋予具有公民资格的社会成员发挥其能力的公平机会和公正权利，即贫困是由于公民的权利主张得不到实现。权利的剥夺限制了他们机会的获取，而机会的不足又会进一步影响到收入的获取，并最终导致贫困的产生。③ 由此可以看出，与贫困概念相比，社会排斥概念更突出了人类福祉与产生各种形式的剥夺的更广泛条件（如政策、社会关系、规范和价值等因素）之间的关联性。

二、权利本位型社会保护政策的主要内容

（一）社会排斥框架在社会保护政策中的运用

对于因社会排斥所造成的贫困问题，在传统的社会保障框架下并不能得以彻底解决。原因在于，传统社会保障干预措施主要采取收入再分配手段为贫困群体提供经济支持，对于那些因社会关系的不平等、社会制度的不合理等非经济因素而陷入贫困的弱势群体来讲，单靠经济支持并不能从根本上扭转他们的劣势地位。更重要的是，作为社会边缘群体，他们往往被正规社会保障体系所忽略，无

---

① 丁开杰．社会排斥与体面劳动问题研究．北京：中国社会出版社，2012：23.

② Babajanian B. and J. Hagen-Zanker. Social protection and social exclusion：an analytical framework to assess the links. London：ODI，2012.

③ 洪朝辉．论中国城市社会权利的贫困．江苏社会科学，2004（2）：117.

法享有社会保障资格，如艾滋病患者或携带者常因为社会歧视而被排斥在劳动力市场之外，他们在获得与正规经济相联系的医疗保障、失业保障、工作福利等方面均处于劣势地位。

与传统社会保障政策相比，基于权利视角的社会保护政策以社会排斥为分析框架，同时兼顾了社会排斥的多维性和动态性，既关注贫困群体所遭受的多重不利处境，致力于解决人们在收入、获得服务、政治和社会参与等方面遭受的排斥问题，又深深根植于社会政治情境中，致力于根除人们长期处于边缘化或受歧视状态的根本性原因（见图4-2）。基于社会排斥分析框架下的社会保护政策认为，正是人类社会体制、机制的不完善、不健全，使得人们本应享有的各项权利未能够兑现，导致人们被排斥在社会交换体制之外成为边缘群体。因此，单单解决收入不足并不能消除所有的社会排斥问题——人们在经济、政治参与、社会关系、文化或心理上的长期匮乏。最根本的是要“找出游戏规则的不完善之处，修订游戏规则，使之尽可能地惠及每一个社会成员，从而使政策的结果趋于更合理、更公平”①，即要采取变革性社会保护途径。

（二）权利本位型社会保护政策的主要干预措施

学者 Sabates-Wheeler 和 Devereux 从权利视角提出的变革性社会保护框架（transformative social protection）可以说是目前社会保护领域中旨在解决权利贫困、社会排斥等结构性贫困问题的最典型的政策途径。所谓变革性社会保护框架指的是，“旨在为穷人提供收入或消费转移支付、保护脆弱群体免受生计风险，以及提升边缘弱势群体社会地位和权利的所有方案。社会保护的总目标是扩大经济增长带来的益处，降低穷人、脆弱群体和边缘群体的经济和社会脆弱性”。②从该定义中可以看出，变革性社会保护框架承认贫困和社会排斥的多维性，着眼于解决风险和收入不足等经济脆弱性问题，为贫困群体提供“经济保护”，更关注社会排斥、歧视、社会不平等等导致人们贫困和脆弱性的结构性要素，主张通

① 唐钧．社会政策的基本目标：从克服贫困到消除社会排斥．江苏社会科学，2006（1）：46.

② R. Sabates-Wheeler and S. Devereux. Transformative social protection: the currency of social justice//Barrientos A. and Hulme D. Social protection for the poor and poorest: concepts, policies and politics. Basingstoke and New York: Palgrave Macmillan, 2008: 64-84.

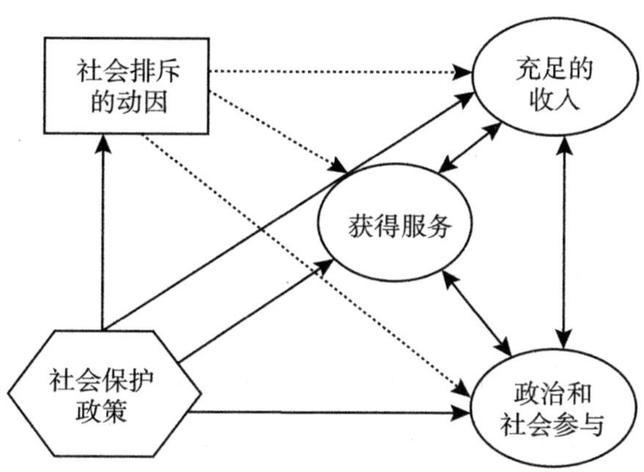

图 4-2　社会保护与社会排斥关系图

资料来源：Babajanian B. and J. Hagen-Zanker. Social protection and social exclusion：an analytical framework to assess the links. London：ODI，2012.

过充分发挥社会保护的“变革性”潜能来解决这些结构性问题，提升边缘和弱势群体的社会地位和权利，帮助他们彻底摆脱贫困。

变革性社会保护框架包含四类干预措施，分别为：供给性措施（provision measures）、预防性措施（preventive measures）、促进性措施（promotive measures）和变革性措施（transformative measures）。其中，供给性措施和预防性措施分别类似于风险管理型社会保护政策中的应对策略和预防策略，促进性措施相当于发展型社会保护政策所倡导的社会投资策略。变革性社会保护政策的新颖之处就在于将第四类措施——变革性措施引入其概念框架中，用于解决权利贫困、社会排斥等结构性因素。

“变革性”指的是，“对使所有人都能够平等地融入社会中、使每个人都能享受到经济增长带来的好处以及使被排斥者或边缘群体能够主张其权利的政策的追求”。① 通过将“变革性”要素引入社会保护政策框架中，社会保护的关注点将从如何通过政策的制定来减少既定情境中的不同群体所面临的风险转向如何来变革这一既定情境，从而使不同脆弱群体面临的风险最小化。变革性措施关注的

① R. Sabates-Wheeler and S. Devereux. Social protection for transformation. Institute of Development Studies，2007，38（3）.

不再是经济资源（收入、财产）的再分配，或是为穷人提供收入支持，而是从权利的视角来分析人们长期被剥夺获取资源、参与劳动力市场、享受公共服务等机会的根本性原因，主张通过变革歧视性的做法及社会排斥来确保所有公民都能获得可持续生计机会和高质量的基本服务。变革性社会保护政策认为，只有权利保护才是帮助弱势群体改善他们地位和处境的根本之道。“物质救济只能释放没有保障的金钱，而权利救济则能赋予穷人一种永恒的力量。”①

在社会保护政策中，变革性措施可以单独采用或是与其他辅助性干预措施配合使用。一般来讲，主要的变革性措施有：（1）劳动力市场规制。根据国际劳工组织所提出的“体面劳动”议程，不论是在正规部门还是非正规部门，社会保护都应该包含一系列的规制和标准以促进并保护体面劳动，使人们能够在享有自由、社会公正、保障和人类尊严的环境中工作。具体来讲，这些规制措施应包括：使雇佣关系正式化、确保工人享有组建和加入工会的权利、确保职业安全、禁止使用童工和青少年工、确保最低工资标准、避免工作歧视（特别是对女性的歧视）等。通过将这些规制措施，特别是消除就业歧视等结构性不平等的措施包含进来，可以使得在社会经济上遭受权利剥夺的工人去主张获得体面工作条件的权利，尤其有助于扭转女性劳动者、残疾人等弱势群体在劳动力市场中的不利处境。（2）法律、法规。并非所有的法律、法规都可以被纳入社会保护中，社会保护主要涉及那些与变革不平等社会关系、消除社会歧视等相关的法规制度。如最低工资保障法的确立，不仅可以确保低收入工人的收入水平处于贫困线之上，减少贫困的发生率，而且还可以赋权予那些没有加入工会或没有被组织起来的工人，使他们可以与雇主讨价还价，要求享有合理的工资、较好的工作条件以及其他正规部门劳动者所享有的与工作相关的社会保护措施。类似的，印度《全国农村就业保障法》的实施，确保了妇女可以和男性一样享有平等的就业权和相同的工资待遇水平。（3）倡导性运动。倡导性运动旨在通过教育、宣传等活动来提升公众意识、改变公众态度和行为，如对于艾滋病人或艾滋病携带者，仅提供收入支持并不足以改善他们的劣势处境，更重要的是要改善人们对艾滋病人的态度。通过开展“反 HIV/AIDS 歧视活动”，一方面可以改变人们对艾滋病人的偏见，增进社会对这些敏感群体的理解与包容，同时引起有关部门对这些脆弱群体的关

① 洪朝辉．论中国城市社会权利的贫困．江苏社会科学，2004（2）：118.

注，使这些最容易被忽视的弱势群体被纳入社会保护体系中，另一方面，通过向人们普及艾滋病的相关知识，促使人们通过改变自身行为来降低艾滋病的发生率。因此，相比于现金转移支付等经济性干预措施，变革性措施往往成本低廉，但却能带来良好的减贫效果。

变革性社会保护干预措施既可以单独使用，也可以与其他干预措施组合使用，共同致力于公民福祉的提升。图 4-3 具体阐释了变革性社会保护框架中各项措施之间的关联性。

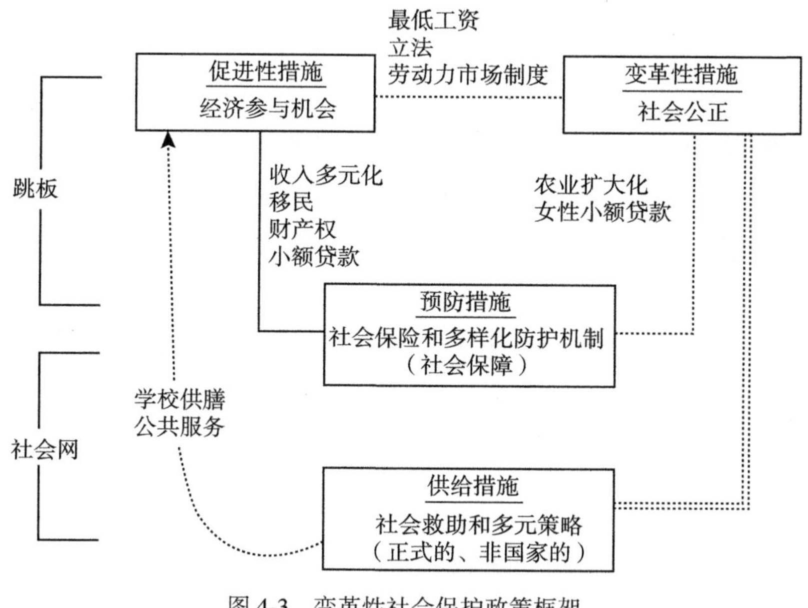

图 4-3　变革性社会保护政策框架

资料来源：刘璐婵，林敏钢．全球化下社会保护的兴起与政策定位．广西经济管理干部学院学报，2012（2）．

图 4-3 中上半部分的两大措施——促进性措施和变革性措施，是能够促使人们摆脱贫困的措施，因此又被称为“跳板”。其中，左侧的促进性措施是具有经济结果和直接增长效应的社会保护干预措施，右侧的变革性措施则是具有社会结果的干预措施。在图 4-3 中的顶端，经济性和社会性维度汇合并相互联系，意味着通过追求能够克服结构性不平等和不公正的活动，可以使人们更好地参与到社会经济生活中，从而能够同时对个人生计和经济增长产生积极的溢出效应。

图 4-3 中虚线代表的是不太明显或较弱的关系。如有些安全网措施可能会促进能力提升或资产建设，从而使得受益人有能力抓住机会。实线代表着较强的直接关联性，如绝大多数预防措施具有促进性功效，因为通过降低风险，此类措施能够使人们抓住机会做他们原本不能做的事情。最后，连接供给措施和变革性措施的双层虚线代表着提供社会救助的人道主义目标与人类尊严和自主权等社会目标之间的潜在的消极关系。有些社会保护措施可能会巩固已有的权利等级关系、加剧社会分化和社会排斥等。例如，社会救助项目中所采取的一些有针对性的机制（将艾滋病孤儿与其他脆弱儿童区分开来或是要求大人表明其艾滋病身份）、为公共工程计划的参与者支付食物而非现金报酬等。供给措施和变革性措施之间潜在的消极关系证实了社会保护要超越传统的安全网政策的必要性，并确保社会保护干预措施能够产生中性或是积极的而非消极的社会影响。

概括而言，变革性社会保护框架更全面地考虑到了贫困群体所遭受的各方面的剥夺与社会排斥。它既着眼于通过对风险、冲击等外部因素的应对来为脆弱群体提供经济保护，实现其收入和能力的提升，又着眼于通过挑战权力的等级结构和社会关系的不平等来促进社会变革，解除贫困和弱势群体遭受的无力感、被忽视等社会排斥问题，保障公民权利的实现。但是相比较而言，后者才是其强调的重点。变革性社会保护框架最主要的目标就是要通过采取权利本位的途径来消除导致公民经济、政治、社会、文化等公民权利丧失的结构性因素。通过采取变革性措施，变革不同利益相关者间的权利关系，从而赋权于穷人，使其有能力、也有机会去提出主张，要求不同的社会保护供给和执行主体能够真正对其负起责来。如此一来，变革性社会保护框架将有助于在生计安全和提升公民自主权或赋权之间建立起积极关系，有助于“营造一个有益于穷人发展的政策环境，建立起一个负责任的治理结构，以及一种致力于社会公平的发展模式”。①

三、权利本位型社会保护政策在包容性发展中的角色

包容性发展实质上是一种“权利的增长”。包容性发展的基本要义在于消除社会排斥，让每个人都能拥有自由平等的发展机会，让全体公民都能共享发展的

① 史威琳．社会保护政策及其对缓解儿童贫困的作用．新视野，2010（2）：33.

成果。往往正是那些因权利被剥夺或被侵蚀，以及因性别、年龄、等级地位、社会制度等而遭受社会排斥的长期贫困人群无法从发展中获益，被排斥在发展之外。权利本位型社会保护政策正是致力于改变那些最没有权利、最弱势和最受歧视的群体的不利状况。因此，以权利为基础的社会保护在促进包容性发展方面可以发挥重要作用。学者 Sabates-Wheeler 和 Devereux 将社会包容、社会凝聚和社会稳定视为实施权利本位型社会保护政策所产生的积极的外部效应。① 为此，在“后 2015 年”（post-2015）议程中，联合国等众多国际机构都将权利本位型社会保护政策视为实现包容性发展的一个强有力的工具。

具体来讲，以权利为基础的社会保护政策可以从以下几方面来增进社会的包容性发展。

第一，促进机会公平。机会平等是“包容性发展”的核心要义之一，强调所有公民都有平等的机会参与到发展中。机会的不平等往往是个人背景或者所处环境的不同而导致的，是社会不公的表现。只有促进机会平等，社会成员才能拥有公平发展的可能性，缩小结果的不平等，促进和实现社会的公平正义。以权利为基础的社会保护政策正是着眼于解决权利剥夺、社会排斥等导致机会不公的深层次原因。通过采取变革性措施，社会保护能够确保所有公民，不论其所属阶层、社会地位、家庭背景、性别、种族、民族及资本占有状况等，都能平等地享有一个公民所应享有的权利，如平等地接受教育、享受基本的医疗卫生服务以及参与劳动力市场等。

第二，增强政府责任心。世界银行发布的增长报告将实现包容性发展的责任主体归结为政府，指出所有成功案例的共同之处就是“有一个能力日益增强、敢作敢为和值得信赖的政府”。以权利为基础的社会保护政策强调，社会保护行为主体的一切行动必须在国际人权法规定的框架内进行。在这一框架之下，责任与权利、责任承担者与权利拥有者紧密连接在了一起。政府作为社会保护的主要承担者，负有尊重公民权利、保护公民权利以及采取适当措施实现公民权利的责任。公民作为权利持有者有权利向义务承担者提出要求、表达其利益，政府作为

① R. Sabates-Wheeler and S. Devereux. Transformative social protection: the currency of social justice. London: Palgrave Macmillan, 2008.

责任承担者则有义务清除公民（特别是弱势群体）表达权利时面临的各种障碍、对公民提出的要求迅速做出反应，并尽最大努力满足权利索取者，特别是贫困群体的合理要求。在这一过程中，社会保护能够增强公民与政府间的社会契约，有助于实现更好的社会凝聚与社会稳定。

第三，促进公民权利的实现。“包容性发展”强调发展成果的共享性。在实际发展过程中，往往是那些“优势群体”最容易分享到发展成果，成为社会发展的主要受益者，而劣势群体则是没有享受到发展成果的主要群体。在权利视角下，社会保护政策的关注重点正是那些“穷人中的穷人”和处境最为不利的人。相比于那些“易被识别的穷人”，极端贫困群体往往遭受严重剥夺，更糟糕的是，在影响到他们命运的决策议程中根本听不到他们的声音。权利能使得最为边缘化、最没有势力的人或群体也能借助国家或国际的法律框架向政府提出权利要求。① 公民权利的平等直接关系到物质利益的取得。因此，以权利为基础的社会保护政策通过赋权予这些弱势群体，并提升其行使权利的能力，促使其权利主张进入决策议程，将有助于扩大他们所能分享到的发展成果的份额，进而促进社会公平。

第四，促进“益贫式增长”。社会保护通过实施有条件或无条件的现金转移支付计划来改善贫困群体（尤其是儿童）的营养健康状况、医疗、受教育水平，有助于提升贫困群体的人力资本、增强其发展能力；通过增强穷人的就业能力，支持有工作能力的穷人进入劳动力市场，有助于提高劳动者收入；通过消除社会排斥、促进机会平等，能够释放经济潜能，特别是促进妇女在劳动力市场中的参与率，提升女性在经济发展中的贡献份额。上述所有这些措施在给穷人生活带来改善的同时也促进了经济的发展。

总而言之，一个包容性发展的社会，其核心标志是所有公民都能够逐步摆脱权利贫困和社会排斥，使个人的基本权利得到保护并不断扩展，促进人的潜能充分发挥和人的自由发展，最终实现“人的全面发展”。权利本位型社会保护政策通过促进“机会平等”和“益贫式增长”，既有助于提升公民的能力，也使得人

① 克莱尔·肖特. 消除贫困与社会整合：英国的立场. 国际社会科学杂志（中文版），2000（4）：54.

们（尤其是极端贫困群体）将他们所获得的能力运用于生产性目的或是积极参与到社会、政治和文化活动中成为可能。而包容性发展就是要通过强化公民的能力和机会而扩大其选择范围，最终实现所有人生活的改善。因此，权利本位型社会保护政策有助于促进“发展”。此外，通过增强政府责任，减少贫困和弱势群体的权利贫困和所面临的社会排斥，确保公民权利的实现，权利本位型社会保护政策有助于促进“包容”。总之，以权利为基础的社会保护政策是实现包容性发展的重要途径。

第五章　国外社会保护政策的实施

理论最终必须付诸实践，并经受实践的检验。如果一项政策出台后只是单纯停留于形式层面或理论层面，而没有转化为实实在在的行动，那么制定政策也就没有意义可言。只有通过采取具体行动，将无形的理论转化为能够真正给人们带来影响或变化的实际效果，政策制定的使命才算真正完成。然而，人们往往将政策的制定看作是政治家或政治精英的事，将政策的执行视为“低水平”的基层官员的事，易形成“重决策，轻执行”的观念。事实上，从某种程度来讲，政策的实施比制定更加重要。再好的政策，如果得不到良好的实施，也会使政策制定之初的良好意愿落空，导致政策效果不尽如人意。对于政策执行的重要性，学者Barrett和Fudge主张：“不应把‘政策的实施’看作是将政策转化为一系列后续行动的过程。相反，要将政策与执行间的关系理解为决策者与执行者之间的一个互动、协商的过程，该过程是与时俱进的。”①

鉴于此，这一章将从“理论层面”转向“操作层面”，分析社会保护政策的具体实施。欧盟及其成员国在社会保护改革领域一直领先于其他发达国家，而且这些国家和世界银行、国际劳工组织等国际组织一起在推动第三世界国家社会保护的发展中具有重大影响力，因此本章重点选取了欧盟及其成员国——福利国家的发源地英国来具体阐述它们社会保护政策的实施。② 与此同时，在国际援助机构的支持以及各发展中国家自身的不懈努力下，发展中国家的社会保护工作也取得了很大进步，因此，有必要将发展中国家社会保护政策的实施涵括进来。不过整体来讲，绝大多数发展中国家主要以开展零散的社会保护项目为主。在此，本章选取了目前在发展中国家中影响力最大、实施国家最多的社会保护项目——有

① 简·米勒．解析社会保障．郑飞北，杨慧，译．上海：格致出版社，2012：233.

② 本书成稿于英国脱欧之前。特此说明。

条件现金转移支付计划并以智利为例，具体介绍有条件现金转移支付计划的实施。

第一节 欧盟社会保护政策的实施机制：社会开放协调法

欧盟是一个介于“国际组织”和“主权国家”之间的具有极高权能的超国家机构。在20世纪90年代之前，欧盟一直是在共同体法的框架下，通过制定和执行法规或条约的模式来推动欧盟层面政策的贯彻落实。但是近20年来，随着欧盟一体化进程的不断深化，在一些关乎国家主权的“敏感”领域的合作势不可挡，而按照以往自上而下的线性的政策执行程序，欧盟几乎无法触及原本属于各成员国的专属管辖权范围。在此背景下，一种新的、更具开放性、包容性的“软性”治理工具——开放协调法（open method coordination，OMC）取代传统硬治理模式率先被运用于欧盟就业政策领域，成为欧盟协调欧盟层面及各成员国之间行动，推动欧盟层面就业战略贯彻落实的有效实施机制。随着开放协调法在就业政策领域取得的良好效果，该机制进而被运用于社会保护领域，成为推动欧盟层面社会保护政策在各成员国予以落实的有效机制。

一、开放协调法的基本内涵及特点

“开放协调法”是欧盟在就业战略中确立起来的一种执行共同体社会政策的模式。① 这一词汇被正式提出是在2000年3月召开的里斯本高峰会议上，事实上，早在1992年《欧洲联盟条约》签订时，便有类似的协调机制用于协调各成员国的经济和财政政策。②

“里斯本战略”的结论部分指出，开放协调法包括四个基本要素：③ （1）为欧盟及各成员国确定所欲达成的政策目标及指导方针，同时，制定实现某些具体目标的短期、中期和长期时间表；（2）在适当的条件下，根据国际上的最佳实践（best practices）以及各个成员国和不同部门的具体情况，设定一些定量和定性的

---

① 田德文．欧盟社会政策与欧洲一体化．北京：社会科学文献出版社，2005：22.

② 施世骏．欧盟新治理模式与社会政策发展：“开放协调法”兴起的历史脉络与政策意涵．台湾社会福利学刊，2004（11）：3.

③ European Council. Presidency conclusions. Lisbon：European Council，2000.

指标，作为评价各成员国实施情况的基础，并在此基础上进行比较，选择最优的经验；(3) 在考虑成员国和地区之间差异的前提下，把欧盟的上述指导方针转化成国家或地区政策，确定具体的目标以及执行措施；(4) 欧盟及各成员之间进行定期的监督、评估和同侪评议 (peer review)，并根据实施效果进行适当修改，形成一个相互学习的过程。

从开放协调法所包含的基本要素中可以看出，开放协调法最典型的特征在于：它是一个不同于传统“硬性法”的“软”机制。开放协调法并非立法决策机制，它并不试图产生具有法律约束力的法规来推进治理。它允许差异的存在，尊重各成员国之间的多样性，允许各成员国在总的制度框架内结合自身情况，选择最适合自己的方式来实现共同目标。同时，开放协调法谋求形成一个公共的对话空间，在这一开放空间内，各成员国之间通过信息的交换、标杆管理、专家评审、政策学习等手段来促进相互学习、共享经验，并在此基础上调整自己的步调，促进自身政策效果的改善。另外，在开放协调法运作过程中所产生的评价指标和评估报告并不具有法律属性，开放协调法主要依靠同行监督、“点名羞辱”(naming and shaming) 等柔性手段来从道义上对成员国产生一定约束力，以此来调整参与者的行为，促进欧盟层面共同目标、共同指标的达成。这与传统的自上而下的、以法律强制力为后盾来推动欧盟政策实施的做法形成了鲜明的对比。

总之，开放协调法一方面把政策的选择权留在成员国手中，保留了各成员国的自主权；另一方面，它又遵从辅助性原则，通过共同目标、共同指标的制定来推动各成员国之间形成共识，采取共同行动。它平衡了竞争与合作的关系，使民主参与和政治参与融为一体，缓解了一体化与个性化的矛盾,① 为欧盟提供了一种整合成员国改革实践的有效机制。

二、开放协调法在欧盟社会保护领域的应用背景

(一) 欧盟介入社会保护领域的必要性

欧盟在最初建立时，其目标是要促进各成员国之间经济上的密切合作，推动

① 赵叶珠，胡世君．欧盟治理的新工具——开放式协调法的特点及应用．科学与管理，2009 (2)：18.

欧洲经济的一体化，社会政策几乎被排除在欧盟政策议程之外。然而，随着欧盟经济、政治一体化进程的不断深化，加强社会领域的整合就显得尤为迫切。

一方面，经济领域越统一，竞争就越激烈，两极分化越严重，也就越需要社会保护机制的跟进。当经济一体化向前推进，而社会政策却没有及时跟进的时候，就会出现经济和社会政策之间的不协调，进而阻碍经济一体化的顺利进行。因此，为实现欧盟经济一体化的顺利推进，需要在社会政策领域中做出相应的安排，确保社会政策的发展与经济政策的"同步性"。

另一方面，民主是欧盟赖以存在的基石，但是一直以来，欧盟在政治上却处于远离人民、"高高在上"的位置，一体化的决策长期停留在各成员国政府间合作的层面上，各成员国公民均被排除在外。随着欧盟一体化进程的不断扩大化和深化，欧盟决策者意识到，要使一体化进程得以顺利发展，就必须采取一种更加贴近民众的姿态。鉴于社会保护是所有政策体系中与普通民众距离最近的一个领域，是公民社会生活中的重要组成部分，欧盟急需通过介入社会保护政策领域来对公民福祉产生影响，以此来增强欧洲公民对欧盟的认同感，增强其合法性。

从欧盟成员国层面来讲，在全球化背景下，欧洲福利国家普遍面临着技术变革、劳动力市场变化、家庭结构变化、人口老龄化等一系列挑战，各成员国必须改革原有的福利体制来适应变化了的内外部环境。由于经济全球化和欧洲一体化均导致了福利国家功能的进一步收缩，特别是"马约"和旨在维护欧元稳定的"稳定与增长公约"对各成员国控制本国货币能力的限制，使得各成员国越来越难以单独使用传统的凯恩斯主义的办法对超出他们能力范围之外的问题做出理性的判断和决策，因此就需要有超出民族福利国家之上的政治程序来采取新的应对战略，即需要在欧盟层面上构建一个更为广泛的、适应欧洲一体化进程的社会保护机制。

总之，不论是从欧盟自身利益来讲，还是从欧盟各成员国的现实需求来讲，都需要欧盟介入社会政策领域（尤其是社会保护领域）采取集体行动。以 1992 年欧盟理事会采纳的两大建议——"社会保护目标和政策的趋同"和"社会保护体系中足够的资源和社会救助的通用标准"——的提出为标志，社会保护政策正式被纳入欧盟发展议程中。

（二）开放协调法在欧盟社会保护领域的应用背景

欧盟在将社会保护纳入其政策议程之后，面临的问题是应选择什么样的执行机制来推动欧盟层面的社会保护政策在各成员国层面得以共同执行，并确保欧盟与各成员国都能够从中受益，实现双方的共赢。由于下面几方面因素的制约，欧盟要想在传统的“共同体法”框架下促进其社会保护政策的贯彻执行几乎不太可能。

第一，欧盟自身权力不足。欧盟并不是一个拥有完整主权的实体，而是各个国家让渡其部分权力后组成的一个超国家的国际组织。由于社会保护政策一直以来都属于各成员国专属管辖范围，各成员国均担心欧盟对社会保护问题的介入会导致超国家统治、威胁到各国主权，因此，都不愿意把社会政策权限完全让渡给欧盟。权力的缺乏使得欧盟难以再延续传统通过制定条约或法规，然后要求所有各成员国遵守的治理模式。从欧盟社会政策的发展历程可以看出，在社会政策领域，欧盟的立法活动非常有限。由于权力有限，往往在政策协商过程中就会由于各成员国政治精英或是相关利益集团的强烈抵制而无法形成具有约束力的决议。弗里茨·W. 沙普夫（Fritz W. Scharpf）将这一现象称为“共同决策陷阱”。① 由于无法形成有效决策，也就无从谈及社会保护政策的执行。因此，为促进欧盟层面社会保护政策的顺利推进，避免各成员国对欧盟层面所提出的社会保护改革措施的排斥，欧盟必须放弃传统的指令性的硬性法，采取一种更加开放、更具包容性、灵活性的“软”机制。

第二，牵涉利益主体的复杂性。社会保护政策是一个涵盖面非常广泛的政策，社会保护政策的实施牵涉到经济、就业、教育、医疗卫生等诸多领域，需要跨部门间的相互协调与配合。同时欧盟层面社会保护的实施既要处理好欧盟与各成员国之间、不同成员国之间的关系，还要牵涉到社会保护目标群体、市民社会的行为体、专家团体等多重利益相关者。由于欧盟自身的资源、权力及能力有限，在面对这种复杂而又具体的问题时，最有效的办法是由各成员国依据自身情况来采取具体策略，欧盟只适合提供原则性的指导和协调意见。

① Fritz W. Scharpf. The joint-decision trap：lessons from German federalism and European integration. Public Administration，1988：239-278.

第三，新成员国的加入带来的挑战。自欧共体成立以来，欧盟先后经历了六次扩张，随着成员国数量的增加，欧盟成员国之间的差异性也在不断增大。特别是东扩后的新入盟成员国与老成员国相比，无论是在经济实力还是在政治、文化、社会发展等领域都存在很大差异。尽管欧盟一直致力于通过采取一些灵活性措施以及制度的改革来解决成员国之间差异性增大的问题，但是这些措施的采取仍不足以解决欧盟在社会保护领域采取共同行动所面临的挑战，即如何在尊重成员国多样性的同时，推动欧盟层面社会保护政策在各国的顺利执行。

面对上述挑战，欧盟急需要寻找一种新的、合适的治理工具来协调各成员国在社会保护领域的行动，实现社会保护政策的趋同。鉴于开放协调法在治理就业领域已经取得的成功经验，欧盟将这一新的治理模式引入社会保护领域中。可以说，开放协调法是在“欧盟委员会和各成员国政府都觉得有必要采取行动，却又没有相应的共同体法律可依，同时各成员国也不愿意接受共同体法律的约束”的情况下，采取的一种协调机制。①

三、社会开放协调法的实施流程

2000年3月里斯本高峰会议首次正式提出要将开放协调法运用于社会保护政策的“贫困和社会排斥”领域。事实上，早在1992年欧盟理事会发布的两大建议——“社会保护目标和政策的趋同”和“社会保护体系中足够的资源和社会救助的通用标准”中就已经体现出了开放协调法的萌芽。建议提议在欧盟层面“制定共同的目标来指导各成员国政策，以实现不同国家制度间的共存……推动彼此间的协调来实现欧共同体的基本目标”。② 到1999年，欧盟委员会发布的“社会保护现代化的趋同战略”中，要求在社会保护领域建立起一套框架来实现更紧密的合作，通过经验交流、相互协调以及政策评估来确定最佳实践。可以看出，这套制度已经表现得非常类似于欧洲就业战略中所使用的开放协调法。③

① 贝娅特·科勒-科赫．对欧盟治理的批判性评价．金玲，译．欧洲研究，2008（2）：95.

② European Commission. On the convergence of social protection systems in European Union. https：//ideas. repec. org/p/pra/mprapa/21297. html.

③ 朱文龙．软法视角下中国与欧盟社会治理比较研究．北京：对外经济贸易大学，2014：68.

开放协调法正式应用于社会保护领域是在 2000 年 12 月召开的尼斯理事会议之后。会议提出将开放协调法首先运用于贫困和社会排斥领域，并确定了相关的指导方针、起草了国家行动计划。紧接着 2001 年 3 月，欧盟理事会在尼斯会议的基础上制定了评估指标以判断各国行动计划的实施状况，完善了开放式协调法在贫困与社会排斥领域的运用。与此同时，欧盟理事会决定将这一模式运用于养老金领域，并于 12 月确定了养老金领域开放协调法的共同目标和运作方式，不久之后又进一步拓展到健康及长期护理领域。2003 年欧盟理事会发布了一份报告，提出要将社会包容、养老金、健康和长期护理这三个单独的进程整合到一个统一的开放协调法中，以此来增强里斯本战略的社会维度。① 到 2005 年，随着欧盟对里斯本战略的重新调整，为确保欧盟社会保护政策开放协调法的运作与重启的里斯本战略步调一致，上述三个单独的进程被整合成为一个单一的“社会开放协调法”（open method of co-ordination for social protection and social inclusion）。

社会开放协调法的运作以三年为一个周期。具体运作流程如下②：

第一，制定欧盟层面的具有综合性、一致性的共同目标，促进各成员国社会保护政策的趋同。社会保护共同目标的制定必须在欧盟宏观发展战略框架下来展开，确保社会保护共同目标与欧盟广泛经济政策指导方针（BEPGs）和就业指导方针（EGs）相协调。同时，共同目标需要同时包含社会保护三个领域的内容（社会包容、养老金、健康和长期护理），为社会保护三个领域具体分目标的制定明确方向。

第二，制定欧盟层面的统一行动方针，列出各成员国实现具体目标的短、中、长期时间表，并设置基准（benchmark），使之成为比较各成员国之间最佳实践的有效手段。在总的目标确定后，需要把目标方案进一步细化为合适的定量及定性指标，以供各成员国在社会保护各部分的改革实践中参照、遵守或靠拢。指标的设置既要能够涵盖较为广泛的领域以充分反映欧盟的共同目标，又要尽可能简洁。为实现开放协调法框架下相关指标的可靠性、可比较性和即时性，欧盟制定了欧洲一体化社会保护统计数据体系（European system of integrated social

① European Commission. Strengthening the social dimension of the Lisbon Strategy: streamlining open coordination in the field of social protection. Brussels: European Commission, 2003.

② European Commission. Strengthening the social dimension of the Lisbon Strategy: streamlining open coordination in the field of social protection. Brussels: European Commission, 2003.

protection statistics），并于 2008 年开始运用。需要说明的是，由欧盟层面制定的行动方针并不是强制性的、“放之四海而皆准的”，它只是对各成员国在改革、推进本国社会保护计划时给予的原则性的引导或协调，而非各成员国必须严格遵守的统一的标准框架。不过，这些方针、建议必须从大方向上符合各国社会保护改革的需求，追求的是社会保护改革目标的“求同存异”。①

第三，各成员国在共同目标和共同方针的指导下拟定具体的发展目标和实施措施，并提交年度国家战略报告（national strategic reports）。社会保护具体实施方案的选择权仍然掌握在各成员国手中，各成员国可以从本国国情出发，采取最恰当的行动计划，但同时要确保本国具体目标不会太过偏离欧盟制定的共同目标和指导方针。根据欧盟制定的目标、方针、建议和指标，结合本国国情，各成员国要每年向欧盟理事会提交一份全面的年度报告，阐明他们在消除贫困和社会排斥、养老金制度改革、健康和养老护理领域所做的努力、取得的进展，以及接下来将要进一步采取的政策措施、综合配套战略等，并论证改革的可行性、合理性和可能会遇到的困难，以便欧盟对该国实现共同目标的进程进行评估。

第四，对各成员国提交的国家战略报告进行监管和评估比较。各成员国在社会保护改革领域究竟取得了怎样的成效？是否按照本国所提出的年度发展报告来执行？是否偏离欧盟制定的共同目标、行动方针以及各项基准指标？这些都需要欧盟层面的监管和评估比较来检验。在各成员国提交年度发展报告后，由来自各成员国、社会保护委员会、欧盟委员会及理事会的专家代表组成的评议小组，根据之前设定的共同目标和基准，对各成员国社会保护改革实践进行制度化和周期性的监督，并给各国的年度发展报告打分，评定出“最佳实践”，供成员国相互监督和进行标杆分析，作为进一步政策改进的依据。除了欧盟层面的评审外，各成员国之间也要展开同行评审，通过“同行压力”“点名羞辱”等柔性方式来加强成员国之间的相互学习和竞争、促进成员国政策的协调。同时，这种方式也有助于发现问题和政策盲点，并及时予以规避和完善。

① 王晓东．从“社会保障对接条例”到“开放性协调治理”．现代经济探讨，2013（12）：84.

第五，基于上述监督和评估，社会保护委员会和欧盟委员会共同拟定一份综合性的、前瞻性的社会保护联合报告（joint social protection report）并提交欧洲理事会，作为制定下一轮共同目标和行动方针的参考。该报告每三年发布一次，其间可以做轻微调整。报告发布后，理事会对各成员国给出有针对性的评估建议，由成员国决定是否依据建议加以完善。欧盟社会保护政策实施流程见图 5-1。

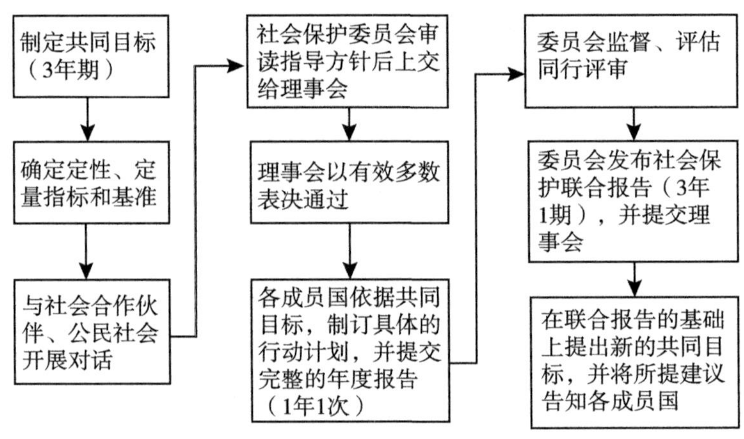

图 5-1　欧盟社会保护政策实施流程图

不难看出，社会开放性协调法是一个目标导向的“软”治理方式。它将政策的执行过程由传统自上而下的线性程序转变为一种非线性的、循环的过程。在社会开放协调法框架下，社会保护目标不是通过执行具有法律约束力的标准规则，而是在共同协商的基础上，通过差异化策略的采取，互相监督、评估，最终得出“最佳实践”来实施的。因此，开放式协调机制与其说是一种政策执行的新模式，不如说是成员国之间互相影响的一个学习过程。

四、基于善治的视角对社会开放协调法的评价

善治（good governance），从字面意思来看，即良好的治理。学者俞可平将善治界定为：使公共利益最大化的社会管理过程。善治的本质特征在于它是政府与公民对公共生活的合作管理，是政治国家与市民社会的一种新颖关系，是两者

的最佳状态。① 2001 年欧盟委员会发布的《欧盟治理白皮书》给出了欧盟善治的五项原则：开放性、参与性、责任性、有效性和协调性。具体来讲：开放性，指的是欧盟机构应当变得更加公开透明，使每一个公民都可以非常便利地了解与自身利益密切相关的、欧盟层面的相关资讯及其采取的行动；责任性，指的是欧盟机构应当让公民知道欧盟自身的权限分配，了解谁有权做什么事、谁应当做什么事，也要能够明确说明和承担与所实施的政策相关的责任；参与性，指的是欧盟机构应当尽可能动员和鼓励相关的利益群体共同参与到政策的制定和实施过程中；有效性，意味着要在尊重辅助性原则和比例性原则的前提下，对欧盟所采取的政策和计划进行评估；最后，协调性要求欧盟所制定的政策，在形式层面和实际操作层面必须保持一致，从而形成一个协调的整体。②

下面将分别从这五个维度对欧盟社会开放协调法进行评价：

（1）开放性。“开放协调法”，单从其名称来看，就已经揭示了其“开放”属性。社会开放协调法的开放性，最典型地体现为成员国每年提交一次的年度行动计划，以及欧盟层面的社会保护联合报告，通过这些权威报告的发布，可以让利益相关者了解到本国社会保护领域的实施动态，以及欧盟层面社会保护的新动向。另外，这种开放性也体现为治理过程的开放性。社会开放协调法不仅仅局限于政府间的合作，还寻求动员各种公共和私人行为体的参与，注重扩展参与治理主体的范围。

（2）参与性。在社会开放协调法中的参与者共有两种：公共部门的参与和非公共部门的参与。公共参与机构主要包括欧盟理事会、欧盟委员会、社会保护委员会、成员国中央政府和地方政府等核心机构，以及财政部、教育部、劳工部等与社会保护有关的部门。在这些公共参与机构中，欧盟理事会、欧盟委员会与其说是决策机构，不如说是组织机构或协调机构，主要起着沟通、联系和催化作用；来自成员国的代表和欧盟委员会代表组成的社会保护委员会，主要负责欧盟政策和成员国政策的上下沟通，一方面确保欧盟的政策目标能够被成员国贯彻执行，另一方面确保来自成员国的信息能够被传达到欧盟层面；另外，尽管没有明

① 俞可平．治理与善治引论．［2019-11-04］．http：//www. chinareform. net/2010/0116/9805. html.

② 朱文龙．软法视角下中国与欧盟社会治理比较研究．北京：对外经济贸易大学，2014：68.

确规定要求成员国地方政府参与到社会保护政策过程中，但是通过适度放权，将地方权力机构吸纳进来，将能够更好地促进政策目标的实现。一般来说，地方权力主体的参与主要取决于其本身在相关议题上被授予的权力的多少。从实践来看，绝大多数欧盟成员国均倾向于将社会保护的大部分问题转移给地方政府来处理，因此在社会保护议程中，地方政府的参与度较高。

除了公共部门的参与外，还有大量非权力机构的参与，主要包括社会伙伴(雇主和工会)、市民社会和社会保护的目标群体等。在这些相关参与主体中，社会伙伴的参与程度较低，主要原因在于社会伙伴主要是参与薪酬谈判，对社会排斥、养老保险、健康及长期护理等领域的内容不感兴趣，因此难以对其形成足够的吸引力。相比之下，非营利组织等市民社会组织在社会保护实施中发挥了非常积极的作用，这一方面是因为市民社会的宗旨使命与社会保护议题直接相关；另一方面，参与社会保护实施进程，有助于市民社会组织的触角延伸到欧盟层面上，为其意见的表达提供渠道，促进其利益的实现。除此之外，在开放协调框架下，传统被视为社会保护受助对象的目标群体已经转化为利益相关者，他们不仅接受资助，而且也是决策的参与者，帮助与之相关的社会保护政策的制定和实施。目标群体的参与，能够有效改善欧盟的“民主赤字”问题。

总体看来，社会开放协调法在一定程度上实现了具有代表性的不同主体的参与，构建起了一个层级分明、覆盖面广泛但又显得较为松散的治理结构，达到了改善欧盟社会治理的目的。

（3）责任性。在社会开放协调法中，为了使公民的需求、意愿能够被传递到欧盟政策议程中，并确保相关机构对公民诉求做出回应，欧盟委员会确保在涉及与社会保护政策相关的核心职能部门中，都有公开的网上辩论和网上协商手段，确保来自不同成员国，以及欧洲层面的公民、社会组织等的需求、意愿都能够被传达到欧盟决策层面。此外，为确保欧盟机构更好地对民众负责，社会开放协调法试图营造一个开放的公共辩论空间。在欧盟社会保护政策从制定到执行、监督、评估的整个过程中，协商已经成为一种必要的程序，借助各种类型的会议、听证会等协商手段，利益相关者和公共权威机构之间相互沟通、交换观点，打破了传统公共权威机构与社会团体或公民协商时的等级制和技术官僚属性，取而代之的是一种平等的合作关系。这样一来，极大地减少了民众对公共机构的误解，有助于增加民众对社会保护相关政策的认可与接受程度。此外，为确保那些社会弱势群体的意见也能够到达欧盟层面，欧盟委员会专门面向那些弱势利益团体提供资助，并鼓励弱势群体组建联盟，以此来壮大他们的力量。所有这些手段均降低了公民了解欧盟层面社会保护实施进程的门槛。

（4）有效性。在 2008 年委员会提出的一份《关于进一步加强开放协调法在社会保护和社会融合领域内的作用》的报告，对社会开放协调法自 2000 年实施以来所取得的成就进行了评价。报告指出，“各成员国及利益相关者对社会开放协调法的综合评价整体都是非常积极的。社会开放协调法被视为推动社会领域进步的有效手段以及欧洲治理的新工具。它进一步引导、培养了成员国在寻找促进社会进步的最佳方案时相互合作、相互学习的意愿，促进了社会保护体系的现代化”。① 各成员国通过使用社会开放协调法，有效解决了他们所面临的各种新老社会问题，而且使得各成员国内部政策更加符合新的社会现实。自 2008 年的报告发布之后，社会开放协调法继续引领着欧洲社会保护和社会融合进程的发展。然而，2014 年发布的中期评估报指出，（2010 年制定的）“欧洲 2020”战略在前两个目标（灵活的、可持续的增长）方面取得了很大进展，但在包容性增长领域却进展缓慢。到 2012 年，欧盟贫困和受排斥人口非但没有减少，反而比 2009 年增加了 1000 万人，占欧盟总人口的 1/4。② 由此可以看出，社会开放协调法在“有效性”方面效果欠佳。

（5）协调性。“协调性”要求政策的制定和政策的实施必须表现得前后一致。从社会开放协调法来看，它允许各个成员国依据自身实际情况，自主选择适合自身的政策方案，依据自己的理解提出对某一社会问题的解决方案。例如，在社会开放协调法的实施过程中，对于社会保护的其中一个维度——“消除贫困和社会排斥”，不同国家的理解不同，导致各成员国具体目标设定的不同。有些是从预防性视角认为社会融合的目标是要通过确保公民社会权利的实现而避免人们被社会排斥；有些则认为社会融合是要采取补救性措施，向那些已经处于贫困和社会排斥风险中的人提供帮助，使他们得以重新融入社会。不过，尽管各成员国

① European Commission. A renewed commitment to social europe：reinforcing the open method of coordination for social protection and social inclusion. Brussels：European Commission，2008.

② European Commission. Taking stock of the europe 2020 strategy for smart，sustainable and inclusive growth，Brussels：European Commission，2014.

具体目标的设定不同，但一个前提条件是，各成员国具体目标必须与欧盟层面的共同目标趋同。因此，这种认识方面的差异并没有影响到社会融合进程的发展，各成员国之间的社会保护政策仍体现出一种趋同趋势。

从上述五个方面可以看出，社会开放协调法的确是一种开放的协调机制；社会开放协调法认可各利益相关者在社会保护领域所扮演的重要角色，扩大了相关利益主体特别是社会保护目标群体的参与；通过采取多元化的协商对话手段，社会开放协调法也使得公共权威机构更加对民众负责，一定程度上提高了欧盟的合法性；同时，由于共同目标的存在，它也在一定程度上保证了欧盟及各成员国之间政策的整体一致性，实现了“求同存异”。但是，社会开放协调法仅是一种软的治理模式。欧盟在社会保护改革领域所给出的所有指导方针、共同目标及改革框架等均不是法律条款，不具有法律执行力。这样就使得各成员国有很大的自由权来选择他们最有把握实现的指标，而不一定是最需要解决的问题。而且，即便是各成员国未实现欧盟制定的发展目标或指导方针，欧盟层面也没有任何的制裁措施。社会开放协调法的这种软弱性，必然会影响到其政策实施结果的有效性。尽管如此，我们仍可以乐观地认为，社会开放协调法的运用，使得欧盟社会治理离善治的目标更近了。

第二节　英国社会保护政策实施的“准契约化”模式

自 20 世纪 90 年代末期以来，英国与其他所有福利国家一样，既经历着从工业社会向后工业社会的转变，又要应对经济全球化带来的新风险、新挑战。为应对双重挑战，1997 年工党执政以来对传统福利制度进行了重大改革。在第三条道路理论的指导下，英国社会保护改革的主轴就是“为能工作的提供工作，不能工作的提供保障”，倡导就业优先，认为“工作是最好的福利”。随着政策理念的变化，原有的社会保障部门也进行了重组。2001 年，英国社会保障部与教育及就业部的部分职能合并，组成了新的就业与养老金部（department of working and pension，DWP）。与传统社会保障部门相比，新组建的就业与养老金部门的核心目标在于尽可能地增加就业人口的数量，使得社会福利支出能够促进经济的发展，体现出明显的生产主义或投资取向。

社会保护政策核心理念及政策目标、政策内容的变化，也导致了社会保护的制度安排、政策传递（delivery）方式等的变化。其中，“契约化”或“准契约化”是英国社会保护政策实施的最主要方式。这种“准契约化”明显地体现在社会保护主管部门（就业与养老金部）与预算部门（财政部）之间、社会保护主管部门同服务供给部门（政府内执行机构、私营部门和非营利部门）之间，以及社会保护主管部门与享受社会保护待遇的个体之间的一系列“准合同”。

一、社会保护部门与财政部之间的“准契约化”

社会保护质量不尽如人意一直以来是英国政府面临的一大棘手问题。以政府社会支出占 GDP 的比例来衡量，英国社会福利水平仅略低于北欧国家。但是英国社会保护资金支出的使用情况却一直不理想，较高的社会保护资金投入并未取得良好的社会保护效果。鉴于此，英国政府试图通过加强就业与养老金部门同财政部门间的“契约关系”来提升社会保护部门资金的使用效果，从而改善社会保护事业的绩效。

在布莱尔政府之前，英国的财政支出一直以一年为基本单位，各部门（包括社会保护政策的执行部门）在每个财政年度之初向财政部申请经费，说明在该年度实施本部门政策方案需要的资金数额，财政部审核通过后对其进行拨款。这种方式的弊端是容易造成“以资金投入为主”而进行讨价还价的局面，忽视了对效益及财政产出的重视。为克服上述弊端，在布莱尔政府执政后，1998 年英国财政部公布了《全面支出审查》（*Comprehensive Spending Review*）白皮书，试图对英国财政支出进行改革。新的改革方案以三年为一期取代了传统的每年一次来确立各部门支出要求和预算。表面看来，由每年一次的财政支出申请改为三年一次，看似是扩大了各部门的财政自主权，各部门对这三年的财政支出有了更大的控制权，可以将本年度没有花完的钱转入下一财政年度。但是，与三年一期的预算支出模式相伴随的是各部门与财政部需要签订一份公共服务协议（public service agreement，PSA）。同样，英国就业与养老金部门在申请社会保护资金时也需要与财政部门签署一份公共服务协议。

公共服务协议由政府各部门与财政部之间共同草拟。协议明确了各部门预期达成的优先发展目标（这些目标必须是可量化的、以效率为标准的绩效目标），各部门通过与财政部签订“准合同”，从而将各部门目标与中央财政投入相挂钩，以此作为评估各部门是否达到了其事先制定的绩效目标及标准的依据。① 由此可以看出，公共服务协议不仅关注资金的支出，还关注服务的质量，关注部门利用现有资源达到了什么样的效果。公共服务协议实质上是一种对公共支出绩效管理的方式，其目的在于扭转传统政府资金无偿使用所带来的财政拨款与部门政策实施效果相脱节的现象，提高各部门公共资金的使用效率。

具体到社会保护领域，英国社会保护的核心部门——就业与养老金部在向英国财政部申请财政预算时，同样需要与财政部共同草拟一份公共服务协议。协议中要明确列出就业与养老金部门在未来三年内所要达成的战略目标、绩效目标和具体的绩效指标。依据公共服务协议的规定，只有战略目标是由就业与养老金部门与财政部一起协商决定，其余内容由就业与养老金部门自行制定。但一般情况下，为确保绩效目标能够转化为切实可行的任务，除战略目标外，就业与养老金部在制定具体的绩效任务、绩效指标和标准时，也会寻求与财政部进行协商讨论，确保预期效果的取得。除公共服务协议外，就业与养老金部门还需要与财政部签订一系列服务提供协议（service delivery agreements）。服务提供协议作为对公共服务协议的补充，主要详细阐明就业与养老金部为达成政策目标所采取的具体途径。除此之外，公共服务协议还包含技术注解（detailed technical notes），技术注解主要是对公共服务协议中所列的绩效指标的详细解释说明，就业与养老金部需要按照这些绩效指标向议会提交年度报告，说明本部门绩效任务的最终完成情况。此外，财政部也会定期对就业与养老金部绩效任务的完成过程进行监督，并向内阁委员会汇报。如果就业与养老部门能够按照公共服务协议的要求高质量地完成绩效目标，在实施下一轮的绩效目标体系的过程中，作为奖励，就业与养老金部将会赢得更多的“自主权”（earned autonomy）及更多的资金支持。②

就业与养老金部及财政部之间公共服务协议的签订，对于社会保护实施效果的改进具有重要意义。一方面，它有助于克服社会保护部门的短视性。在新的公共服务协议框架下，部门财政预算申请日期由一年调整为三年，意味着部门财政

---

① 宋雄伟．英国“公共服务协议”治理方式解析．中国青年政治学院学报，2012（4）：90.

② 宋雄伟．英国“公共服务协议”治理方式解析．中国青年政治学院学报，2012（4）：90.

预算的获得将不再是基于上一年度的绩效表现。这样一来，就业与养老金部就有更充裕的时间、能够更加策略性地去配置资源，从而有效避免在旧的官僚主义体制下的短视行为。另一方面，它有助于社会保护服务质量的改进。新的公共服务协议克服了传统社会保护主管部门仅注重如何争取到更多的预算资金，而忽视社会保护产出的弊端。通过与财政部签订协议，社会保护责任部门在使用公共资源的时候，必须接受财政部门对其绩效目标实施情况的跟踪检查，并要对外公布相关信息。这样就使得社会保护责任部门将关注点由政策的实施过程转向政策的结果，使得社会保护主管部门能够更好地满足受益人的需求。

尽管就业与养老金部门同财政部公共服务协议的签订对于改善社会保护服务绩效具有一定的积极意义，但同时也存在一定不足。最突出的问题在于新的公共服务协议改变了财政部插手政府部门的程度。在旧的财政体制下，财政部只是对各部门政策的制定施加限制。在新的协议框架下，从部门政策目标的制定、实施到评估，所有这些环节都必须得到财政部的同意，并接受财政部的监督，这在一定程度上侵犯了就业与养老金部门的自主权。此外，由于财政部仍然控制着就业与养老金部的资金来源，因此，尽管公共服务协议规定财政部将会与就业与养老金部门进行充分的协商沟通，“共同”制定绩效目标。但实际上，在这些“准合同”谈判中，就业与养老金部门要受到财政部强有力的控制，财政部在很大程度上决定着合同的条件。

二、社会保护部门与社会保护服务提供者之间的“准契约化”

英国社会保护实施过程中的“契约化”不仅仅局限于社会保护责任主体（就业与养老金部）与财政部之间的契约化，还表现在社会保护责任主体与服务提供者之间的契约化。在布莱尔刚刚上台之时，时任社会保障部（后改为就业与养老金部）的国务大臣 Harriet Harman 指出：“现有的社会保障供给方式，无论是埋单的民众还是社会保障的工作人员，都很不满意……我决定对现有的服务进行全面检查。我想建立一个现代化的、一体化的社会保护体系，一个更简便、更流畅、更有效的社会保护体系。”① 为此，工党政府提出要进一步强化社会保护责任部门（就业与养老金部）与社会保护服务的供给部门（政府内部的执行机

① 简·米勒．解析社会保障．郑飞北，杨慧，译．上海：格致出版社，2012：214.

构）之间，以及社会保护责任部门与营利和非营利部门之间的契约化，加强对社会保护服务供给部门的绩效管理，改进社会保护服务供给的质量。

（一）社会保护部门与政府内部执行机构间的“准契约化”

英国政府机构设置中存在的一个特殊之处在于，将负责政策制定的部门与政策执行机构相分离。政策执行机构的产生主要来源于1988年雷纳效率小组向首相提交的名为《改进政府管理：下一步行动方案》的报告。报告建议在部门内设立专门的“执行机构”，负责政策的执行，由政策核心司负责政策的制定，并对执行机构的运作进行监督、协调。《改进政府管理：下一步行动方案》的实施，导致了大量执行机构的设置。不过，直到1993年，梅杰政府创立儿童支持署（Child Support Agency）以后，执行机构才被引入英国社会保障领域。英国社会保障部只有一个政策核心司，所有的执行活动都授权给专门的执行机构。① 工党政府执政后，社会保障部被就业与养老金部取代，其下属的执行机构或社会保护服务供给机构主要有：就业服务中心、养老金服务中心以及儿童支持署等。

就业与养老金部作为核心部门主要负责有关失业者、年老者、儿童、残疾人等社会保护目标群体的政策制定。就业与养老金部设定政策目标后，将交由具体的政策执行机构——就业服务中心、养老金服务中心，以及儿童支持署去执行。就业与养老金部门与政策执行机构间的“契约化”具体体现为：就业与养老金部的主管部长与社会保护政策执行机构的负责人签订政策与资源框架协议（policy and resource framework），实行合同化管理，有效期一般为3到5年。框架协议中规定了双方的责任及义务，具体包括执行机构需向主管部门承担的责任、执行机构的具体目标、执行机构所提供服务的具体内容等。除此之外，主管部门与执行机构还共同协商确定执行机构的年度业务计划（business plan），明确执行机构工作的具体指标、评价执行机构工作绩效的具体标准和评估的实施程序等。②

在《改进政府管理：下一步行动方案》推出以来较长一段时间，对执行机构绩效评估的重点主要体现为对执行机构工作效率的测评，关注点为成本、效率和

① 陆柯萍．英国执行局化改革对深圳行政三分制改革的启示．江西行政学院学报，2004，6（1）：12.

② 陆柯萍．英国执行局化改革对深圳行政三分制改革的启示．江西行政学院学报，2004，6（1）：13.

“物有所值”（value for money）。进入20世纪90年代以来，对执行机构绩效评估的重点开始转向对目标完成情况的评价，体现出明显的结果取向和目标取向，即对执行机构绩效测评的重点由重视效率转向重视目标人群的满意度及所提供的社会保护服务的质量。而对本部门执行机构目标完成情况的评估，并不是本部门说了算。一般来讲，对社会保护服务执行机构的绩效考评主要有政府考评、议会考评和主管部门的自我评价。（1）政府考评，即上文提到的公共服务协议及其补充内容；（2）议会考评，即由议会公共支出委员会下设的国家审计办公室对财务状况及绩效目标实现情况进行的审计。① （3）就业与养老金部自己的绩效评估方法，如设立监督机构对执行机构进行监督、对执行机构所提交的年度报告的审核、通过对各执行部门的最佳实践进行调查来筛选出绩效改进团队、鼓励公众参与到绩效评估过程中、对执行机构的工作人员进行出勤考察等。除上述绩效考评模式外，还可以由第三方组织进行考评，如苏格兰照料服务监管委员会是一个独立的第三方组织，负责依据国家标准对老年护理服务机构进行登记、评级和监管。②

（二）社会保护部门与私营部门和非营利部门间的契约化

除了由政府内部专门的执行机构负责社会保护政策的执行外，政府还采取了“服务购买者”（政府）与“服务提供者”（私营部门和非营利部门）相分离的模式，将一部分社会保护服务供给职能委托给营利部门或非营利部门。私营部门、非营利组织一直以来都在英国公共服务中扮演着非常活跃的角色，是公共服务的重要供给者。特别是2010年联合政府执政以来，受欧洲经济危机的影响，为应对经济不景气及财政赤字膨胀问题，卡梅伦领导下的联合政府更加主张通过购买服务来节约成本。联合政府提出的“大社会”计划便极力提倡让更多的非政府行为主体参与到社会保护服务的供给中。

类似于前面提到的就业与养老金部门与执行部门之间的契约化，就业与养老金部门在委托私营部门、非营利部门等非政府行为主体提供社会保护服务时，同样是通过合同的方式与服务供给者形成明确的契约关系。政府部门对承接社会保

① Mckay, S. and K. Rowlingson. Social security in Britain. Basingstoke: Macmillan, 1999.
② 赵溪，郭春宁．英国残疾人社会福利政策及其启示．残疾人研究，2014（2）：79.

护服务供给的私营部门和非营利部门采取结果导向的绩效管理，以保证他们服务供给的质量。

以对失业者的社会保护为例，英国政府为解决长期失业问题，在一些失业率高的地区实施了“就业区”（employment zone）计划，以合同外包的方式由私营公司为那些失业至少 18 个月以上的求职申请者提供支持。“就业区”分为两种形式：一种是由一个私营部门为该区域所有处于失业状态的求职者提供就业服务；另一种是由多个私营服务供应商（不超过 4 个）为该区域失业者提供支持，各私营服务供应商之间形成一种合作竞争关系。“就业区”计划包含三个实施阶段：第一阶段为期 4 周，由私营服务供应商与求职者共同商讨，拟定一份行动计划。第二阶段，由私营服务供应商为失业者提供长达 26 周的就业服务（包括发放求职津贴），在此期间，如果求职者仍未就业，他或她将返回就业服务中心。18 个月后，如果还未找到工作，他或她可以重新申请进入“就业区”计划。第三阶段为跟进阶段，即求职者在找到工作后的 22 周内，仍可以接受来自私营服务部门提供的后续支持服务。①

政府部门通过对私营服务提供商在“就业区”计划不同阶段的实施结果的评估来支付费用，以此来刺激私营服务部门实现目标。如在第二阶段，政府只为每个求职者向私营服务供应商提供 21 周的求职津贴，而私营服务提供商为求职者发放求职津贴的周期最长可达 26 周，意味着如果私营服务提供商未能在 21 周内帮助失业者找到工作，它将需要自掏腰包，为失业者支付另外 5 周的失业津贴。为避免亏损，私营部门必然会采取积极措施，尽可能地促进失业者进入劳动力市场。

整体来讲，政府部门与供给社会保护服务的非政府行为主体间的契约关系体现出明显的“准市场”特征。政府部门类似于服务购买者，非政府行为主体类似于服务供给者。在这种“准市场”机制中，无论是以营利为目的的私营服务供应商还是非营利性质供应商，为了能够从政府那里获得某一社会服务的签约权，会展开激烈的竞争。“准市场”机制下的竞争将会促使服务供应商实现低成本高效益，同时也使得政府部门能够在减少公共支出的情况下实现预期目标。但这种

① 张樨樨，徐子轶．“准市场”机制的应用研究——基于劳动力就业服务市场视角. 求索，2015（1）：117-119.

“准市场”模式也很容易导致服务提供商只选择那些低成本、容易达成目标的服务，而忽略了那些最应帮助的弱势群体。

三、社会保护部门与享受社会保护待遇的个体间的“准契约化”

“顾客导向”是新公共管理运动倡导的一个核心理念。自奥斯本和盖布勒合著的《重塑政府》一书中提出要把政府重塑为“企业型政府”后，“顾客导向的政府”成为政府部门改善形象，提高公共服务质量的指导理念。对于公民而言，几乎所有的人在人生的某一阶段都要与社会保护打交道。社会保护部门需要面对形形色色的服务对象，不同的服务对象对社会保护体系的要求不同。为了确保社会保护部门能够提供高质量的社会保护服务，更好地满足服务对象的需求，英国社会保护部门与其他公共部门一样，提倡“以顾客为中心”的管理，主张社会保护部门与享受社会保护待遇的个体之间要建立一种“新契约”，社会保护的（潜在）服务对象被视为“顾客”，社会保护部门的职责就是要积极回应“顾客”的需要。新工党政府上台后发布的福利改革绿皮书《新愿景：新福利契约》中，明确提出要提供“灵活多样的、专业化的、个性化的服务”，就业服务中心的目标是“要确保服务以顾客为中心，切合个人需要”，养老金服务中心的工作人员的职责为“管理、支持全面的顾客体验……提供最好的顾客体验”。①

围绕着“以顾客为中心”这一理念，自布莱尔政府以来，英国政府推行了一系列改革，以更好地为社会保护待遇申请者服务。这些改革主要体现在以下几个方面：

（1）提供“门户”服务（the gateway to work）。“门户”服务的目的是要通过“为所有顾客提供无缝隙的、灵活的、现代化的服务”，尽可能地确保所有求职申请者在第一次提出求职申请后都能实现就业。为此，该计划将那些护理老人者（carers）、单亲父母、残疾人等求职申请者予以整合，为他们提供单一入口点，使之能够更方便地获得一系列的支持服务。

（2）一站式服务（one stop window）。为避免社会保护待遇申请者在提出申请时需要跟多家组织打交道，重复填写同样的申请表等弊端，英国政府主张提供

① Department for Work and Pensions. Public service agreement for department for work and pensions 2001-2004. London：the Stationery Office，2001.

社会保护的不同部门间协同合作，特别是就业服务中心、福利署、儿童支持署和地方政府之间要协同合作。政府机构间的合作形式一般有以下几种：一是跨部门间的密切合作，不同部门间通过共享信息、共享资源、互相为对方提供建议等方式来提供服务；二是同台服务，即不同部门的工作人员在同一地点为服务对象各自提供服务；三是一体化服务，即原本分属于不同部门的各种服务由同一工作人员来提供。自 1998 年以来，英国政府将一站式服务由以往只针对出口企业，扩展到了社会保护服务的各个领域，通过简化办事流程、为服务对象提供综合性服务来使服务对象满意。

（3）电子政务。布莱尔政府 1999 年发布的《现代化政府》白皮书提出要建立信息时代的政府，在 2008 年之前实现政府所有服务均可通过电子方式办理。为此，就业与养老金部也推出了电子化服务业务，不过使用最多的是电话服务业务。在各就业服务中心都开通有服务热线，特别是针对儿童和老年人的服务支持项目。此外，求职申请者在首次提出就业申请时，就业服务中心均鼓励他们使用电话进行联系。

（4）使用个人顾问。自 1998 年以来，英国政府针对就业年龄人口推出了个人顾问服务。个人顾问与服务对象进行面对面的谈话，了解服务对象的工作意向、他们有哪些需要、面临哪些就业障碍，在此基础上评估他们是适合继续领取福利待遇还是就业等。提供一对一的个性化服务，能够使工作人员更好地识别不同服务对象的不同需求，进而根据服务对象的具体情况来“量体裁衣”，提供适合服务对象的支持方案。实践证明，绝大多数求职申请者对个人顾问这一模式评价较高，认为与传统服务模式相比，个人顾问服务更人性化、更友好。① 不过由个人顾问提供服务也存在一定局限性，如个人顾问自身能力有限，对于有多重需要的服务对象仅能提供有限的支持；个人顾问拥有相当的酌情处理权，为完成一定的工作量指标，他们可能会将工作重点放在那些就业准备最充分的人身上，而规避那些比较棘手的个案（如单亲父母、残障人士等）。

四、基于人本主义的视角对英国社会保护实践的评价

人本主义（humanism）萌芽于 14 世纪下半叶，伴随着资本主义生产方式的

① Osgood, J., V. Stone and A. Thomas. Delivering a work-focused service: views and experience of clients. DWP Research Report, 2002 (67).

产生而产生。到文艺复兴时期，人本主义得到了进一步的发展，发展成为一种较系统的思想潮流，人们通常将欧洲文艺时期的人本主义称为古典人本主义。现代人本主义产生于19世纪中叶的欧洲，经过一个多世纪的发展，人本主义的内容得到了不断的充实。现代人本主义的基本内涵为：人的价值高于一切，每一个人都是一个独特的主体，任何人在任何时候都不应该把自己和他人仅仅当作工具，而应该永远看作目的，① 其生命意义应该得到尊重，其价值和潜能应该得到展现，个体的自由及权利是国家、社会存在的理由和根基。② 由此可以看出，人本主义突出强调“人”的重要性，取代了对“物”的重视。

从英国社会保护政策实施来看，英国社会保护政策在实施过程中融合了管理主义和人本主义这两大看似冲突的价值理念。一方面，社会保护政策体现出对效率、效能的追求，通过一系列“契约”或“准契约”的签订，社会保护政策在执行过程中突出关注绩效管理、目标导向，与形式层面支撑社会保护政策的生产主义逻辑相吻合；另一方面，社会保护政策实施中所强调的绩效管理又是“结果导向”的绩效管理，关注的是最终结果——服务对象需求的满足程度。而且将社会保护待遇申请者看作是“顾客”，强调“顾客导向”，为顾客提供个性化、多元化服务，所有这些均体现了对人（社会保护待遇申请者）的关怀。因此，英国社会保护实践实质上是一种同时融合管理主义和人本主义的“有限人本主义”。具体来讲：

在社会保护实施过程中，通过在社会保护部门与财政部门、社会保护部门与政策执行机构之间建立契约关系，实施结果导向的绩效管理，一方面，有助于削减低效率的项目支出，实现资源的优化配置；另一方面，将关注点由程序和产出的控制转向对结果的监督和检查，使得服务提供机构在服务供给过程中有了更大的自主权，可以自由发挥，选择自认为合适的方式来运作，从而克服了传统服务供给中严格按规定流程行事的刻板化和教条化，具有更大灵活性。此外，通过在契约关系的基础上进行绩效管理，能够使社会保护相关部门的行为更加公开、透明和规范，减少挪用、滥用社会保护资金的现象发生，使社会财政支出真正用于每一位需要帮助的人，体现了对受益人负责任的态度。

① 赵迅，刘焕桂．弱势群体保护的人本主义诠释. 湖南大学学报，2009（1）：116.

② 丁东红．现代西方人本主义思潮. 中共中央党校学报，2009（4）：18.

不过，这种以目标为导向的政策实践也具有一定局限性。首先，政策目标和绩效指标规定得过于明确，有可能会束缚创新；其次，鉴于许多社会保护服务具有纯公共产品的性质，而且有些社会保护服务可能要在实施很长一段时间后才会见效（如针对失业者的支持计划，单纯采用就业率指标来衡量就具有很大片面性），因此，要想设定明确、清晰、可量化的政策目标及绩效指标，有时并不容易；最后，过分强调目标管理、绩效管理，可能会导致执行人员仅关注短期的绩效目标而忽略了较长期的政策目标，或是在设定绩效指标时，倾向于专门选择那些最容易测量的而非重要的指标。

除了社会保护主管部门对社会保护服务进行自上而下的效能管理外，通过将“商业化模式”引入社会保护服务供给中，坚持“顾客导向”，对于提高社会保护服务供给效率，以及提升公民满意度都具有重要意义。一方面，通过使营利组织、非营利组织参与到社会保护服务供给中向政府购买社会保护服务，除了可以帮政府缓解财政压力外，更重要的是可以有效克服政府部门办事程序烦琐僵化、部门间各自为政、协调性差的弊端，有助于简化办事流程、提高社会服务的效率和质量。另一方面，通过社会保护部门与公民间契约关系的建立，将待遇申请者视为“顾客”，社会保护服务部门视为“企业”，使得社会保护部门不再是高高在上的官僚机构，而是要满足顾客需求、为顾客提供优质服务的企业。因此，将顾客理念导入社会保护服务的供给中，有助于引导社会保护部门的工作人员的行为，使之更好地履行职责，耐心聆听“顾客”的服务需求，并对“顾客”需求做出快速回应，最终促进社会保护服务质量的提升。

除了上述优越性之外，这种新公共管理主义的实践模式仍具有自身不可克服的一些局限性。(1）新公共管理主义指导下基于“商业模式”的政策实践，秉持的是效率、效能、经济等管理主义价值，而将个人自由、公民权利等人本主义价值置于次要地位，社会保护待遇享受者根本无法参与到社会保护实践过程中，在决定社会保护服务提供的优先次序、服务标准、确定服务的质量等方面，使用者完全被排除在外。因此可以说，在基于商业模式的政策实践中，社会保护服务使用者的参与非常有限。(2）将政府与公民之间的关系比喻为市场与顾客间的关系，扭曲了两者间的关系。商家与顾客之间属于卖方和买方的关系，两者间地位平等，而政府与公民之间是代理者和委托人的关系，公共部门的权力来源于公民，是在公民授权的情况下代替公民来行使权力、为公民服务。因此，将社会保护的服务对象比作顾客，“可能无法全面认识公民的角色，使公民与政府之间的关系不健全、角色错乱”。① （3）“顾客”这一概念意味着公民有一定的购买力。在市场交易中，只有具有一定购买力和购买意愿的人才会成为顾客，那些没有购买力的人则被排除在市场交易之外。将“顾客”理念引入社会保护中的一大隐患就在于，容易导致政府部门刻意迎合那些消费能力较高的群体，而那些没有需求表达渠道，以及没有服务购买能力的弱势群体，很有可能被排挤在服务消费群体之外。社会保护责任主体往往更偏好于优先为那些徘徊于贫困线上下、“不太穷的人”提供支持，而那些处于赤贫状态的长期贫困人群则很有可能被忽视。因此，顾客理念无疑剥夺了普通公民、特别是弱势群体的某些合法权益。

总之，英国社会保护实践过程中既体现出对服务对象的关怀与负责任的态度，但又掺杂着追求效率、产出等新公共管理主义的价值理念。因此，英国社会保护实践遵循的是一种有限人本主义，即管理主义价值理念下的人本主义。② 其人本主义理念决定了在社会保护实践中会体现出关心人、服务于人的积极的一面，但是这种人本主义的“有限性”，又决定了其不可避免地会存在一定局限性。

第三节 发展中国家社会保护政策的实施：智利的案例

在发达国家大力推进社会保护现代化的同时，在国际援助机构的支持下，社会保护工作在广大发展中国家也开展得如火如荼。不过绝大多数发展中国家仍未建立起完善的社会保护体系，更多的是以实施零散的社会保护项目为主。其中，拉美国家实施的有条件现金转移支付计划是目前在发展中国家影响力最大、实施最为成功的社会保护项目。鉴于此，本节将选取一个拉美国家——智利为例，具体介绍有条件现金转移支付计划的实施。

一、发展中国家社会保护政策的实施概况

自20世纪90年代末期以来，在国际援助组织的协助以及各发展中国家自身

① 张成福．公共行政的管理主义：反思与批判．中国人民大学学报，2001（1）：15-21.

② 刘耀东，施雪花．新公共管理中的有限人本主义．学术论坛，2010（5）：40-44.

的不懈努力下，发展中国家的社会保护工作取得了很大进展，社会保护覆盖面不断扩展，受益人数不断增加。但是整体来讲，与发达国家相比，绝大多数发展中国家的社会保护仍处于初始发展阶段，许多国家（特别是低收入国家）还没有建立起系统性、包容性的社会保护体系，社会保护计划往往只是面向不同地区、不同人群或是为实现某一专门目的而实施的零散的社会保护项目。为此，世界银行将发展中国家社会保护现状描述为："有进步，但呈碎片化。"

尽管如此，发展中国家在推进社会保护过程中，不再一味照搬发达国家的经验，而是结合自身实际情况探索适合本国国情的社会保护计划。在此过程中涌现出了不少实施效果较好的社会保护项目，这些项目有效改善了大量贫困群体的生活状况。通过对广大发展中国家实施较为成功的社会保护项目的梳理可以发现，非缴费型社会保护项目占很大比例。

非缴费型社会保护计划之所以被广大发展中国家所青睐，主要原因在于，与发达国家相比，发展中国家城乡发展差距较大，市场化程度相对较低，在正规部门就业的人口仅占很小比例，绝大多数人群或处于生产效率低、工资水平低、稳定性差、没有或仅有有限保障的非正规经济中，或是完全处于劳动力市场之外，处于极端贫困状况。贫困人口数目庞大、绝大多数人口就业的不确定性和收入的不稳定性，使得传统针对正规就业群体的缴费型社会保险计划在发展中国家难以迅速扩展，再加上广大发展中国家政府行政管理能力普遍较弱，实施社会保险计划成本较高、运行效率低下，使得发达国家较为昂贵的社会保险计划在广大发展中国家并不适用。鉴于此，非缴费型的社会保护项目成为发展中国家拓展社会保护覆盖面的一个重要切入口。从各个地区来看，实施比较成功、取得良好减贫效果的社会保护项目都属于非缴费型社会保护项目。比较典型的如在拉美地区有巴西的"家庭补助"计划、墨西哥的"机会"计划、智利的"智利团结"计划、哥伦比亚的"家庭行动"计划等；在撒哈拉以南非洲地区有埃塞俄比亚的"生产性社会安全网"计划、南非的"普惠型社会养老金"项目等；在亚洲地区有印度尼西亚的"希望家庭"方案、印度的"全国农村就业保障计划"、孟加拉国、印度和巴基斯坦的"消除赤贫方案"等。

在所有的非缴费型社会保护项目中，又以拉美国家的有条件现金转移支付计划（CCT）影响最大。1997 年时仅有 3 个拉美国家启动该计划，10 年之后，该计划已经扩展到了所有拉美国家，并且在世界范围内产生了广泛影响，被其他发展中国家纷纷效仿。其中，在印度尼西亚、孟加拉国和土耳其等国有条件现金转移支付计划已经被大规模启动，柬埔寨、摩洛哥、巴基斯坦、马拉维、南非、坦桑尼亚等国也正在进行试点。世界银行2012年的报告称，目前全球已经有40多个国家实施了有条件现金转移支付计划，甚至像华盛顿、纽约这样的发达国家城市也在尝试有条件现金转移支付计划。① 有条件现金转移支付计划之所以在世界范围内广泛应用，原因在于与传统社会救助计划相比，它能够有效平衡贫困救济与人力资本提升的双重目标，将短期贫困缓解与长期内打破贫困的代际传递结合起来。而且有条件现金转移支付计划在方案的设计及具体运作方面也都无可挑剔。大量研究者、研究机构对世界各地国情不同的国家的有条件现金转移支付计划实施效果的评估显示，该项目在几乎所有国家均行之有效，取得了积极的效果，从而使得该项目得到了世界银行等国际机构的认可及大力支持，世界银行提倡将有条件现金转移支付计划作为最优的社会保护方式。

鉴于发展中国家社会保护实施的碎片化，以及有条件现金转移支付计划在发展中国家影响广泛、实践效果良好、具有一定代表性，因此下文将主要介绍发展中国家有条件现金转移支付计划的实施。在此将以拉美国家——智利为例，具体介绍“智利团结计划”（chile solidario program）的实施。之所以选择拉美地区，是因为有条件现金转移支付计划最先产生于拉美，其他地区类似项目都是在借鉴拉美国家模式的基础上发展起来的。另外，选择智利而不是巴西、墨西哥等最早实施CCT计划的拉美国家，主要是因为尽管“智利团结计划”的实施规模不及前两国大，影响力不及这两个国家深远，但是“智利团结计划”是在吸收借鉴前两国经验及做法的基础上逐步发展起来的，与前两国计划相比，“智利团结计划”要更成熟、更完善，除了强调将贫困救助与人力资本的投资相融合外，“智利团结计划”还坚持以权利为基础的发展途径，重视公民权利的实现，能够更全面地体现社会保护概念的基本内涵，因此，选择以智利为例进行研究具有一定典型性。

① 中国国际扶贫中心．有条件现金转移支付：减少当前和未来的贫困．国际减贫动态，2009（5）：2.

二、"智利团结计划"的具体实施

"智利团结计划"是由时任智利总统拉格斯（Lagos）于2002年提出的一项针对极端贫困家庭的有条件现金转移支付计划，旨在通过提供一揽子的社会保护服务帮助极端贫困家庭摆脱贫困。

（一）"智利团结计划"的基本概况

1990年智利民主联盟党执政以来对社会政策进行了重大调整，将消除和减少贫困、促进社会公正与包容作为新的社会政策目标。在20世纪90年代上半期智利政府的反贫困政策取得了良好效果，整个国家的贫困率由40%降低到28%。上半期所取得的成就极大地鼓舞了弗雷政府削减贫困的信心，政府将超过一半的预算（63%）用于教育、医疗卫生、住房和公共工程项目等社会福利方面，目标是到2000年要彻底消除极端贫困。① 但是自1996年以来，减贫效果却大幅下降，特别是在1999—2000年，极端贫困人口数量非但没有减少反而有增长之势。官方统计数据显示，1998年，4.7%的家庭（约173900户，82万人）处于极端贫困，约占智利总人口的5.6%。到2000年，极端贫困家庭数量上升为177600户，约85万人。② 为此，智利政府开始查找减贫效果不佳的原因，最终结论认为，除了缺乏收入或具体社会服务外，人们出现社会脆弱性的原因还包括社会心理的、文化的、地理位置的等非经济性因素，这些因素的组合和累积导致了社会排斥和权利侵犯现象的产生。由于传统公共政策的运作习惯于采取"候选名单"（waiting list）的模式，那些在公共福利和权利方面拥有最多信息的人往往被排在最前面，优先享受这些福利和权利，而被排斥在社会网络之外的群体（穷人中的穷人）则处于"候选名单"之外。换句话来讲，尽管公共服务网络能够触及绝大多数穷人，却无法触及长期贫困人群，而这些群体才是最需要社会保护的群体。要解决极端贫困人群的被排斥和被剥夺问题，就需要公共供给能够主动触及这些贫困家庭，使这些极端贫困群体了解该如何去获得他们本应享有的福利和权

① 曹淑芹．智利克服贫困的新举措——"智利团结计划"．拉丁美洲研究，2005（4）：42.

② Diaz C. P. The Puente programme, a bridge between the family and its rights//ILO. Social protection and inclusion: experiences and policy issues. Geneva: ILO, 2006: 34.

利，用总统拉格斯的话来说就是要“在极端贫困家庭和他们的权利之间搭建一座桥梁”。①

在此背景下，2002 年时任智利总统拉格斯提出了实施“智利团结计划”的设想，旨在帮助极端贫困家庭摆脱贫困。该计划从 2002 年 5 月开始实施，实施一轮计划的周期为五年。前两年为强化阶段，又被称为“朋地计划”（Puente programme），“朋地计划”是“智利团结计划”的核心。后三年为后续跟进阶段，包括对参与家庭的有条件现金转移支付、保障性的现金补贴计划和贫困家庭优先进入旨在解决各类社会问题的社会发展计划。

（二）“智利团结计划”的具体实施

第一，选择目标对象。“智利团结计划”作为一种有条件现金转移支付计划（CCT），在实施中坚持选择性原则，即仅针对符合条件的极端贫困家庭提供支持，而非面向所有公民。在目标瞄准方面，绝大多数 CCT 项目一般采取地域瞄准或家庭瞄准两种方式。地域瞄准主要针对某一特定地理区域内（如经济发展水平低、儿童入学率低、卫生保健使用率低等的地区）符合贫困标准且有适龄儿童的家庭提供支持；家庭瞄准主要是通过对受益家庭的收入水平进行评估，一般低于规定标准的家庭即为受助对象。“智利团结计划”采取的是家庭瞄准法。不论是地域瞄准法还是家庭瞄准法，基于选择性原则的目标定位法与基于普遍性原则的目标定位法相比，要更具针对性、效率更高，但最大的缺陷在于，如果目标定位系统设计不合理，很容易将一部分符合条件的受助对象遗漏在外，或是将不符合受助标准的非贫困群体包含进来。为克服这一弊端，“智利团结计划”特别重视家庭瞄准系统的改进，以提高目标定位的精准度。

在 20 世纪 80 年代，智利主要采用 CAS 家计调查表对受助家庭进行家计调查，主要包括户主的受教育程度、就业情况、住房条件、耐用品等变量。“智利团结计划”在 CAS 调查表的基础上进一步做了改进，采取了新的目标定位工具——“社会保护卡”（ficha de protección social，FPS）。FPS 是一套家庭积分的记录体系，该方法主要是通过对申请者各方面条件进行评级打分，将积分累计起

---

① Diaz C. P. The Puente programme, a bridge between the family and its rights//ILO. Social protection and inclusion: experiences and policy issues. Geneva: ILO, 2006: 35.

来后再确定申请者是否享有受助资格。① FPS 系统将原来 CAS 调查表中的居住条件和耐用品等因素排除在外，重点强调对家庭较长时期内收入能力的评估，通过将待遇资格与受益人的个人努力相挂钩，以激励受益人提高收入能力，摆脱贫困处境。

第二，家庭支持顾问与受助家庭之间签订“家庭合同”。在选定目标对象后，接下来该考虑采取什么样的方式为极端贫困家庭提供支持。鉴于极端贫困家庭所遭遇的社会排斥和边缘化以及在表达需求方面的弱势性，为确保弱势群体能够进入社会保护体系，享受到政府提供的各项服务，实现贫困家庭生活质量的改善，“智利团结计划”设立了“家庭支持顾问”（apoyos familiares）这一角色，作为连接受助家庭与政府部门的桥梁。参与该计划的家庭要与作为政府和市政当局代表的家庭支持顾问签订一份“家庭合同”（family contract）。作为供给一方的政府负有为参与家庭及其成员高效地提供充足的、高质量的、多样化的服务和资源的责任。反过来，参与家庭要做出承诺，同意充分利用政府所提供的机遇来解决他们生活中存在的问题，努力满足合同中所列的要求优先达到的条件。

家庭支持顾问在“智利团结计划”中起着非常关键的作用。家庭支持顾问由具有专业社会心理知识的技术人员承担，主要通过与极端贫困家庭建立个性化、周期性的关系，促进和推动社会服务供给和需求之间的匹配，促使贫困家庭能够获得一系列的社会福利。在与参与家庭第一次接触后，家庭支持顾问会对参与家庭的基本情况进行诊断，评估其所拥有的物质和非物质资源，在此基础上识别他们所面临的最主要问题。参与家庭在家庭支持顾问的帮助下要完成“智利团结计划”中所列出的提高家庭生活质量必须实现的 7 大类指标，具体包括：个人认知、健康、教育、家庭动力（family dynamics）、住房条件、就业和收入。这 7 大类指标又被细分为 53 项具体指标。如果所有这些指标都能完成，便意味着参与家庭摆脱了极端贫困。由于每个参与家庭在进入计划时各自所拥有的最低权利组合并不相同，家庭支持顾问会根据参与家庭自身情况设计出适合其实施的最低社会标准（minimum social standards），帮助其摆脱极端贫困。一旦计划开始实施，参与家庭便按顺序依次完成分配给他们的每一项任务。53 个任务指标的完成期

① 房连泉．智利的收入分配与社会政策．拉丁美洲研究，2012（4）：25.

限为 24 个月。

在计划实施期间，家庭支持顾问会定期对贫困家庭进行家访。在前 6 个月的“强化阶段”，家庭支持顾问与参与家庭之间的沟通联系会比较频繁，随着彼此间信任关系的建立以及参与家庭任务执行计划的顺利进行，在之后的 18 个月中，家庭支持顾问对参与家庭的访问频率会逐渐降低。家庭支持顾问在整个计划实施过程中充当着“强化剂”的角色，帮助参与家庭制订具有针对性的、确保参与家庭能够从中获益的家庭行动计划，告知参与家庭该如何获得福利，使他们明白自身相对于国家所拥有的权利，避免参与家庭在任务完成过程中遭遇法律和行政歧视，确保参与家庭能够获得应享有的服务，最终达到各项最低社会规范的生活标准，帮助其顺利退出“朋地计划”。

参与家庭在完成任务的过程中还会得到一笔被称为“保护津贴”（protection bonus）的现金转移支付。不过与巴西、墨西哥等国的现金转移支付计划相比，现金转移支付在“朋地计划”中仅居于次要地位，提供现金转移支付的目的仅是为了激励参与家庭更好地利用家庭支持顾问提供的服务。因此，相比于墨西哥的“机会计划”（oportunidades）（每户 73 美元）和巴西的“补助金计划”（bolsa familia）（基本津贴为 40 美元），“智利团结计划”的津贴数额非常小，在项目实施的前两年内（“朋地计划”期间），受益人每月仅获得 26 美元的补贴，之后逐步递减，到两年结束时降至每月仅 14 美元。①

第三，为参与家庭提供后续的家庭津贴。待两年的家庭支持期限结束后，所有参与家庭都退出“朋地计划”。一般来讲，如果参与家庭履行了协议，完成了所有 53 项指标，则被视为“成功退出”（successful exit），即摆脱了极端贫困。不过在成功退出“朋地计划”后，参与家庭依然留在“智利团结计划”中，在后续 3 年中参与家庭会自动获得一份与家庭单一补助金数额相同的退出津贴（exit bonus），用以巩固前一阶段的成果。对于在“朋地计划”实施一年后未能完成协议有关规定、贫困状况未得到有效改善的家庭，将被要求退出“智利团结计划”，退出计划后参与家庭同样也可以领取一份为期三年、与家庭单一补助金数额相当的保护性退出津贴，待三年结束后，如果符合相关条件，参与家庭可以

① Diaz C. P. The Puente programme, a bridge between the family and its rights//ILO. Social protection and inclusion: experiences and policy issues. Geneva: ILO, 2006.

重新申请进入新一轮的“智利团结计划”。

第四，项目的管理与协调。由于项目涉及的内容十分广泛，因此确保各部门之间的合作协调就显得至关重要。“智利团结计划”在中央层面的主要负责机构是团结与社会投资基金（solidarity and social investment fund）。考虑到极端贫困群体在获得社会保护项目时面临的行政障碍，团结与社会投资基金选择与地方政府合作，在社区层面开展社会保护计划，以确保使公共供给能够触及极端贫困家庭，从而弥补他们在获取社会保护服务中的弱势。同时，地方性干预网络（local intervention network）以及所有为社区贫困家庭提供服务或福利的公共的、私人的机构或团体都可以参与到计划的实施中，由此形成了一个松散的、开放的、具有共同目标的（为每个社区中的参与家庭提供具体的解决方案使之能够满足自身需求）社会网络。不同的政府机构和这些不同的地方社会服务供给主体之间通过相互协调与合作来评估各个地区的需求，确保所提供的服务更具针对性、能够更有效地满足目标群体的期望。

此外，从2003年开始，每年都召开“与朋地计划一起，实现共赢”（with Puente, we win together）的主题会议。社会保护计划的制订者（政府当局）、实施者（政府公务员）和受益者（贫困家庭）都享有平等的机会，以平等的地位参与会议。该会议被看作贫困家庭直接参与计划的一种有效手段。在会上，参与者可以针对所接受服务的质量以及这些服务对其自身及整个家庭发展是否有帮助等自由表达他们的意见，政府当局等供给方则会认真聆听，并在后续计划中做出回应。可以说，“朋地计划”预期目标的达成，既取决于参与家庭克服其极端贫困状态的努力和决心，也离不开国家所创建的积极的社会保护网络以及在地方、区域及国家层面运作的一系列范围广泛的支持机构。“朋地计划”的运作原理见图5-2。

（三）“智利团结计划”的实施效果

在“朋地计划”刚刚发起时，拉格斯制定的目标是至少要有70%的参与家庭能够全部实现53项社会权利，成功退出计划。从实际来看，到2005年首轮“朋地计划”结束后，在参与该计划的67716户家庭中，有48346户成功完成了计划要求达到的53项最低社会权利，意味着约71.4%的参与家庭摆脱了极端贫

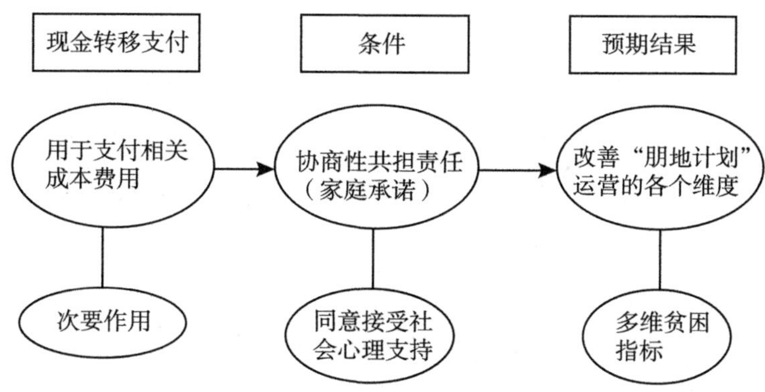

图 5-2　“朋地计划”的运作原理

资料来源：S. Cecchini and R. Martinez. Inclusive social protection in Latin America：a comprehensive，rights-based approach. Economic Commission for Latin America and the Caribbean（ECLAC），2012：110.

困状况，超出了最初制定的目标。另有约 30%的参与家庭属于“勉强退出”，原因在于已有的社会服务网络无法满足参与家庭的需求（约占 23%），或是参与家庭没有履行其与家庭支持顾问间的承诺（约占 7%）。① 到 2010 年，“智利团结计划”的受益家庭达到了 21.6 万户，其中约 2/3 的受益者为极端贫困人口。这些受益人群中，有 1975 名是父母在监狱的儿童、3276 名无家可归者以及 2.4 万名单身老人。②

对于“智利团结计划”的整体实施效果，许多研究者做了大量的定量评估，旨在探究该计划的实施对于人们各个维度的幸福指数的影响。学者 Galasso 对“智利团结计划”的短期效果进行评估后指出，该项目首先使得儿童入学率在短期内得到了显著增长，其次是医疗健康服务的使用率，但是在就业或收入方面的影响并不明显；Carneiro 和 Ginja 通过对中期效果的评估，肯定了该计划在确保社会服务得以触及极端贫困群体方面的有效性，而且该项目提高了农户劳动力市

① Diaz C. P. The Puente programme，a bridge between the family and its rights//ILO. Social protection and inclusion：experiences and policy issues. Geneva：ILO，2006.

② OECD. Maintaining momentum：OECD perspectives on policy challenges in Chile. Paris：OECD Publishing，2011.

场参与率和收入水平，帮助他们摆脱了贫困和匮乏；联合国儿童基金会通过对比“智利团结计划”实施前（2001 年）和实施后（2006 年）参与家庭和儿童的贫困状况，也得出结论认为该计划在协助家庭减少极端贫困、提高劳动力市场参与、获得公共资源、提高儿童的入学率，以及定期使用医疗保健设施率等方面均产生了积极的影响，整体提高了参与家庭及儿童的福祉。① Larranaga 等人同时对计划的中、短期效果进行了评估，指出从短期来看，家庭特征的不同以及所在地区情况的不同均会导致计划实施效果的不同，在那些有着较好社会服务网络的较大城市以及家庭支持顾问工作量相对较小且户主为男性的家庭中，项目的实施效果会更好。但是中期评估结果却显示，在与参照组进行对照比较时会发现，随着时间的推移，参与“智利团结计划”的家庭所取得的进步出现了减弱或是消失的趋势，因此他们对该计划的有效性提出了质疑。对此学者 Carneiro 等给出了两种可能的解释：一是项目实施阶段智利整体经济的增长使得未参与项目的家庭生活水准也得到了提高；二是计划的实施使得整体公共服务供给情况得到了有效改善，由此产生了积极的溢出效应，使得未参与计划的家庭也从中受益。②

除了定量评估外，还有一些学者及机构从定性评估的视角，深入洞察了“智利团结计划”的干预过程。评估结果显示，“朋地计划”是“智利团结计划”所有组成部分中最成功的部分，特别是通过达成最低社会标准，使得受益者生活质量得到了显著提升。此外，提供社会心理支持，使得参与家庭能够从开放的反思空间中获益，可以成为他们自我发展计划的催化剂。

不过尽管总体看来，“智利团结计划”有效达成了预期目标，在消除极端贫困方面取得了良好成果。但是该计划也存在着一些不足，如：基层服务设施较弱，计划在激发极端贫困家庭社会服务需求的同时，却未能有效地提供配套的公共服务，且公共服务的质量低下，直接影响到了“计划”的效果。此外，补助标准较低，覆盖面狭窄、仍有一些贫困群体（特别是农村地区贫困人口）未被覆盖，从事服务的家庭支持顾问人数不足等，所有这些都影响着项目的实施效果。

---

① Martorano B. and M. Sanfilippo. Innovative features in conditional cash transfer: an impact evaluation of Chile solidario on households and children. UNICEF, 2012.

② P. Carneiro, E. Galasso and R. Ginja. The impact of providing psycho-social support to indigent families and increasing their access to social services: evaluating chile solidario. The World Bank Working Paper, 2009.

三、对“智利团结计划”的评价

“智利团结计划”可以说是在发展中国家广泛实施的社会保护计划中最具创新性的项目之一。与传统社会救助项目，特别是选择性社会救助项目相比，智利团结计划体现出了以下优越性。

第一，该计划突出强调了非经济性干预措施在消除贫困方面的重要性，收入支持被置于次要位置。传统社会救助计划中，现金转移支付是最主要的干预手段，而“智利团结计划”则充分考虑到了贫困的多维性，对于贫困问题的界定采取定性而非定量分析法，将贫困问题不再简单归因于收入的缺乏，认为贫困也是社会排斥、社会权利未能实现的表现。因此，在消除极端贫困过程中，并非仅仅局限于通过现金转移支付来解决贫困家庭的收入匮乏问题，而是通过提供心理社会支持、向潜在受益者传达有关项目方案及程序的信息，增强人们对项目方案的了解，以及对自身应享有权利的认识，确保受益者最低社会权利的实现。尽管在该计划中现金转移支付只占很小比例，但整体来讲，该计划却取得了较大成功，充分证明了社会保护并不是高成本的。如果方案设计良好，即便不投入大量资金也能够取得良好效果。

第二，“智利团结计划”作为一种有条件现金转移支付计划，在其理念中包含着一种新型的国家和受益者之间的契约关系。在有条件转移支付计划中，现金转移支付不仅仅被看作“纯粹的救济”，而且是“社会契约”的一部分，受助者在接受支持的同时必须采取实质性行动促进自身及其子女生活水平的改善，否则将丧失参与计划的资格。因此，国外许多研究者和研究机构更倾向于使用“共担责任转移支付计划”（co-responsability transfer programs）一词而非“有条件现金转移支付计划”（conditional cash transfer programs）。当“条件”被看成是“共同责任”时，计划所要达成的目标就成为国家和受益者之间的“共同责任”，受益者不再是消极、被动的救助群体，而被当作是有行动能力来解决自身问题的能动主体，国家则是这一过程中的合作伙伴而非负全责的保姆。① 这样一来，通过强化两者间的纽带关系，不仅有助于提升受益者的能力、增强受益者的权利意识，

① 中国国际扶贫中心．有条件现金转移支付：减少当前和未来贫困．国际减贫动态，2009（5）：6.

使之能够主动去提出要求、主张其权利，而且有助于增强政府的责任心，确保受益者公共供给的可获得性，最终减少贫困和社会排斥。

第三，“智利团结计划”非常重视赋权与增权。“智利团结计划”由全国性机构总负责，中央层面的机构主要负责项目的协调和监督，而在具体实施阶段则将权力下放给地方政府及其他非国家行动者，通过构建开放的社会网络，鼓励所有相关行为主体都参与到社会保护项目的实施中来相互合作与协调，有助于提高社会保护服务的供给质量和效率，更好地满足受助家庭的需求。除了权力下放之外，“智利团结计划”也非常重视受益者参与权的行使。通过鼓励受益者参与项目实施，能够更好地发挥受助者的主观能动性，提高受助者的能力；通过举办主题会议，为受助者与项目负责官员进行面对面接触提供平台，使之自由地表达对参与项目及项目实施者的意见、建议，有助于增强项目实施官员的责任心，确保项目的透明性、公正性，确保受益人社会权利的实现。此外，与其他有条件现金转移支付计划一样，“智利团结计划”将性别视角纳入社会保护计划实施中，将妇女作为救助金的接收对象，从某种程度上来讲，这是对妇女的一种赋权，有助于扭转妇女在家庭资源分配及决策权方面的弱势地位，增强女性在家庭资源使用方面的支配权。

第四，以立法的形式来保障社会保护计划的实施。2004 年“智利团结法案”（*Chile Solidario Law*）的颁布为参与计划的家庭获得范围广泛的一系列社会保护支持项目提供了法律保障。以立法的形式来保障社会保护项目的实施，一方面，从法律上确认了公民应享有的社会保护权利，能够确保所有符合条件的公民都被纳入社会保护计划中得到平等的保护，而不会因为性别、年龄、种族等因素而被排斥在外或是享有差别待遇。另一方面，有助于提高项目实施效率。“智利团结计划”中为极端贫困群体提供的保护项目涵括教育、医疗卫生、就业、住房、家庭动力、收入等各个方面，而且计划的实施涉及中央与地方之间、不同部门之间、地区之间以及人与人之间的相互协调与配合。对于如此复杂的关系，通过立法的规制，可以使不同主体明确自身职责，在法律框架下各司其职，避免了各方主体之间相互推诿扯皮、协调不畅等现象的发生，从而可以有效地避免人、财、物的巨大浪费，提高社会保护项目的实施效果。此外，法律具有强制性、权威性，通过社会保护立法，在监视和规范社会保护计划实施主体的行为的同时，对那些违反规则及程序的部门和人员予以法律的制裁和惩戒，可以很好地维护弱势群体的权益，实现社会的公平正义。

第五，与大多数有条件现金转移支付计划一样，“智利团结计划”也强调对项目的监测和评估。有条件现金转移支付计划中的“有条件”意味着需要大规模的信息管理和多元社会主体的参与来保证限制条件的约束力，由此促进了监测评估工作的有效进行。通过对项目实施进行监测评估，可以提高项目的透明度，有效纠正项目实施过程中出现的非正常状态，避免社会保护项目的实施偏离其预定的轨道，既能够有效提高资源利用率，又能促进预期目标的顺利实现。

此外，“智利团结计划”所采取的优先解决最贫困家庭的问题之后逐步推进的渐进的做法非常切合实际，对于实现有效减贫、巩固减贫效果具有重要意义。但是需要注意的是，即便是管理最为完善、实施最为良好的项目也无法满足全面社会保护体系的所有需求，因此，要想取得良好的减贫效果，在实施有条件现金转移支付计划时还必须与其他干预方式（如工作福利计划、社会养老金计划等）相结合。

第六章 社会保护政策的国际经验及其对中国的启示

从上一章中可以看出，自20世纪90年代末期以来，社会保护政策无论是在发达国家还是发展中国家均得到了广泛实施。作为一个比传统社会政策更具优越性的新的概念框架，在新理念的指导下，社会保护政策在实践过程中积累了许多成功的经验。不过，由于社会保护政策被纳入国际发展议程中的时间相对较短，还未形成一个完整的理论框架，因此，在实践过程中也必然会存在局限性，特别是在广大发展中国家，许多社会保护项目刚刚启动，还处于探索尝试阶段，不足与缺陷在所难免。本章将基于前文对国外社会保护政策实践的阐述，进一步探析从国外社会保护的实施及做法中可以提炼出哪些值得学习借鉴的成功经验，存在哪些需要注意的问题，以及从这些问题中可以得出哪些教训。在此基础上，本章进一步分析了国外社会保护政策对于中国的启示，探索该如何借鉴社会保护政策的相关理念及实践经验来改革中国现有的社会保障体系。

第一节 社会保护政策的实践经验

研究社会保护的具体实践及做法，目的是能够从中提炼出一些值得借鉴的经验教训，以便能够进一步更好地指导新的实践活动的开展。通过对社会保护实践的梳理可以发现，在社会保护实施过程中积累了许多值得学习借鉴的成功经验。其中，最典型的主要有以下几点。

一、强调社会保护项目对经济发展的贡献

社会保护政策的一个基本理念就是要打破传统的将社会政策和经济政策割裂

开来的思维定式，强调经济政策和社会政策的融合，主张社会福利支出要在保障贫困群体基本生活的同时，不会对经济产生负面影响，反而应当对经济增长起到积极的促进作用。因此，在选取社会保护项目时，无论是发达国家还是发展中国家，都非常重视实施能够产生经济效益的社会保护项目。

在发达国家，社会保护实践的一个普遍趋势是将福利计划与劳动力市场政策联系起来，以“工作福利”取代“国家福利”或“社会福利”。政府的职责不再是为公民提供全方位的保障，而是支持有劳动能力的人进入劳动力市场，让人们通过工作来获得收入及各种福利服务。从具体实践来看，欧盟及各成员国均不同程度地放松了对劳动力市场的管制，以促进劳动力市场的灵活性，吸引更多人参加工作；将失业津贴改为求职津贴，并与教育、培训项目相结合，提高人们在劳动力市场中的竞争力；大幅削减传统的不要求受助者找工作的消极福利计划；为高危人群制订有针对性的就业计划，如引导缺乏技能的青年失业者制订个人职业规划、提供教育培训机会，扩大托儿服务及老人照顾项目，鼓励企业采取“雇员友好型政策”，使员工（尤其是单亲父母）能够更好地平衡家庭与工作责任等，所有这些措施均显著提高了欧盟各国劳动力市场参与率。特别是丹麦的“灵活保障”（flexicurity）模式，① 通过将灵活的劳动力市场与面向失业者的社会保护以及积极的劳动力市场政策三者连接起来，不仅满足了雇主对于灵活劳动力的需求，解除了劳动者对灵活就业保障问题的顾虑，而且促进了劳动力在就业和失业之间的顺利转换，缩短了失业者的失业周期，显著提高了劳动力市场的参与率。从表 6-1 可以看出，2008 年金融危机发生后，10 年间欧盟及相关成员国失业率持续下降，其中实施“灵活保障”模式的丹麦的失业率远低于欧盟平均水平。

表 6-1　**2009—2018 年欧盟三国青年失业率（%）**

年份	2009	2010	2011	2012	2013	2014	2015	2016	2017	2018
欧盟（15 国）	20.2	21.2	21.7	23.2	23.7	22.2	20.4	18.7	16.9	15.2
丹麦	**11.8**	**14.0**	**14.2**	**14.1**	**13.1**	**12.6**	**10.8**	**12.0**	**11.0**	**9.4**

① Madsen. P. K. The Danish model of “flexicurity” —a paradise with some snakes. Brussels: European Foundation for the Improvement of Living and Working Conditions, 2002.

续表

年份	2009	2010	2011	2012	2013	2014	2015	2016	2017	2018
英国	14.1	19.0	19.5	20.2	21.1	71.2	71.4	71.5	71.7	71.6
瑞典	24.9	24.8	22.8	23.7	23.6	22.9	20.3	18.9	17.8	16.8

资料来源．欧盟统计数据官网，http：//appsso. eurostat. ec. europa. eu/nui/submitViewTableAction. do.

一般来讲，“贫困集中发生在没有有薪酬工作的人群中”。① 发达国家通过将福利支持与就业结合起来，促使贫困群体融入劳动力市场中一方面可以减少流入社会福利领域的人数，直接缓解了政府福利支出的压力；另一方面，通过为贫困弱势群体提供积极的就业支持，使之参与到生产性经济活动中，可以增强贫困群体的个人竞争力，进而增强国民经济的竞争力。

发展中国家社会保护项目主要是在发达国家、国际援助机构的推动下实施的，因此必然会受到它们的社会保护理念的影响。再加上发展中国家经济发展水平低、国家财力有限，这样就使得“社会保护项目要对经济发展产生正效应”的理念对于发展中国家来讲具有更大吸引力。不过由于发展中国家市场经济较不发达，正规经济部门吸纳的就业人数较少，因此，与发达国家强调将社会保护计划与对劳动力市场的干预结合起来不同，发展中国家在实施社会保护项目时主要采取将社会转移支付与其他辅助性干预措施相结合的方式。发展中国家普遍实施的有：将现金救助与送儿童上学、定期去医疗诊所接受检查、保障充足的营养等人力资本投资计划结合起来，以此来增强国家未来竞争力；将为贫困群体提供现金（或实物）支持（如提供家禽、牲畜、种子、小额贷款等）与资产积累计划及相关技能培训计划结合起来，以此来确保社会转移支付效用的最大化，增强公民个人自我发展能力，为经济增长做贡献。

二、注重通过政府部门间的合作来达成预期目标

社会保护是一项包含的内容复杂、涉及的目标群体多元、涵盖领域广泛的系

① 彼得·泰勒-古比．欧洲的社会投资：大胆计划 缓慢实施//张秀兰，等．中国发展型社会政策论纲. 北京：中国劳动社会保障出版社，2007：205.

统性工程。政府作为社会保护的最主要实施主体，为达成社会保护目标往往需要牵涉众多部门，如财政部门、社会保护主管部门、卫生部门、教育部门、劳工部门等，即便在同一个政府部门内也需要进行分工，不同机构具体负责不同的任务。因此，不同政府部门之间、同一政府部门内不同机构间能否协同合作，将直接影响到社会保护工作的效率和效果。为确保社会保护预期目标的实现，发达国家政府普遍比较重视部门间的横向合作，防止相互扯皮、降低执行效率。这种横向合作主要有以下几种方式：

（1）跨部门合作。这也是公共行政中最常使用的、传统的政策执行方式。由具有共同目标的政府部门通过合作伙伴关系的建立，在相互理解、相互信赖的基础上，围绕着所要实现的共同目标，共同商讨具体的实施途径和步骤，进而采取联合行动来达成预期目标。如上文中所提到的英国社会保护实施，便是通过在社会保护主管部门与财政部门之间建立“公共服务协议”、社会保护主管部门与具体执行部门之间建立“政策与资源框架协议”，各部门间围绕着这些协议达成目标共识，之后再在共同目标的指导下围绕着合作性的服务和项目进行重组并通过协商合作来共同完成任务。①

（2）成立跨部门综合性机构。不同部门间的横向合作还体现为打破部门界限，成立跨部门的综合性机构来解决某一特定问题。如英国政府于1997年成立的“社会排斥小组”（social exclusion unit）便是一个跨部门组织，其任务主要是综合处理诸如露宿街头者及少女怀孕等以往需要跨越不同部门来处理的棘手问题。这种跨部门组织是任务导向而非功能分化的组织，它能就某一特定问题打破组织壁垒，将政府内外不同部门的人员囊括进来，通过整合不同部门的资源、实现跨部门合作，能够以最小的成本有效解决传统的依靠单一部门难以解决的棘手问题。

（3）跨部门服务整合。除上述两种方式外，发达国家政府还特别重视通过不同部门间服务的整合来更好地为受益群体服务。服务整合的最典型模式是推行“一站式服务”（one stop window）。20世纪70年代新公共管理运动兴起后，西方国家均纷纷推出了“一站式服务”来对政府部门进行改革，但基本上到90年代后，“一站式服务”理念才由其他公共服务领域扩展到社会保护领域。“一站式

① 解亚红．协同政府：新公共管理改革的新阶段．中国行政管理，2004（5）：58.

服务”包括“实体一站式服务”和“网络一站式服务”。在“实体一站式服务”中，社会保护申请者只需要在一个办事窗口就能完成所有的申请流程，不需要在众多部门间奔波。通过将过去分散在不同部门间的办事职能集中于同一个部门，由单一机构提供多项服务，简化了办事程序、缩短了办事流程，不仅有助于降低政府的运作成本、提高政府服务效率，而且给服务对象带来了很大方便，能够更好地服务于民众。与普通民众相比，社会保护服务对象一般为文化水平、技能水平低下或是身体素质较差的群体，他们在使用社会保护服务时通常面临很多困难，需要别人给他们提供建议或帮助。“一站式服务”则可以减少他们跟多个部门打交道的环节，避免重复填写各种烦琐的申请资料、重复提交各种证明材料，使其更便捷地获得所需服务。

“网络一站式服务”是随着信息技术的发展而兴起的另一种新的服务提供方式。“网络一站式服务”与“实体一站式服务”相比，两者目标相同，只是服务供给方式由面对面的服务转向了虚拟服务。与“实体一站式服务”相比，“网络一站式服务”运作流程更加透明、能够有效减少腐败。除此之外，网络一站式服务的最大优势在于其便利性，政府部门可以通过互联网、电子邮件及网点等电子化方式为受助者提供社会保护服务，申请者可以足不出户在网上提交申请信息、领取福利津贴、享受咨询及信息服务等。对于行动不便又不懂网络的老年群体，则可以通过电话服务办理相关事宜。英国就业与养老金部针对各种服务均开通了电话服务热线，特别针对儿童和老年人等弱势人群提供服务，如退休老人可以通过拨打最低收入保障申请热线来申请老年津贴。

总体来讲，无论是“实体一站式服务”还是“网络一站式服务”，均体现了“以人为本”、以服务对象的权利为出发点和落脚点的服务理念，能够更好地满足社会保护对象的需求，提升服务质量。

三、重视通过多元主体的参与来激发社会活力

社会保护供给主体的多元化已经成为世界各国社会保护实施中的一个普遍趋势。在全球化背景下，日益增多的风险和不确定性使得任何一个国家要想仅靠政府自身力量为所有有需要的人提供全面的社会保护已经变得不太可能。因此，各国政府都在积极寻求政府外的其他行为主体来与政府共担责任，通过充分调动各

方积极性，整合多元社会力量来促进社会保护目标的实现。

从发达国家来看，经历过早期由政府全面包揽所有社会成员的福利供给所导致的“福利危机”，以及20世纪七八十年代福利私有化改革所导致的失业率攀升、贫富差距拉大等一系列弊端后，进入90年代，福利国家打破了要么政府、要么市场的二元思维模式，其社会保护供给的一个普遍趋势是：强调政府主导下的市场机制的适度引入、民间力量的适度渗透以及个人责任的适度回归。① 政府、市场、第三部门、家庭、公民个人等都可以参与到社会保护供给中来。由多元主体共同参与的社会保护供给模式是一种自下而上的（bottom-up）、去中心化（de-centralization）的福利供给模式，参与社会保护政策实施的各主体之间地位平等、共同分享权力。每一个政策执行主体都可以在自己的权限内自由选取自认为好的执行模式为社会保护待遇申请者提供最满意的服务。总体来讲，多元合作网络强调将自上而下的管理和自下而上的参与有机结合起来。政府的主要职责就在于提供政策支持、资金支持以及进行程序监管，具体实施则交由营利部门、非营利部门、社区机构等多元社会力量。这些不同的行为主体在相互信任、社会认同的基础上建立合作伙伴关系，通过平等合作、左右互动、民主协商来完成特定的目标。多元主体间通过优势互补、形成合力，能够更好地为公民提供福利。

在发展中国家，由国家提供的正规社会保护体系还很不完善，而且由于市场化程度较低，来自私人市场的社会保护供给者寥寥无几。当人们无法通过正规社会保护体系得到足够的收入和服务支持时，就会寻求在家庭与家庭之间或社区与社区之间以共同承担风险和共同分享资源的方式建立起非正规网络，互相提供帮助和支持。因此，与发达国家相比，在发展中国家的社会保护供给体系中，各种基于亲缘、地缘和业缘等关系而建立起来的松散的、自助型或互助型的非正式社会支持网络，如合作社、市场协会、储蓄和信贷俱乐部、丧葬费保险协会（burial societies）等非正规支持网络占据着重要地位。例如，在非洲塞内加尔（Senegal）的渔村，随着科技的发展，渔民所采用的捕鱼装备要比过去先进很多，使得他们可以去离海岸更远的地方捕鱼，捕鱼量也在不断增大。活动区域的扩大及船只经常性超载，极大地增加了渔民遭遇海难的风险，开展搜救工作的难度也随之增大。由于政府的社会保护体系还没有建立起来，现代商业保险又不发

① 翟彪．国外社会保障经验及其对我国的启示．经济研究导刊，2011（11）：82.

达，于是渔民们基于互助共济原则而自发组建的互助组织成为他们应对外出打渔时所遭遇的各种风险和不测的最重要措施。① 除此之外，像在东亚及东南亚地区，受儒家文化的影响，家庭作为一种非正式保护机制在为家庭成员特别是老年人提供保护方面发挥着重要作用。

但是，在现代化进程中，受市场化、工业化尤其是全球化的影响，许多非正式社会支持体系遭到了很大的冲击，一些传统的非正式社会保护方式已经消失或正面临瓦解。随着女性劳动市场参与率的上升、家庭结构的变化，传统的家庭保障功能也被严重削弱。鉴于非正规支持体系在正规社会保护体系无法触及的地方发挥着非常重要作用，能够较好地帮助人们应对生活中出现的各种风险和冲击，因此，如何从政府层面、制度层面对这些非正式保护体系提供支持，将法定的和非正规的社会保护体系整合起来，以此来扩大公民社会保护覆盖面，是目前各国政府均需重视的一个问题。

总之，从发达国家和发展中国家社会保护实践可以看出，社会保护实质上是一个由众多不同机构行动者和利益相关者共建的过程。社会保护预期目标的实现需要各方的参与和配合。通过综合运用政府“有形的手”、市场“无形的手”和第三部门“隐形的手”，吸引和鼓励多元主体共同参与社会问题的解决，不仅可以弥补政府自身资源、能力等的不足，满足公民对社会保护服务质量的多样化和多层次的需求，而且通过多方参与、协同治理，能够极大地激发社会活力，推动社会的全面协调发展。

四、善于利用柔性手段来确保良好治理效果的实现

除了强调社会保护的实施主体由政府单一主体向多元社会主体转变外，社会保护的实施手段也倾向于由以政府强制力为后盾的“硬手段”向更加柔和的“软手段”转变。

自 20 世纪末以来，随着多中心治理模式在全球范围内的广泛兴起，与其他领域一样，社会保护领域也主张去公共权力化。从上一章社会保护实践可以看出，无论是欧盟的“社会开放协调法”还是英国的“准契约化”，在社会保护政策的实施过程中均不再单单强调行政强制性手段，而更倾向于采取非强制性的柔

① 王凯．非正式保险制度研究．成都：西南财经大学，2005：149-150.

性手段。强制性手段的典型特征是：由单一的政府主体以具有法律约束力的成文法规为基础，凭借政治权威、依靠行政命令等强制方式实施治理。相比之下，柔性手段主要是在秉持平等、自主、民主等理念的基础上，基于不具有法律约束力的成文或不成文约定，以参与主体的内在认同和自我约束为主要方式实施的治理。

在基于强制治理（硬治理）方式的社会保护实施框架下，多元社会保护服务供给主体、社会保护目标人群均被排除在社会保护实施方案的制订之外。即便营利部门、非营利部门能够参与到社会保护服务的供给过程中来，也必须严格按照政府制定的规则或设定的方向来操作，不得偏离政府预先规定的轨道。在这种基于强制手段的实施框架中，无论是社会保护实施主体还是社会保护待遇享受群体均缺乏话语权，其自主性、能动性受到了限制。而柔性治理方式则可以有效克服这种硬性手段的不足。

在基于柔性治理手段的社会保护政策实施框架中，政府不再是高高在上的、权力集中的权威统治者，其强制性色彩逐渐淡化。政府与多元参与主体间不再是控制与被控制的关系，而是平等协助的多元合作关系。社会保护的实施主要建立在政府与多元社会主体间的平等对话、民主协商的基础之上，各参与主体可以就项目实施方案提出自己的意见、建议，政府会根据参与主体提出的意见对方案进行适当调整，最终形成各执行主体都认同并愿意执行的方案。这样一来，各执行主体在实施社会保护方案时不再是在外部强制力的约束下被动执行，而是在对社会保护方案认可基础上自觉、自愿地实施。因此，相比于强制性治理方式，建立在对话、协商、沟通、合作、非集权化基础之上的柔性治理方式能够更有效地激发多元参与主体的内在潜力、积极性及主动性，减少政策执行的阻力，进而取得良好的实施效果。欧盟的社会开放协调法便是很好的例证。欧盟社会保护政策的实施不再依靠传统自上而下的、刚性的共同体法，而是采取了社会开放协调法这一具有开放性、非约束性的柔性治理工具。在社会开放协调法框架下，欧盟只从宏观层面拟定各成员国需共同遵守的行动方针，但是这些行动方针不具有任何强制性，各成员国可以结合本国国情灵活变通、采取自认为合适的实施方案。欧盟对于各成员国政策实施效果的评估报告也同样不具有法律强制力，政策效果的改进主要依靠柔性的同伴评审方式，各成员国通过相互学习、交流、互动和分享最佳实践经验来确保取得良好的社会保护实施效果。

总之，柔性治理手段克服了强制性手段的单一、僵化和机械性弊端，更具灵活性、弹性和适应性，它更注重平等、合作和协商等公共价值，要比强制性手段更加民主、包容，体现了信任、尊重、协商、合作等现代人本主义精神。① 因此，采取柔性手段要比强制性手段更有助于社会保护良好实施效果的取得，更能够增强受助群体对政策实施者的接纳度。

第二节　社会保护政策实践中存在的主要问题及教训

即便是设计再精良的政策，在具体实践过程中也会存在不足。因此，尽管社会保护政策在世界各国得到了广泛实施，并取得了良好成就，但作为一项发展历程相对较短的新政策还不够成熟与完善，在具体实践过程中不可避免地会存在一些缺陷和不足，这些问题留给我们许多值得汲取的教训。具体看来，社会保护实施中存在的最突出的问题主要如下。

一、社会保护项目实施的功利性取向

任何一项社会保护计划的实施，最终目的都是通过向目标人群提供支持来改善弱势群体的困难处境。社会保护的目标人群主要包括两类：处于贫困线之上的脆弱群体和贫困线之下的贫困群体（见表 6-2）。脆弱群体虽然处于贫困线之上，但由于风险抵抗能力较弱、极容易陷入贫困，因此需要予以社会保护。贫困群体根据贫困持续时间的长短，可以分为长期贫困者（一般经历 5 年或 5 年以上的严重的能力剥夺）和短期贫困者（少于 5 年）；根据贫困群体的收入和消费能力，又可以分为极端贫困者和一般贫困者，根据世界银行 2008 年定义的标准，日均生活费不足 1.25 美元，则属于极端贫困群体。学者 Carter 和 Barrett 通过大量实证研究证明，在存在外部干预的情况下，处于资产临界值之上的脆弱群体和刚刚处于资产临界值之下的暂时贫困群体要比长期贫困群体或极端贫困群体更容易摆

① 谭英俊．柔性治理：21 世纪政府治道变革的逻辑选择与发展趋向．理论探讨，2014（3）：151.

脱贫困或脆弱性。①

表 6-2 **社会保护目标群体**

自给自足的非贫困者：他们可以动用更多的资产来应对风险，更有能力获得机会		
脆弱性非贫困者：一次严重的冲击就可以将他们置于贫困线或极端贫困线之下，从而使其处于暂时贫困或是长期贫困		
…………	…………	⇐ 贫困线
暂时贫困者：他们缺乏足够的资产、资源或机会来应对风险，因而处于贫困线之下	长期贫困者：他们的生产性活动的回报收入通常都非常低。在以前，他们有可能是脆弱群体，也有可能不是	
…………	…………	⇐ 极端贫困线
没有保护机制，他们将处于长期贫困	他们无法随着时间的推移而获得足够的资产来应对短期风险	

社会保护政策突出强调社会保护支出要有助于促进经济的增长，认为只有能够促进经济增长的福利支出才具有合法性。在这种情况下，正如前文所讲的，发达国家在实施社会保护项目时非常重视收入支持与劳动力市场政策的结合，旨在帮助受助者实现自立的同时促进经济的增长。这样一来，那些有劳动能力、只需要给予短期支持就能够尽快进入劳动力市场，成为有活力的社会成员的低收入群体便成为社会保护的优先目标群体。相比之下，那些丧失劳动能力的弱势群体则被置于次要位置。然而，即便是针对那些有劳动能力的受助群体的社会保护计划，在实施过程中也极容易出现的扭曲情形是：社会保护的重点不再是通过长期教育、技能培训等人力资本的投资来真正提高受助者的就业能力，而只是单纯追求就业率的上升，通过创造大量低薪酬、低技能的工作岗位推动更多受助者进入劳动力市场。这样一来，尽管就业率在稳步增长，但有工作的穷人的比例也在不断攀升。这一点在英国表现得尤为明显。从表 6-3 中可以看出，相比于北欧国家真正致力于贫困者能力提升的积极劳动力政策，英国的“快速就业模式”导致了大量有工作的穷人的产生。不仅如此，单纯追求就业率而忽视受助者就业能力的提升还容易导致“旋转门”现象（the revolving door phenomenon）的产生。②“旋

① Carter, M. R. and C. B. Barrett. The economics of poverty traps and persistent poverty: an asset-based approach. Journal of Development Studies, 2006: 178-199.

② 李丹，徐辉. 欧美国家的工作福利政策及其启示. 厦门大学学报，2008（4）：104.

转门”现象指的是，在社会保护计划的支持下，受助者得以进入劳动力市场，但是由于他们的就业能力并没有得到改善，在就业市场中的竞争力仍比较弱，因此又很容易再次失业，如此一来，便出现了在低技能、低薪酬岗位和失业中反复循环的现象，就像“旋转门”一样在原地打转。

表 6-3　　　　　　　　　　**英国和丹麦有工作的穷人（%）**

国家	年份						
	2013	2014	2015	2016	2017	2018	2019
英国	6.2	5.7	5.6	8.0	6.0	6.0	7.3
丹麦	4.2	3.5	4.0	3.2	3.7	4.3	4.2

资料来源：欧盟统计数据官网．［2020-09-08］. https：//ec. europa. eu/eurostat/databrowser/view/ilc_iw07/default/table? lang=en.

与发达国家相类似，不少发展中国家在实施社会保护项目时也体现出明显的功利性倾向。社会保护的目标往往倾向于那些较容易摆脱贫困的脆弱群体和极端贫困群体。在社会保护实践中，通常会出现将受助人群划分为“值得救助的穷人”（the deserved poor）和“不值得救助的穷人”（the undeserved poor）。所谓“值得救助的穷人”往往是那些最容易触及、较容易脱离贫困状态的脆弱群体和暂时贫困群体，而不值得救助的穷人通常是需要给予长期、持续性支持，处于贫困陷阱、脱贫难度较大的极端贫困群体。社会保护干预重点因此更偏向于较容易摆脱贫困的“值得救助的穷人”，大量真正需要帮助的极端贫困群体却被排斥在社会保护议程之外。英国发展研究所曾指出，目前社会保护的目标对象仅是“极少数的幸运儿”（the fortunate few）。① 联合国有关机构在审议千年发展目标实施进程时也指出，现有社会保护干预措施“忽视了那些处于极端弱势地位的社会成员，相反，在许多情况下，政府将干预措施聚焦于那些最容易触及的人，而非

① Institute of Development Studies. Promoting inclusive social protection in the post-2015 framework. IDS Policy Analysis, 2013.

‘穷人中的穷人’”。① 将社会保护干预重心放在那些最容易触及的脆弱群体和暂时贫困群体身上，而忽略那些最需要帮助的长期贫困群体，不仅不会实现社会保护支出收益的最大化，反而会导致社会保护计划在减缓贫困方面作用有限。

二、社会保护一线工作人员对项目实施效果的负效应

任何一项社会保护项目能否取得成效，除了取决于方案设计是否科学合理之外，更取决于具体实施项目的一线工作人员。社会保护一线工作人员类似于李普斯基（Lipsky）提出的“街头官僚”（street-level bureaucrat）。在其“街头官僚”理论中，街头官僚指的是处于第一线，直接与公民打交道且具有一定酌情处理权的政府工作人员。街头官僚的基本特征为：（1）处于政府金字塔的底端，只有上级没有下级，权力小、地位低；（2）处于政策过程的末梢，在政策执行过程中有再决策的权力和动因；（3）具有很大的自由裁量权，其经验、价值观、专长等对做好工作影响重大；（4）处于资源紧缺和需求弹性的夹缝中，绩效目标异化的可能性大；（5）在国家与社会、政府权力和公民权利的交界面执行工作，其工作成效直接主导着公民对政府的评价。②

李普斯基的街头官僚理论为我们理解把握社会保护一线工作人员对社会保护政策执行效果的影响提供了一个很好的框架。将这一进路运用到社会保护实施中来可以发现，社会保护的一线工作人员所拥有的自由裁量权以及他们的个人特征（包括他们的态度、价值观、经验、技能、知识水平等）会直接影响到社会保护的实施效果。社会保护政策主要通过基层工作人员与服务对象之间面对面的互动得以实现，受助对象能否很好地获得社会保护干预措施提供的支持与帮助主要取决于这些一线工作人员。

一线工作人员在社会保护实践中所拥有的酌情处理权会直接影响到社会保护实施的效果。一线工作人员在执行工作过程中面临的最大冲突是所拥有的资源（如人力资源、信息资源等）及时间有限，而需要受理的申请人又很多，在应对

① Carmona. M. S. The need to include a rights-based approach to social protection in the post-2015 dvelopment agenda. Geneva：the United Nations Human Rights Office，2013.

② 李旭琴．街头官僚在公共政策执行中的偏差及矫正．北京工业大学学报，2009（3）：50.

冲突的过程中，他们会背离上级领导者所期待的工作方式，形成自己的一套“工作惯例和简化做法”，导致政策执行走样。以前文提到的英国就业服务中心的具体实践为例，就业服务中心工作人员在受理失业者的求职申请时，首先需要按照正式规定的程序对申请对象进行资格审核，并根据申请者的求职类型进行工作匹配。但是在进行岗位匹配时，工作人员更可能偏向于帮助其中某些类型的服务对象寻找工作。例如，如果某种职业的岗位空缺很少，他们通常习惯于不再为寻求此类岗位的服务对象进行岗位搜索，而是劝说他们申请一些他们并不想做的工作。此外，在为申请者提供工作岗位时，这些一线工作者也直接控制着申请者工作机会的获得。他们通常更偏向于从雇主的角度而非申请者自身情况出发来考虑雇主更愿意雇佣哪一类型的服务对象，因而擅自将那些他们自认为雇主不愿意雇佣的人排除在外。即便雇主没有特别要求，他们也会自认为雇主更愿意雇佣那些先前具有类似工作经验的人，因而在没有类似工作经验的申请者提出对此类岗位的求职申请时，一线工作人员往往会以没有空缺岗位为由，拒绝为此类申请者提供他们期望的工作岗位，导致一些服务对象无法得到他们一直寻找的工作机会。

一线工作人员在与社会保护待遇申请者打交道时，还会依据他们自身的价值观以及在与服务对象接触时对服务对象的行为、态度等进行判断的基础上对申请者进行道德性分类。此种分类具有很强的主观性、随意性，直接影响着他们对待服务对象的方式。海森费尔德和斯登美茨（Hasenfeld & Steinmetz）曾指出，那些被视为很难对付或麻烦的顾客通常只能获得很少的福利，因为基层工作人员通常会回避他们的问题、对他们隐瞒一些信息或是使他们的申请变得困难。① 同样，就业服务中心的工作人员会凭借自身主观印象将服务对象分为“好”的服务对象和“坏”的服务对象。“好”的服务对象一般被认为是那些有工作意愿的人，因此，一线人员会将这些人的失业归因于外部因素而非失业者自身的原因，认为这些人才是真正值得提供支持的服务对象。而“坏”的服务对象通常被归为：缺乏工作动机、不愿意工作的“废物”；不服从工作人员安排、会对工作人员构成威胁的“疯子”和“白痴”（如嗜酒者、药物成瘾者）；傲慢、不将工作人员放在眼里的“蛮横的”服务对象以及那些有骗保行为的被贴上“活动分子”标签的

① 叶娟丽，马骏．公共行政中的街头官僚理论．武汉大学学报，2003（5）：614.

服务对象，等等。① 对于这些“坏”的服务对象，工作人员通常认为不值得为他们提供服务，因此对他们提供的帮助也就相对较少。这样一来，被一线工作人员贴上“好”的服务对象标签的申请者可以获得更多支持、更容易实现就业，而被视为“坏”的服务对象的申请者就会被忽视，甚至遭受处罚，进一步加重了他们原本困难的处境。

一线工作人员除了凭借他们手中的自由裁量权对受助者获得社会保护服务的程度产生影响外，他们自身的经验、知识水平、专业技能、工作能力以及得到的支持等也直接影响到社会保护服务的质量和效果。一线工作人员是在社会保护方案和社区产生接触的层面开展工作，在实践中，他们往往需要依据具体情境的变化进行大大小小的决策，对已经制订好的执行方案进行改动，因此实际上对一线工作人员的实施能力有很高的要求。② 但是在现实中，这些基层工作人员往往被视为不需要特殊技能、只需要按照规定程序实施政策的“低水平”工作者。对一线工作人员角色定位的不正确，使得在计划执行过程中很少重视对他们进行投资，以确保他们具备实施方案所需要的知识、技能和能力。因此，在社会保护计划执行过程中，基层工作者往往一方面要承担较大工作量，另一方面却又缺乏足够的实施能力，由此直接影响到项目实施效果。如在英国，负责识别求职申请者资格条件的接待人员通常只是签订短期合同的工作者，并没有接受过深入的培训，缺乏对复杂的津贴体系的详细了解，因而也就不能够确保他们正确判断出哪些人可以享受资助资格；在智利的“智利团结计划”中，直接与受助家庭打交道的家庭支持顾问，在帮助极端贫困家庭决定如何更好地使用现金转移支付、协助贫困家庭完成任务、帮助他们应付生活中遭遇的困难等方面扮演着十分关键的作用，但此类一线工作者却严重缺乏，使得许多受助家庭无法获得个性化的、周到的服务，难以成功退出计划。

三、社会保护工作的碎片化

社会保护工作的碎片化包括不同社会保护项目之间、与社会保护工作有关的不同机构之间以及各级政府之间的碎片化。作为一项非常复杂的系统性工程，社

① 简·米勒．解析社会保障．上海：格致出版社，2012：238-244.

② 亚洲开发银行．亚洲社会保护：研究结果和政策．亚洲开发银行，2010.

会保护在具体实施过程中要涉及形形色色的受助对象，需要针对不同的社会问题设计种类多样的社会保护计划，需要涉及不同的政府部门及大量政府外机构，等等。因此，社会保护的碎片化问题便成为世界各国社会保护实践中最常遇到的问题。

社会保护项目的碎片化是最常见的碎片化问题，不论发达国家还是发展中国家均很普遍。项目的碎片化主要表现为不同的社会保护项目之间目标相似，针对的服务对象相互重叠。一般来讲，旨在解决某一问题的社会保护计划（如针对失业者的技能培训计划）与针对特定人群（如妇女或单亲母亲）的支持计划就必然会有重叠。又如针对贫困家庭的现金转移支付计划与面向贫困儿童的福利津贴计划也有可能存在重叠。即使社会保护计划设计得很完美，但如果这些项目之间缺乏协调，也必然会导致社会保护资源的浪费，使得社会保护计划无法将那些本应该被纳入计划的群体全部涵括进来，同时也无法对各种冲击做出有效反应。社会保护项目的碎片化问题在发展中国家特别是低收入国家尤为严重，许多低收入国家的社会保护计划往往只是面向不同地区、不同群体或为达成某一专门目的的项目的简单拼凑，因此也就不能互相补充配合，使很多需要帮助的人无法被社会保护计划所覆盖。

社会保护工作的碎片化还表现为开展社会保护工作的不同政府部门之间、政府部门与其他非政府机构之间，以及中央、省级、社区等各级政府之间的碎片化。以非洲为例，非洲的现金转移支付计划约有一半（45%）由国际援助组织管理，剩余55%的现金转移支付计划分散在社会福利、社会保护和劳动、教育、医疗、社会基金等多个部门。与发展中国家相比，发达国家不同部门、不同层级政府间的社会保护碎片化问题相对较轻。但是随着越来越多的社会保护项目由私营部门、非营利部门来承接，存在的潜在风险有可能会导致政府部门与营利部门、非营利部门等非政府机构之间碎片化问题的产生，进而影响到政府一体化社会保护服务的供给。因为相比于协调不同的政府机构、中央政府与各级地方政府，协调政府系统外的各式各样的服务供给者会面临更大的挑战，难度更大。不同机构及各级政府间的碎片化问题常使得相关的计划缺乏包容性，导致一部分脆弱群体得不到保护，而且这种碎片化还会导致社会保护计划的管理效率及服务效率低下、成本较高，导致福利欺诈问题的严重化。除此之外，碎片化问题还会导致

“激励陷阱”的产生——由于不同计划之间缺乏协调，受益人就没有改变现状，从一种计划转入另一种计划的动力。①

四、基于上述问题所得出的教训

社会保护实践中存在的问题和不足直接影响着社会保护实施的成效，如果对这些问题不予以重视，不仅会使得成本高效益差、导致资源的浪费，更重要的是无法对公民需要做出有效回应，直接关系到公民社会保护权利的实现和公民福祉的提升。社会保护实践中存在的问题给我们留下了值得汲取的教训。

（一）要坚持以权利为基础的社会保护方法，处理好效率和公平的关系

效率和公平是社会保护实施过程中必须处理好的一对重要关系。长期以来，人们在谈论效率和公平问题时总是将两者对立起来，认为两者不可同时兼得。尽管社会保护政策主张在坚持社会公平正义的终极性价值的同时，将“发展”这一工具性价值纳入其中，实现公平和效率的协调。但是在具体实践过程中，不少国家却过分强调“发展”这一工具性价值，追求社会保护的经济效益而忽略了社会保护的公平目标，导致那些没有能力和权力的“穷人中的穷人”被排斥在社会保护体系之外，而那些较容易脱贫的暂时贫困群体和脆弱群体则成为优先考虑对象，由此损害到社会公平目标的实现。

获得社会保护是每位公民的一项基本权利。为避免在追求经济效益的过程中将那些最弱势群体排斥在社会保护体系之外，就需要在社会保护运作过程中始终坚持人权原则。人权是每个人都应平等享有的一项基本权利，人权的普遍性意味着所有公民都应当平等地参与社会保护项目。只有坚持以权利为基础的社会保护途径，将权利视角贯穿到整个社会保护实施过程中（而不仅仅停留在理论层面），将为每位有需要的公民提供社会保护视为政府的一项基本义务，才能够确保极端贫困群体社会保护权利的实现。反之，如果社会保护项目不是建立在人权原则基

① 世界银行官网．世界银行 2012—2022 社会保护与劳动战略．［2020-01-19］. http://documents. worldbank. org/curated/en/2012/03/18500080/resilience-equity-opportunity-world-banks-social-protection-labor-strategy-2012-2022-consultations-report.

础之上，则会导致贫困群体在获得社会保护资格方面被差别性对待，进而强化社会不平等、对受益人的权利构成威胁。总之，社会保护政策作为一项包容性战略，在具体实践过程中，必须同时将社会保护经济效益的实现与对边缘弱势群体的保护协调起来，实现效率和公平的兼顾。效率的提升可以丰富社会的物质财富，为公民福祉的实现提供物质基础；而社会公平的实现则有助于维护公民的自由和尊严，激发、调动社会成员的积极性、主动性，进而促进经济增长，两者不可偏废。

（二）避免对社会保护一线工作人员的忽略

社会保护一线工作人员在社会保护实施过程中发挥着非常关键的作用，对社会保护实施效果的好坏有着直接的影响，但是这一群体却往往被忽略。由于缺乏有效的管理或是投资，一线工作人员在执行社会保护计划过程中极容易出现目标或行为的异化或是由于实践能力不足而影响到项目的效果。因此，为更好地发挥这些基层工作者在提升社会保护实施效果方面的重要作用，必须对这一群体在社会保护实践中的角色予以重新认识，对他们的行为予以合理的引导和规范，并加强对社会保护一线工作人员的支持。

一方面，要规范社会保护一线工作人员自由裁量权的使用。在上文中已经提到，社会保护一线工作人员在项目执行过程中拥有相当大的自由裁量权，他们在执行任务时往往会依据自己的偏好而非上级领导期望达成的目标来采取行动。他们会针对不同的服务对象采取不同的做法，由此给受助对象带来了不同的机会和不同的结果。针对这一问题，政府部门一般倾向于采取减少基层官员的自由裁量权，加强对他们的控制的做法。然而这种控制往往并不奏效，正如李普斯基所指出的，这些基层官僚很容易颠覆这些旨在控制他们的努力。① 要使得这些基层工作人员能够恰当地使用他们所掌握的自由裁量权，更有效的措施是要加强对他们的激励和引导。对于那些能够为受助群体提供很好服务、在受助群体中口碑较好的一线工作者要及时给予适当的奖励，对他们的成绩予以肯定。另外，还应重视改变这些基层工作者政策执行的价值理念，使其树立“以人为本”的价值理念，强化他们的工作伦理意识，使为受助者提供满意的服务内化为他们自觉自愿的行

① 叶娟丽，马骏．公共行政中的街头官僚理论．武汉大学学报，2003（5）：616.

为，而非依赖外部强制力来约束。

另一方面，加强对一线工作人员人力资本的投资，提升其综合素质。社会保护项目实施效果的好坏除了受一线工作人员自由裁量权的不当使用的影响外，还受执行人员的实践能力的影响。大量实践证明，那些能够为社会保护项目的受益人群提供高质量支持（如进行辅导、帮助树立信心）、对项目实施社区的情况有着透彻了解的一线工作人员，更有助于促进项目的成功。因此，为确保社会保护方案取得良好成效，必须重视对一线工作人员的支持，提高他们的综合素质。其中最重要的是提升执行人员对政策、方案的认知能力，执行者只有在准确把握政策制定的意图、正确领悟政策的内容及精神实质的基础上，才能够采取恰当行动，保证政策能够产生预期效果。此外，还应提高政策执行者综合分析问题的能力，对其进行多方面培训、完善其知识结构，确保一线工作人员能够对复杂多变的执行环境做出灵活回应，并为有多种需要的受助对象提供全面的支持。

（三）要采取系统化方法来防止社会保护的碎片化

碎片化问题使得社会保护无法及时对新的需求做出反应，而且还使得一部分脆弱群体无法被涵括到社会保护体系中，阻碍着社会保护覆盖面的扩大。因此，必须解决社会保护的碎片化问题。解决这一问题的最根本途径在于采取系统化方法，建立起强有力的社会保护体系。

要实现社会保护工作的系统化，首先需要加强不同社会保护计划之间的协调以及相似计划之间的整合。其中最主要的是要实现不同社会保护计划之间受益人数据库的共享，以更好地识别哪些受益人群被重复覆盖、哪些需要帮助的人群还没有被涵盖进来。此外，不同类型的社会保护计划在界定受益对象时所选取的指标也应当相互协调，除了注重不同社会保护计划之间的相互协调，防止社会保护项目的碎片化之外，还应加强社会保护行政管理体系的系统化，包括建立有关受益人的识别和登记系统、目标对象瞄准体系、监测评估体系等。

上述目标的实现，首先，需要有强有力的、有远见的政治领导为社会保护体系的建立进行必要的授权以及提供可持续的财政支持。要能够对各种小型的、零散的计划进行整合，以及对那些设计良好、能够给受助对象带来益处的计划的启动提供支持。其次，社会保护系统化的实现还需要改善社会保护工作的治理，其核心是要加强对各级政府及相关机构的监督和问责。社会保护良好治理的实现并不一定要依赖复杂的政府机构和行政安排，而是可以通过公民参与、社区动员、第三方监测等方式来加强对有关方面的监督和问责，以此来确保“正确的受益人在正确的时候获得正确的待遇”。①

社会保护体系具有重要作用：首先，通过建立完善的社会保护体系，可以有效解决覆盖缺口问题，使得那些最贫困却往往是最少被社会保护体系覆盖的群体得以被涵括进来，从而提高社会保护体系的包容性。其次，有效的社会保护体系能够确保在危机来临时迅速做出回应，帮助受危机影响者尽快从冲击中恢复，增强人们应对危机的韧性。最后，有效的社会保护体系通过对不同社会保护计划的整合与协调，有助于充分发挥这些社会保护计划对经济增长的积极影响，从而为贫困群体参与到生产性活动中提供了更多机会。因此，通过采取系统化方法解决社会保护的碎片化问题，有助于平等、韧性、机会等目标的实现。

第三节　对中国的启示

中国目前正处于改革深水区，我们不仅要和其他国家一样应对全球化带来的一系列挑战，还要解决更为迫切的转型问题。但是中国现有社会保障制度是在应急中建立起来的，无论是早期的社会保险还是后来的社会救助，绝大多数社会保障项目的选择和出台是为了应对眼前问题，这样不仅带来了很多政策性的衍生社会问题，而且对许多新出现的问题也无法做出及时有效的回应。② 因此，必须对现有的社会保障制度进行改革。社会保护政策的相关理念与实践对我国社会保障制度的改革无疑具有重要借鉴意义。

---

① 世界银行．世界银行 2012—2022 社会保护与劳动战略．［2020-01-19］. http：//documents. worldbank. org/curated/en/2012/03/18500080/resilience-equity-opportunity-world-banks-social-protection-labor-strategy-2012-2022-consultations-report.

② 张秀兰，等．改革开放 30 年：在应急中建立的中国社会保障制度. 北京师范大学学报，2009（2）：121.

一、立足国情理性借鉴国外经验

在借鉴国外社会保护政策的相关理论与实践经验之前，首先需要对中国国情有一个基本的把握。一方面，要对目前中国社会保障发展现状有一个清楚的定位；另一方面，还要考虑到中国处于转型期的特殊性以及中国独有的文化底蕴。只有在对中国国情清醒认识的基础上才能够更好地把握国外社会保护经验中哪些可以被我们借鉴，哪些则应当慎重考虑。通过将国外经验与国内现实有机结合起来，以推动中国社会保障制度的改革。

（一）准确把握当前社会保障发展现状

自中华人民共和国成立以来到现在，中国社会保障制度的发展大体可以分为三个阶段：第一阶段（1949—1978 年），为社会保障制度的初创期。在计划经济时代，国家在经济条件极端落后、国家财力非常薄弱的条件下，按照城乡分割的原则，在城市建立起了由各单位提供劳动保险及各种福利服务的单位保障体系，为广大劳动者提供了一定的保障，调动了广大人民的劳动积极性。第二阶段（1978—2002 年），社会保障制度的发展期。这一时期中国社会保障制度已经基本完成了从计划经济时期的劳动保险向市场经济时期的社会保险的转变，社会保障体系的轮廓逐渐明晰，初步形成了以社会保险和社会救助为主的社会保障体系，对于推进社会主义市场经济体制的顺利进行、维护社会稳定发挥了重要作用。第三阶段（2002 年至今），社会保障制度的全面建设时期。这一时期中国的社会保障事业，特别是农村社会保障事业加速发展，农村地区相继建立起了社会保险（如农村社会养老保险和新型合作医疗）、社会救助（如农村最低生活保障制度、农村特困户生活救助制度、农村五保供养制度以及农村医疗救助等）和社会福利服务（如覆盖全国乡镇的敬老院等）等社会保障项目，农村社会保障制度框架基本形成。此后，中国社会保障项目的覆盖面不断扩大、保障层次不断提高、受惠人数也大幅增长，到 2012 年，中国已基本建立起了覆盖城乡居民的社会保障制度。

但是，制度的全覆盖并非人群的全覆盖，由于受计划经济体制的影响，社会保障资源在不同社会群体中的分配不平等。特别是对于不断增长的城市流动人口，尽管近年来政府相关部门出台了一系列政策帮助他们提升社会保障水平，但绝大多数流动人口仍被排斥在流入地的社会保障体系之外，普遍存在着养老、工伤和医疗等方面的后顾之忧。从图 6-1 中可以看出，由于流入地区和流动范围不同，流动人口社会保障的参与情况存在明显差异。特别是在东北跨省及省内地区，流动人口社会保障参与比例均不足 40%。① 除此之外，中国现有社会保障体系还存在许多其他问题，学者岳经纶将这些问题归纳为“八重八轻”：从价值取向上看，重工具理性轻社会权利；从制度设计上，重预防性项目，轻发展性和关怀性项目；从制度运作上看，重融资轻规制；从服务供给主体上看，重国家、个人和家庭，轻社会主体；从受益对象看，重城镇轻农村；从政策过程来看，重制度轻执行和评估；从政策重点来看，重经济福利轻社会服务；从中央和地方关系来看，重地方政府责任轻中央政府责任。②

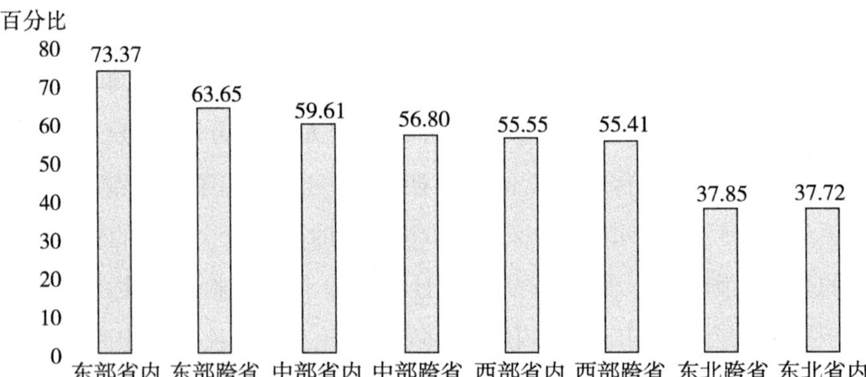

图 6-1 流入地与流动范围的交互下流动人口的社会保障情况

资料来源：李红娟．流动人口社会保障水平的区域差异. 人口与社会，2019（2）：35-43.

总之，目前看来，尽管中国社会保障事业取得了长足发展，但仍然存在不少问题。只有对中国社会保障发展现状有一个客观、正确的把握，做到“知己知

① 李红娟．流动人口社会保障水平的区域差异. 人口与社会，2019（2）：35-43.

② 岳经纶．社会政策学视野下的中国社会保障制度建设. 公共行政评论，2008（4）：72-80.

彼”，才能更好地借鉴国外经验来优化中国的社会保障体系。

（二）重视转型时期的特殊性

在借鉴国外社会保护经验时，除了要考虑中国现有社会保障发展状况外，还需要从更宏观的情境出发，考虑到中国特殊的社会经济环境，避免对国外社会保护经验的照搬照抄。我国已有的社会保障制度便是一个典型的反面例证。改革开放以来，我们在构建自己的社会保障框架时，主要是学习借鉴了西方发达国家的经验，并最终模仿西方国家的福利体系建构起了以社会保险为核心的社会保障体系。然而中国几十年的实践经验证明，在市场经济较不发达、农村人口占较大比重、需要救助的贫困人口基数仍比较庞大、国家整体经济实力还有待大幅提高的情况下，片面模仿西方发达国家以社会保险为主、社会救助为辅的社会保障模式对中国来讲并不适用。确切来讲，现有社会保障制度只是一种“锦上添花”的制度，并没有起到缩小贫富差距、维护社会公平的作用。①

基于已有经验，在新的时代背景下，当我们再次需要借鉴国外社会保护经验对我国现有的社会保障体系进行重新设计时，就必须从中国的特殊国情出发，意识到中国与国外的差距。当前中国正处于转型期，我国现有的市场经济是还未完全定型的、正处于发展中的市场经济，社会结构也同样处于变动中。如何整合城乡发展差距、提升社会管理能力、进一步促进经济平稳快速发展，是优化我国社会保障制度的基本前提。相比之下，西方发达国家社会保护体系的改革与发展是在社会经济发展水平较高、城乡发展差距较小、市场体制及政府管理等配套制度较为完善的基础上进行的。因此，在借鉴国外社会保护经验时，必须考虑到两者间的差距，避免原封不动的移植。

首先，我们在借鉴国外社会保护计划时必须考虑到自身的经济承受能力。要清醒地认识到中国目前只是一个中等收入国家，尽管整体发展水平要优于广大发展中国家，但却不及西方发达国家。因此，在准备引入国外社会保护计划时，首先要考虑该计划一旦实施后是否有可预见的、可持续的国内资金（而非国际援助）来确保该项目的可持续性。社会保护与社会安全网最主要的区别就在于社会

① 张秀兰，等．改革开放30年：在应急中建立的中国社会保障制度．北京师范大学学报，2009（2）：121.

保护是一项长期、系统性工程，而非短期、临时性计划。而且西方福利国家的发展经验证明，一旦社会保护项目推行后，其普遍发展趋势是：保障水平只会越来越高、覆盖人群会越来越广，任何想要降低或缩小福利水平的努力都会招致人们的不满与反对。因此，我们在引入一个新的社会保护计划时，必须对我国现有的资源状况、涉及的利益相关者、实施项目面临的阻碍等问题有清晰的把握，要搞清楚哪些项目目前我国可以承受，哪些则不适合。

除了考虑经济承受能力外，还要考虑到其他方面的差异。如西方国家目前非常重视社会保护项目对劳动力市场的积极作用，主张由为失业者提供失业救济转向提供就业支持。对此我国在进行借鉴时并不能盲目照搬，要考虑到西方国家工业化起步早，劳动力市场已经非常成熟，而我国劳动力市场形成相对较晚，存在着二元甚至是多元分割、就业弹性不足、结构性失业等问题，而且西方“工作福利”计划的实施与其高水平福利体系下的“福利依赖”现象不无关系。所有这些均决定了我国在借鉴国外经验时必须从我国的具体国情出发。又如目前在发展中国家广泛推行的有条件现金转移支付计划，要求贫困家庭在接受现金资助的同时，必须以送孩子去上学、接受免疫或健康检查作为条件。有条件现金转移支付计划将贫困救助与人力资本投资相结合的做法无疑值得我们学习，但是以送孩子去上学、接受免疫或健康检查为条件在我国并不适合，因为我国目前适龄儿童的入学率和疫苗接种率均已达到较高水平，因此在借鉴该计划时必须结合我国实际情况进行变通。实际上，即便是针对同一个问题，在我国与在其他国家所需要的解决办法也可能不同。以老龄化问题为例，我国与西方国家一样，目前也面临着日趋严重的老龄化问题。但是西方国家老龄化的压力来源于劳动力的减少和高福利高保障的福利体制带来的沉重的财政负担，而我国的老龄化问题则主要是“未富先老”问题，即在就业压力和社会保障机制不完善情况下的老龄化问题。因此，西方国家倡导的大力推行私营养老金供给计划、减少国家养老金计划的策略对于我国来讲并不适合。

简言之，我们在借鉴国外社会保护经验时，最重要的是要借鉴别人“解决问题的思路”，而不是生硬地照搬别人的做法，要始终立足国情，将国外社会保护先进理论与实践经验与中国“本土环境”相结合。

（二）重视传统文化的影响

社会政策与文化间的关联性已经被越来越多的社会政策研究者所重视。一项社会政策的产生，往往深深根植于特定的文化情境中。因此，我们在学习借鉴国外社会保护经验时，除了要考虑自身的“硬条件”外，还必须考虑“软”条件，要下沉到文化意识层面进行分析。要想确保国外经验和做法能够在中国“成活”，就必须使之能够适应中国现有的“文化土壤”。换言之，就是要从中国自身独特的文化背景中来理解国外社会保护政策。只有那些适合本国文化背景的社会保护计划及方案才能被本国人民所接纳。

费孝通在《乡土中国》一书中对中西文化做了非常经典的描述。他将西方社会格局比作是“一捆一捆绑在一起的柴，个人就相当于其中的一根一根的稻草”。费老先生将西方社会中人与人之间的关系称为“团体格局”。他将中国社会中人与人之间的社会关系比喻为“一块石头丢在水面上所发生的一圈圈推出去的波纹。每个人都是这个圈子的中心，被圈子的波纹所推及的就发生联系”。费老先生将这种社会结构称为“差序格局”。①在具有差序格局特征的乡土中国社会中，社会成员之间是以情感、血缘或地缘关系而连接在一起的，而在拥有“团体格局”的西方社会中，社会成员之间的联系是以权利和义务关系构筑起来的，缺乏差序格局中的道德或情感色彩。尽管目前我国已经开始由传统的乡土社会向现代化工业社会转变，但是这种差序格局仍然存在。因此，我们在借鉴国外社会保护经验时，必须意识到中国与外国历史文化背景的差异。

相比于文化、价值层面的东西，技术层面的东西，如人、财、物的配置，制度的运行模式等往往可以较快吸收运用，而一项政策的内核尤其是价值内核却很难照搬或是简单移植。因此，我们在将国外社会保护经验引入中国时，必须对其发展特征有一个全面系统的了解，特别是要分辨清楚该项政策或计划产生时所处的特定的文化背景。要探寻其制度文化根源，并通过与中国自身的制度环境和文化条件进行比较分析，探索文化融合进程。② 只有适合本国文化条件的社会保护

① 费孝通．乡土中国 生育制度．北京：北京大学出版社，1998：30.

② 林义，林熙．国外农村社会保障制度改革的新探索与启示．国家行政学院，2010（4）：112-114.

计划才能尽快与其他计划对接融合，才能被本国公民所接纳。总之，要想让国外社会保护的先进理念与实践在中国能够“扎根”“成活”，并产生良好效果，就必须与中国自己特有的经济、政治、社会和文化条件相契合。

二、坚持“以人为本”的基础价值理念

理念是行动开展的指南，未来中国社会保障体系的改革也需要有全新的价值理念为指导。这一新的理念必须是既要能够体现社会保护的思想内核，又要符合中国国情、能够被国人所认同的新的理念。“以人为本”理念强调人是社会发展的主体、手段、动力和目标，坚持“以人为本”，就是要尊重人、理解人和关心人，要重视人的地位和价值、关心人的自由和幸福、维护人的权利和尊严、促进人的全面发展。由此可以看出，“以人为本”的价值理念与社会保护政策所强调的旨在促进人的全面发展、增进全人类福祉的终极目标具有高度一致性。因此，未来我国社会保障改革应当坚持“以人为本”的价值理念。坚持“以人为本”，意味着要将人的根本利益作为未来社会保障工作的出发点和落脚点，要致力于促进人的全面发展。

（一）将人的根本利益作为社会保障工作的出发点和落脚点

“以人为本”理念将人作为现实的出发点，一方面，强调人是社会最基本的组成单位，在社会系统的诸要素中，人是主体、是核心；另一方面，强调人还是社会发展的主体，作为具有能动性、创造性和自主性的主体，人不只是被动地适应环境，还积极地改造世界，正是人的物质性的实践活动推动了人类社会向前发展。由此，“以人为本”理念确立了人在社会及社会发展中的主体地位。人的主体地位的确立意味着人不仅仅是社会发展的工具，更是社会发展的目的。

承认人是社会的主体和社会发展的目的，意味着未来社会保障必须将人作为其工作的出发点和落脚点。一方面，在制订、实施社会保障计划时能够听取民众心声，鼓励目标受惠人群的参与，真正从民众的需要和利益出发，确保弱势边缘群体不会被排斥在外，使社会保障政策及计划能够尽可能地与受惠对象的现实需要相匹配。另一方面，社会保障要将维护好、实现好人的根本利益作为落脚点，避免社会保障计划的实施只是为了“完成任务”而流于形式，或是仅作为经济

发展的辅助措施，为某项经济改革计划的顺利推进而服务。坚持“以人为本”，要求社会保障特别关注社会转型中的弱势群体，维护好这些弱势群体的合法权益、满足其基本需求、增强他们的发展能力，不断实现所有人的平等发展、和谐发展。

“以人为本”的价值理念是对我国长期以来“以物为本”的价值理念的超越。改革开放以来，在“以经济建设为中心”的发展战略的指导下，我国将发展重心放在促进物质财富的增长上，以期通过大力发展经济来改变贫穷落后的面貌，提高人民的物质生活水平。因此，在我国经济社会发展过程中，对“物”的重视超过了对“人”的重视，片面追求经济发展和物质财富的增长，忽略了人的价值和人的发展。对物的过度追求，导致了以权为本、以钱为本观念的产生。权力的扩张必然导致权利的萎缩，严重影响到人的价值和主体地位的实现。尽管当前我国提出了“以人为本”的理念，正逐步实现对目的和手段关系的合理定位，使经济发展服务于人的发展，致力于使发展的成果真正惠及全体公民。但是权力本位的观念依然未能得到有效纠正，权钱交易依然存在，严重损害了公民的利益，使得公民需求得不到有效满足、权利得不到保障。

将“以人为本”理念运用到社会保障体系改革中来，意味着在实施社会保障时要转变传统权力本位的观念，从人民群体的根本利益出发，将人的权利和人的福祉的实现为作为最高原则，尊重并保障人的基本权利和利益的实现，实行人性化服务。当社会保障被赋予人文关怀时就不再是冷冰冰的制度，而是处处体现出对人的尊重和关心，意味着在工作开展过程中要把受助对象当作目的，以目标对象的利益为出发点和落脚点，方式是以更贴近服务对象要求的方式进行服务，内容是要不断满足目标对象的基本需求，尊重服务对象的能力差异、个性差异、合法权利及独立人格，促进目标对象的全面发展。①

（二）将人的全面发展作为社会保障的终极目标

坚持“以人为本”，除了强调要将广大人民群众的根本利益作为出发点和落脚点外，更重要的是要致力于人的全面发展。在马克思“以人为本”思想中，人

① 韩庆祥，亢安毅．马克思开辟的道路——人的全面发展研究．北京：人民出版社，2005：180-181.

的全面发展包括人的需要、能力、社会关系和自由个性这四个方面的全面发展。要实现人的全面发展，未来社会保障政策需要从以下几方面来为个人提供支持。

（1）满足人的需要。在第三章中我们已经对社会保护与人的需要之间的关系做了详细阐述，在此不再赘述。需要强调的一点是，未来社会保障政策不应再被狭隘地定位于为人们提供安全网、满足人的基本需要，而是要着眼于既满足人的物质需要，又要满足人的精神需要；不仅要满足人的生存需要，还要满足人的发展需要。

（2）提升人的能力。马克思将人的能力的全面发展视为人的全面发展的核心，这主要是因为人的实践活动是社会发展的动力。依靠人的能力，人在实践活动中创造出了需要的对象，并将主体与对象联系起来，从而使得人的需要得到了满足。因此，人的全面发展依赖于人的能力的发展，要实现人的全面发展的终极目标，社会保障需要促进人的能力的自由发展。一方面要重视对人力资本的投资，增强弱势群体的发展能力；另一方面，要为人的能力的施展提供平等的机会与平台，使人们可以通过自己的努力来追求自身权利，在这一过程中人的潜能得以充分激发。

（3）培育社会资本，促进人的社会关系的发展。人的全面发展要求人的社会关系的全面发展。人只有在与他人交往和结成的社会关系中才能生存和发展。马克思指出，“社会关系决定着一个人能够发展到什么程度”。① 要促进人的社会关系的发展，未来社会保障政策需要着眼于消除那些使弱势群体处于边缘状态、封闭状态、与主流社会相隔离的不公平的制度规定，使弱势群体能够摆脱地域、民族、身份、分工等狭隘局限。此外，社会保障还应着眼于为弱势群体参与社会活动提供条件，帮助弱势群体进行社会资本的积累、获得社会网络资源，防止其继续边缘化，并能够逐渐融入主流社会，使其社会关系由封闭变得开放、由贫乏变得丰富。

（4）保护人的权利，维护人的人格尊严。“以人为本”的价值理念首先是一种人权价值，人权是每位公民都应享有的权利，是人人应有的人格尊严。人的全面发展过程也就是人的权利的全面实现过程。要实现人的全面发展，社会保障必

① 韩庆祥，亢安毅．马克思开辟的道路——人的全面发展研究．北京：人民出版社，2005：164.

须重视人的权利的保护，维护人的人格和尊严。一个自由的、有尊严的人应当被给予完整的尊严和关爱，意味着未来社会保障的目标对象不应再仅仅被看作是需要帮助的穷人或弱者，而是一个有尊严的、完整的人。人的权利既包括生存权又包括发展权。生存权与发展权紧密相连，只有实现发展权，生存权的实现才能获得持续、可靠的保障。因此，对人的权利的保护应避免只重视生存权而忽略发展权。未来社会保障要为公民提供平等的生活资源与发展机会，使每个人都能过上体面的、有尊严的生活，进而促进人的自我实现和全面发展。

人的全面发展不仅仅指单个人的全面发展，还应当是所有人的全面发展。从我国的情况来看，尽管自改革开放以来，我国经济、政治、社会、文化等获得了前所未有的发展，为实现人的全面发展提供了必要的条件，但是我国公民的整体发展水平仍比较低，人的发展中还存在许多突出问题。如广大农村进城务工人员等弱势群体难以像城市居民一样享受到发展的成果；滥用权力，侵犯公民合法权益的现象依然存在等。因此，我国未来社会保障政策必须坚持“以人为本”的价值理念。坚持“以人为本”，意味着不能将一些资助项目（特别是贫困减缓项目）当成营利性投资来经营，也不应单纯以财政投入的多少、保障了多少人来衡量社会保障事业成功与否，而是要从人的根本利益出发，看社会保障受助对象的生活状况是否真正得到改善，民众的整体生活质量是否得到提高，人们是否真正享受他们的生活。

总之，“以人为本”理念的确立，意味着人不仅是出发点、社会主体，而且是目的归宿、价值目标。坚持“以人为本”，要求未来社会保障以满足人的基本需要、保障和实现人的权益、促进人的全面发展为出发点和归宿。“以人为本”的理念昭示我们，离开了对人的关注、忽略了对人的价值和命运的关注、无法促进人的自我发展，那么社会保障便失去了存在的价值。因此，未来我国社会保障必须将“以人为本”作为其活动开展的根本指导原则。

三、构建“四位一体”的社会保障政策内容体系

社会保护关注贫困和脆弱性的多个维度，除了传统的收入支持措施外，社会保护政策的三种不同的分类框架分别强调要采取预防性措施来消除脆弱性贫困、减少贫困的发生率，通过社会投资策略来消除能力贫困、促进经济社会政策的协

调发展，以及通过变革性策略来消除权利贫困、促使社会的包容性发展。目前我国社会保障的重点仍然局限于解决传统的收入不足问题，却很少涉及贫困预防、能力不足和权利贫困问题。为了能够更好地应对新形势、新挑战，促进人的全面发展，今后我国也应当从贫困预防、收入保障、能力提升和权利保护四个维度，构建起内容更加全面、丰富，“四位一体”的社会保障政策体系，四个要素中缺失其中任何一个都将会影响到社会保障的实施效果（见图 6-2）。

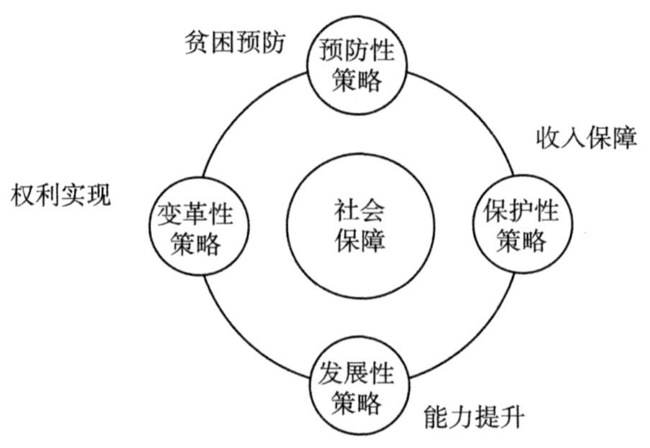

图 6-2　社会保障政策内容体系

（一）采取预防性策略，强化对社会风险的管理

诞生于风险社会中的社会保护政策与诞生于工业社会中的社会保障政策的最显著区别就在于，社会保护政策突出强调对社会风险的管理。风险管理的重点在于建立风险防范机制，通过加强上游干预来达到预防和减少贫困的目的。

我国目前正处于从计划经济向市场经济、从传统农业社会向现代工业社会的剧烈转变进程中。同时，与其他国家一样，我国也不可避免地要经受全球化的冲击。工业化、城镇化、市场化、全球化再加上人口老龄化，所有这些都使得社会风险大量集聚。如果这些风险不能够得到有效控制，必然会造成巨大损失。特别是风险应对能力较弱的脆弱群体，如果没有有效的风险管理机制，一旦冲击发生，他们将很容易陷入贫困。因此，强化对风险的管理尤其是风险的预防，对于我国来讲意义重大。

我国现有的社会保障政策属于典型的“应急型社会政策”，只是在风险发生后才会被动启动，无法预防贫困的发生，而且这种应急型政策只着眼于解决当前问题，缺乏前瞻性、战略性眼光。鉴于此，必须对现有社会保障政策进行改革，要将风险管理意识纳入未来社会保障政策当中。相应地，社会保障的目标群体也不应只锁定于那些已经处于贫困的群体，更要关注那些徘徊于贫困边缘的脆弱群体，通过采取积极的预防策略来避免他们陷入贫困。在具体干预策略的采取方面，要扩大干预工具的选取范围，除了正式的社会保险项目外，由营利性金融机构和非营利金融机构推出的小额金融项目、资产建设项目以及非正式保险项目等都可以被纳入社会保障体系中，用于减少人们的脆弱性。这些干预工具可以单独使用，也可以组合使用，共同减少风险对人们的冲击。

从我国目前的实际情况来看，未来我国社会风险管理的重点应集中于疾病风险和自然灾害风险的管理，两者是我国贫困人数增多、脱贫困难、返贫率高的最主要原因。国家卫健委相关负责人指出，2018 年我国建档立卡贫困户中，因病致贫、因病返贫的比例均在 42%以上。患病的农村贫困人口中，年龄在 15 岁至 59 岁占农村贫困人口的 40%以上，他们基本上都是所在家庭主要劳动力，患病不但要发生治疗费用，还会因为丧失劳动能力而直接影响创收，使家庭陷入贫病交加境地。① 因此，加强对疾病风险的干预，加强对经济困难患者的支持力度，尽可能地减少脆弱家庭由于疾病风险而导致家庭消费和生活水平的下降就显得尤为迫切。要想有效减少因病致贫、因病返贫人数，最关键的是要加强对疾病的预防，通过提供高水平、优质量、易获得的初级医疗卫生保健服务，促进低收入群体初级医疗卫生保健服务的可及性，以此来减少其患病风险，或者是在其患病时也能得到及时有效的治疗，避免由小病拖成大病。从发达国家医疗卫生服务情况来看，发达国家的初级医疗卫生服务主要由社区的全科医生（或家庭医生）来提供，只有在全科医生无法医治的情况下才会去医院。而我国目前社区医疗卫生服务体系仍处于初级发展阶段，社区医疗卫生服务中心存在着服务机构数量少、服务质量差、服务档次低、服务面窄等多种问题，② 导致本该在社区层面完成的门诊服务只能去医院完成，然而医院门诊费用的报销比例却非常低。从第五次国家

① 人民网．国家卫健委：解决因病致贫因病返贫问题 打赢健康脱贫攻坚战．[2020-09-12]．http：//health. people. com. cn/n1/2018/0425/c14739-29949739. html.

② 顾昕．社区医疗卫生服务体系建设中的政府角色//徐月宾．社会政策理论与实践．北京：中国劳动与社会保障出版社，2007：405.

卫生服务调查报告来看，城市参保居民中，平均有34.6%的就诊病人门诊费用有报销；在农村参保居民中，有66.6%的就诊病例门诊费用全部由自己支付。这样就使得低收入群体有病不医，极容易导致小病拖成大病，大病进一步导致贫困，最终陷入恶性循环。对此，从短期来看，政府应进一步提高贫困地区以及低收入群体门诊医疗费用的报销比例，提高低收入群体对门诊医疗服务的使用率，避免由小病发展为大病。从长远来看，政府要提高对初级医疗卫生服务的重视，大力推动社区医疗卫生服务体系的发展，构建集预防、保健、健康教育、医疗、康复、计划生育等服务为一体的、功能齐全、能够有效满足社区居民医疗保健需求的初级医疗卫生保健服务体系。另外，除了要加强初级医疗卫生保健服务体系的建立、尽可能防范重大疾病的产生外，还需要充分发挥医疗保险在分散大额医疗费用支出方面的作用，避免低收入群体因支付不起巨额医疗费用而陷入贫困。政府除了要增加对医疗卫生事业的投入、适当提高医疗保险的补偿水平外，最根本的是要对医疗卫生服务体系进行彻底改革，对医疗服务市场供应方的道德风险进行约束，严格抑制医疗价格不断上涨的趋势。否则即便是民众医疗报销比例得到提高，但如果医疗费用价格上涨过快的势头得不到遏制，民众（特别是低收入群众）仍无法真正成为医疗保险制度的受益者，依然面临着因病致贫的风险。

除了疾病风险之外，自然灾害是导致我国贫困人口增多的又一重要因素。我国目前最主要的贫困人口，同时也是脱贫难度最大的贫困人口（约占贫困县总人口的81%）主要分布在生态环境脆弱区。① 国务院扶贫办明确指出，自然灾害是西部致贫返贫的主因。② 因此，建立风险防范机制，尽可能地减少气候变化等不利因素对脆弱地区民众的不利影响意义重大。为应对气候变化给人们造成的不利影响，自20世纪90年代末期以来，在世界银行、联合国粮食开发署等国际组织的推动下，一种新的保险产品——天气指数保险（weather index insurance）（在我国又被称为气象指数保险）已经在印度、马拉维、墨西哥、埃塞俄比亚、越

① 绿色和平，乐施会．气候变化与贫困——中国案例研究．乐施会内刊，2009：5.

② 中国网．扶贫办：自然灾害依然是西部致贫反贫的主因．[2014-12-19]．http：//www.china.com.cn/economic/txt/2009-11/27/content_18968831.htm.

南、蒙古等不少发展中国家被广泛实施。① 从理论上来讲，凡是有可能因天气变化而遭受损失的行业都可以发展相应的天气指数保险，如农业气象指数保险、畜牧业气象指数保险、巨灾保险等。天气指数保险具有避免逆向选择和道德风险、运行成本低、易与其他金融服务组合、能够有效分散风险、灾害损失理赔速度快等优点。而且如果与贷款相挂钩还可以有效增进农户经济收入。尽管我国从2009年起开始陆续在多个省份试点天气指数保险（主要是农业气象指数保险），但整体来讲，天气指数保险在我国仍是个新事物，保险覆盖率还非常低，仍需要政府的广泛介入，从法规、政策、财政等各个方面加大支持力度。

（二）完善保护性策略，构筑国家社会保护底线

有效的预防性措施虽然可以降低人们的脆弱性、减少贫困人口的产生，但却不能杜绝贫困。因此，还需要有保护性措施，确保脆弱群体在遭受冲击后能够得到及时帮助，避免因保护措施的缺乏而造成生活水平的进一步下降。保护性措施主要是为贫困群体提供经济支持以保障其生存权，是社会保护政策和社会保障政策中都不可或缺的一个基本维度，发挥着“安全网”的功能。根据2012年国际劳工大会通过的《国家社会保护底线的倡议》，每个国家有责任为所有公民提供基本收入保障及社会服务，具体包括：（1）通过各种形式的社会转移支付提供基本收入保障，包括养老津贴、残疾津贴、儿童福利津贴、收入支持津贴、就业保障、为失业者和有工作的穷人提供的服务；（2）在医疗保健、供水和卫生设施、教育、食品保障、住房和其他本国确定的优先领域，提供覆盖全民的、可负担得起的社会服务。② 这些项目是任何一个公民要想获得生存和发展所必不可少的最基本条件，是每个公民基本权利的一部分，一旦低于该底线，公民将难以维持基本的生活。

值得注意的是，“社会保护底线”中的“底线”并不是意味着保障水平低，而是指国家为保障每个公民基本生存和发展所必须承担的“底线”责任。目前看

---

① 于宁宁，陈盛伟．气象指数保险在发展中国家的实践与启示．新疆农垦经济，2011（1）：10.

② ILO. Social protection floor for a fair and inclusive globalization. Geneva：International Labor Office，2012.

来，我国现有的社会保障政策仍显得包容性不足，仍有很大一部分人群无法享受到最基本的社会保障服务。鉴于我国目前还只是一个发展中国家，还没有能力提供覆盖全体国民的整套的社保项目，依据国际劳工组织《国家社会保护底线的倡议》，我国可以采取渐进的方式，先从民众最关心、最迫切需要的社保项目入手，实现核心项目的全覆盖，之后再逐步扩展到其他社保项目。在此建议将面向所有儿童的儿童津贴计划、面向所有老年人的老年津贴计划以及覆盖全民的医疗保障计划作为最优先考虑事项。

（三）采取发展性策略，提升贫困群体的人力资本

社会保护政策作为一种发展型政策，不只是要起“兜底”作用，通过为贫困者提供收入支持避免其生活水平进一步下降，而且还作为“弹跳板”，通过对贫困群体人力资本的投资来使之摆脱贫困。

从我国现有社会保障政策来看，“保基本”是我国社会保障政策的重心。李克强总理在第十二届全国人大二次会议结束后明确提出，当前社会保障工作的重点是：“保基本、兜底线、促公平。”社会保障主要通过对收入的再分配来保障公民的基本生活。但是，这种“保基本”策略只是让贫困救助者处于较为安全的低水平状态，却无助于提升他们的自我发展能力。因此，未来我国社会保障策略需要由“保生存”向“促发展”转变。首先在采取社会保障行动前要对目标对象进行识别，将有劳动能力的受助对象和没有劳动能力的受助对象区分开来。对于那些有劳动能力的长期贫困群体来讲，使他们摆脱贫困的最根本途径是要为他们重返劳动力市场提供渠道，而不是单纯给予经济上的援助。这样一来，贫困群体摆脱贫困就不仅仅是政府的责任，而是贫困群体与政府共同的责任。其中，政府的责任在于提供接受教育、培训和技能发展的机会，通过对贫困群体人力资本的投资来提高他们的自我发展能力，而个人则需要利用政府提供的这些机会，依靠自身努力来积极摆脱贫困，政府实际上只是提供了一种支持而非保护。

具体来讲，要增强贫困人口的自我发展能力，需要采取以下几方面措施。

第一，要将社会救助策略与劳动力市场政策结合起来，促进有劳动能力的贫困人口进入劳动力市场。从我国目前的受救助群体来看，绝大多数低保对象为有劳动能力者。以上海市为例，截至 2020 年 6 月，上海市城镇居民中有劳动能力

的低保对象占救济总人数的 76.8%（其中，从业家庭人数占 17.6%，失（无）业家庭数占 59.2%）；在农村低保人口中，超过 1/3（36.4%）的低保人员为有劳动能力的“可扶”人员。① 对于这部分潜在就业人口，除了提供现金救助外，还需要采取积极的就业扶持政策，帮助他们走向工作岗位。

对于中青年（18 岁以上，男 45 岁、女 40 岁以下）失业（待业）者来讲，重点是要使他们重新回归主流劳动力市场，获得长期、可持续的发展。因此，最根本的是要通过长期、正规、高质量的（再）就业培训计划来提升他们的人力资本，增强他们在劳动力市场中的竞争力。对此，政府要加强与企业、非营利组织、高校等的合作，政府主要负责相关法规与政策的制定、提供财政支持，具体运作则交由企业、非营利组织或高校创办的专业的职业培训中心、行业协会及职业学校来承接，最终形成以政府财政支持为基础、以培训机构为依托、职业介绍机构为桥梁，用工单位为终端的再就业良性循环，② 帮助贫困失业（待业）群体尽快进入劳动力市场。

对于年龄偏大（男 45 岁、女 40 岁以上）、文化程度较低、缺乏一定劳动技能的失业（无业）人员来讲，要想通过再就业培训计划使他们通过竞争的方式进入主流劳动力市场、获得正规就业是非常困难的。相比之下，非正规就业由于就业门槛低、机制灵活、就业弹性大的优势，可以为劳动力市场中处于弱势地位的群体提供更多就业机会。特别是近年来，随着政府改革加速，原来的一部分职能被剥离出来由社区承接，再由政府出资来购买社区服务。这样一来，在社区内部就可以创造出许多就业岗位，如社区清洁绿化、社区保安、家政服务、幼儿保育、养老服务、陪护、快餐配送、家电维修、房屋维修、商业饮食等。这些岗位技术含量相对较低、服务性强，特别适合那些文化低、技能不高、年龄较大但经验丰富、有耐心的受救助群体。对此，政府应优先安排此类失业人员在这些岗位就业，并结合岗位需求，开展短期、实用、有效、有针对性的培训，这样既能够满足社区民众的服务需求，同时也帮助大龄就业困难群体实现了再就业。

第二，促进扶贫政策与农村低保制度的有效衔接，实现农村贫困人口生计

① 资料来源：上海民政局．[2020-09-26]. http://www.shmzj.gov.cn/gb/shmzj/node8/node15/node58/node69/node87/index.html.

② 伍叶琴．重庆市下岗职工再就业培训问题探究. 西南师范大学学报，2003（2）：102.

的可持续性。从我国现有贫困政策的设计来看，扶贫政策主要针对有劳动能力的“可扶之人”，目的在于对有发展能力的贫困人口给予多方面的支持，促进其脱贫致富，关注的是人的发展权；低保制度的目标人群主要是没有劳动能力或丧失劳动能力的贫困人口，目的在于为极端贫困人口提供最基本的生活保障，更多关注的是人的生存权。但是在实践中两者之间并没有清晰的界限，从上文中可以看出，有很大比例的农村低保对象属于有劳动能力的“可扶之人”。因此，必须加强低保制度和扶贫政策之间的衔接，使所有有劳动能力的贫困农民都能被纳入“开发式扶贫”计划中来，提升扶贫对象的自我发展能力，进而实现脱贫致富。

2020年我国绝对贫困人口已全部消除。要想使脱贫成效得到巩固，防止脱贫人口再次返贫，关键是要提升扶贫对象的自我发展能力，为贫困农户提供符合他们需求的各种培训。具体来讲：一是要提升贫困农户的非农就业能力。打工收入是目前绝大多数农户的最主要收入来源，但是由于他们的文化素质普遍较低，从事的基本都是工资较低、工作环境差、劳动强度大、短期性工作，从事技术工作、长期工作的较少。因此就需要通过各种技能培训，提高农村外出务工人员在劳动力市场中的竞争力，使其获得更多城镇就业机会；二是加强对贫困农户农业实用技术的培训，或是为贫困农户提供小额信贷的同时辅之以相应的技能培训，帮助贫困农户实现科学种植、养殖，提升农业效益、拓宽增收渠道。通过这些措施的采取，最终提高贫困地区劳动力素质，帮助贫困农民实现可持续生计。

第三，要投资儿童与家庭，提高未来劳动力的素质。儿童期人力资本的投资，不仅是切断贫困的代际传递、从根源上消除贫困的有效手段，也是提高未来劳动力素质、促进经济社会发展的重要途径。无论是西方国家的普惠型儿童福利计划还是近年来发展中国家大力推广的有条件现金转移支付计划，都非常重视对儿童的投资。从我国情况来看，早在2013年民政部就提出要建立适度普惠型儿童福利制度。普惠型儿童福利制度将儿童群体分为孤儿、困境儿童、困境家庭儿童和普通儿童四个层次，目前重点保障对象为困境儿童（包括残疾、重病、流浪儿童），最需要纳入保护范畴的流动儿童、留守儿童及短期贫困儿童等脆弱儿童却未被作为常规的援助和监测对象，而且目前保障也仅局限于生存保障，忽视了对儿童发展权和参与权等的保障。为确保每个儿童都能拥有良好的人生开端，确保其在未来能够获得更加公正的经济与社会机会、减少贫困的代际传递，今后政府必须重视对儿童的投资。

首先，要实施营养健康项目，增强儿童身体素质。全国妇联等发布的《中国贫困地区0~6岁儿童营养及家庭养育状况》报告称，我国贫困地区农村儿童的“低体重率”和“生长迟缓率”自2000年以来显著降低，但依然为城市地区的6~8倍；贫困地区儿童早期锌缺乏比例高达50%以上，维生素A缺乏率是大城市同龄儿童的6倍多。贫困地区0至6个月婴儿纯母乳喂养率仅为24.8%，且呈现出下降趋势。这一数字低于全球38%和全国27.6%的平均水平。①

尽管自2012年10月开始，我国已开始在贫困片区试点实施“贫困地区儿童营养改善项目”，但整体来讲，覆盖面仍比较狭窄，受惠儿童比例仍比较低。今后政府还需要加强实施力度，将项目实施范围由重点贫困县扩展到全国其他地区，确保所有营养贫困的儿童都能得到帮助。只有首先有了一个健康的身体，然后才能谈其他权益的保障。

其次，大力发展儿童早期发展项目。目前许多发达国家将儿童早期发展项目视为消除贫困、提升儿童发展机会、增强国家未来竞争力的重要手段而纳入国家福利计划中。从我国的情况来看，目前仅有少数几个大城市设立了由公共财政支持的针对0~3岁儿童的早期发展服务中心（如北京目前已经在13个区县建立了由政府承办的儿童早期综合发展服务中心），绝大部分地区特别是医疗卫生条件较为落后的贫困地区，儿童早期发展服务基本处于空白。而即便是那些由政府承办的儿童早期发展服务项目也均实行收费制，免费或是有政府补贴的服务项目普遍缺乏。鉴于此，今后政府应继续扩大儿童早期发展服务的覆盖面，并采取差别对待原则，重点支持那些社会处境不利的儿童，为贫困农村地区儿童（特别是留守儿童）、流动儿童、城市下岗职工子女、残疾儿童等最需要关注的弱势儿童提供适当补助，确保弱势儿童早期发展服务（0~3岁）和学前教育的可及性，为其日后发展奠定良好基础。

最后，家庭对儿童发展至关重要。家庭作为儿童成长过程中的第一道防线，

---

① 搜狐网．中国贫困地区儿童营养及养育状况调查发布．[2020-09-30]．https：//www.sohu.com/a/16393103_119827.

是保证儿童成长需要得到满足以及预防社会问题最有效的切入点，帮助家庭是帮助儿童的最好办法。① 因此，政府还应重视对家庭的支持。尽管由于农村进城务工人员随迁子女增加、父母返乡就业人员逐年增多等原因，近年来全国农村留守儿童总体数量呈下降趋势，但留守儿童问题依然不容忽视。缺失父母的关爱与教育，导致留守儿童心理问题普遍严重，即便是那些跟随父母的流动儿童，由于父母忙于工作无暇照料，成为问题青年的比例也远高于生活于正常家庭的儿童。2019 年度《中国留守儿童心灵状况白皮书》显示，超九成受访儿童遭受过精神暴力，而遭受暴力对儿童心理发展具有负面影响。② 因此，政府必须重视对家庭的支持，要抛弃以往对家庭“补偿性”角色的定位，避免将儿童保护与家庭支持割裂开来、只是在家庭无力履行保护职能的时候才介入为儿童提供保护。要借鉴发达国家经验，采取积极的家庭支持政策，将帮助家庭作为帮助儿童的重要途径，促进家庭功能的完善、营造良好的家庭环境，帮助家长更好地履行其作为父母的角色，更好地满足儿童需求、促进儿童健康成长。

（四）采取变革性策略，保障公民社会权利的实现

社会保护政策认为贫困不仅仅是收入或能力的不足，更重要的是社会关系的不平等、社会制度的不合理或是社会权利的剥夺等非经济性因素导致人们在社会生活中处于劣势地位。对此，社会保护政策主张采取变革性措施，通过变革不平等的社会关系、赋权予公民，使公民在资源、权利和地位方面实现平等，进而融入主流社会。

未来我国社会保障制度必须明确将公民权利视角纳入其中，通过变革不平等的制度安排，确保每个人都能享有平等的生活机会，避免差别性公民权的产生。从目前看来，最根本的是要破除城乡二元体制，确保“社会体系中的每一个人都不会因为身份上的差异而在享有经济发展成果方面存在差异”。③ 不过目前看来，要想通过户籍制度的改革来促进农村流动人口的城市化、实现城乡一体化的权利

① 张秀兰，徐月宾．发展型社会政策及其对我们的启示//张秀兰，等．中国发展型社会政策论纲. 北京：中国劳动社会保障出版社，2007：66.

② 搜狐网．2019 年度《中国留守儿童心灵状况白皮书》在京发布.［2020-09-20］. https：//www. sohu. com/a/366154012_351130.

③ 刘琳娜，何瑾．论包容性增长的社会建设维度. 河南师范大学学报，2012（5）：43.

保护在短时期内仍很难完成。在短时期内，最有效的办法是先通过解决公共服务与社会保障体系的碎片化问题来解决权利的碎片化问题。① 政府仍要花大力气推进基本公共服务的均等化，既要提升农村地区基本公共服务的数量和质量，确保城乡基本公共服务的均等化，又要确保进城务工人员享有与城市户籍居民相同的公共服务水平，为全体社会成员提供均等的基本公共服务。

要想彻底改变弱势边缘群体的劣势处境，除了变革不合理的社会制度外，还需要在公民生计安全与增强公民自主性或赋权之间建立起积极关系，通过赋权于弱势群体，使他们能够积极参与到与他们自身利益相关的活动中，依靠自身力量来改变其不利处境。由于单个人的权利往往很容易受到侵犯，要想使弱势群体的权利得到增强，最重要的是要组建他们自己的组织，只有在相互组织起来后才能形成一种集体力量，有效保护自身的权益。通过组建自己的组织，既可以开展内部自我援助，为组织成员提供生活保障、满足其基本生活需求，也为组织成员提供了一个宣泄、交流、沟通的场所，有助于减弱甚至消除边缘群体因社会排斥带来的自我边缘化，帮助贫困群体获得社会资本和社会网络资源，进而向上流动。而且借助自己的组织，他们还可以把每个成员掌握的资源集中起来形成集体资源，从而能够增强其力量，使之在与其他利益群体进行谈判或与公共权力机构进行协商时，处于更为有利的位置，促使其利益诉求得到满足。

不过弱势群体自组织有效性的发挥也离不开政府强有力的支持。由于目前我国社会组织仍缺乏较为宽松的发展环境，严格的双重登记管理制度使得绝大多数弱势群体的自组织由于找不到挂靠单位或是注册资金不足而未能获得法人地位。而合法身份的缺失意味着它们很难得到政府的支持，导致其生存能力普遍较弱。目前看来，现有的这些组织所开展的活动基本上停留于互助共济、满足成员的社会福利方面，未能起到加强弱势群体能力和保障其权利的作用。因此，要想真正发挥自组织在扭转弱势边缘群体劣势处境、维护其权益方面的重要作用，需要政府采取积极措施来支持他们的联合行动：（1）要营造宽松的法律政策环境，降低

① 赵力涛．保障流动人口权利须创新社会政策．探索与争鸣，2014（1）：15.

草根组织的注册门槛，确保其法人地位的获得；（2）实施优惠政策，为弱势群体自组织提供必要的资金、技术和其他方面的支持，以扩大其活动规模；（3）合理引导和规范维权型社会组织（如中国人权发展基金会、中国法律援助基金会等），充分发挥这些组织在维护弱势群体合法权利方面的重要作用，将其纳入国家与社会良性互动的格局中。

综上所述，未来我国社会保障政策不应仅发挥“稳定剂”“减震器”的作用，保障贫困群体的基本生活，还应具有前瞻性、战略性视角，尽可能减少贫困的发生。除此之外，更重要的是要从健康、教育、就业、社会公正、公民权利等多个角度来认识公民处于贫困或劣势地位的根本性原因，进而采取综合性干预措施，最终促进人的全面发展和社会的包容发展。

四、以治理的理念强化社会保障政策执行中多元主体的合作

社会保护政策实质上是一个治理过程。它主张所有有助于实现公民福祉、满足公民不同层次福利需求的行为主体（如政府、市场、社区、家庭、公民社会组织等）都应被纳入社会保护体系中，政府与多元社会主体间是一种平等互助的合作关系，共同致力于公民福祉的实现。从我国的情况来看，尽管目前我国在社会保障供给上摆脱了政府大包大揽的局面，逐步由政府单一主导的“国家福利模式”向多元主体参与的“福利多元主义”模式转型。但是，政府与其他行为主体间缺乏一种平等、互助的“合作伙伴关系”，政府要么包揽一切，挤压其他行为主体发挥作用的空间；要么又退得太远，没有承担起维护公平公正的角色。借鉴国外社会保护实施经验，结合我国自身情况，未来我国应构建由政府、市场、公民社会及非正式支持体系共同合作、共同发挥作用的具有协同治理特征的政策体系。各行为主体间通过积极的协商互动、共同分配任务、共担责任，最终实现共同的社会保护治理目标。

（一）充分发挥政府的主导作用

社会保护政策提倡政府在社会保护供给中应扮演一种“能促型”角色。根据“能促型政府”理念的提出者——吉尔伯特（Neil Gilbert）教授的理解，“能促型

政府”意味着，一方面福利服务的供给要由政府提供向民间提供转型，即由民间提供服务而政府出钱“买单”；另一方面，政府财政支出要由直接投资社会保护服务转向投资于承接社会保护服务的其他社会主体。① 政府的职责就是要形成一个促进不同社会主体共同发挥作用的制度框架。

对于我国政府应当在社会保障中扮演何种角色，目前影响力较大的是景天魁提出的“底线公平”理论。“底线公平”理论认为，“底线”以下的部分是公民生存和发展所必须的部分，这一部分是政府必须保障和承担的责任，而“底线”以上的部分并不是每个公民生存所必须具备的，因此可以由市场、企业、非政府组织，甚至公民个人来承担。② 不过“底线公平”理论只是从社会公平的角度来界定政府与其他社会行为主体间的责任，基于该视角下的政府主要承担的是保障公民基本生活的职责。很显然，将政府的职责仅局限于保障公民的基本生活具有一定的片面性。

毫无疑问，未来我国公民福祉的实现依然需要政府发挥主导作用。只有政府承担起为社会成员提供社会福利的责任，才能最终建立一种能够使人民的生活随着经济的发展而更有保障的利益共享机制。③ 但是，发挥政府的主导作用并不意味着所有问题都要由政府来解决。具体来讲，未来我国政府应承担的主要责任至少应包括以下几点：（1）制定完备的社会保障法律框架。完备的社会保障法律法规的制定不仅是社会保障体系良性运行的保证，更是保障公民基本权利得以实现的有力武器。（2）提供财政支持。政府财政拨款依然是社会保障支出的主要来源渠道。不过在财政支出方面，政府要进行支出结构的调整，一方面，政府直接拨款提供社会保障服务时，要在保障弱势群体基本生活的基础上，将更多资源投向有利于人力资本提升的领域，扭转社会保障是社会成本的消极印象；另一方面，政府也可以采取间接的方式，将资金给予其他社会组织，由私营企业或非营利组织来承接那些政府自认为做不好、由政府做不划算的社会保护项目。（3）加强政府自身的能力建设。世界银行曾指出，贫困群体之所以受到社会排斥，一个最重

---

① Gilbert, N. The transformation of the welfare state: the silent surrender of public responsibility. New York: Oxford University Press, 2002: 83-92.

② 景天魁．底线公平与社会保障的柔性调节．社会学研究，2004（6）：34.

③ 徐月宾，张秀兰．中国政府在社会福利中的角色．中国社会科学，2005（5）.

要的原因是“未融入世界经济的国家治理结构和政策的薄弱”。① 因此，要想使政府真正承担起保护穷人的责任，政府部门首先必须提升自身的治理能力，确保能够对公民需求做出及时有效的回应。

（二）支持和鼓励企业承担社会责任

目前，鼓励私营部门参与到社会保护供给中，将一部分社会福利服务和产品的供给与生产环节交由私营部门来承接，倡导公私部门间“合作伙伴关系”的建立，已成为世界各国的普遍共识。对于我国来说，在现代市场经济条件下，在发挥政府在社会保障领域的主导作用的同时，也需要积极发挥市场力量，倡导企业承担相应的社会责任。强调企业要承担社会责任，并不是要回到过去的“由企业办社会”的状态，而是要求企业经济功能与社会功能相剥离的前提下，引导企业致力于社会公益目标的实现，增进整个社会的和谐、友善。企业履行社会责任的方式主要有三种：

第一，为其职工提供职业福利。社会保险费用主要由政府、企业和个人来共同分担，其中企业承担着最主要的缴费责任（如要分担职工的养老、医疗、失业保险费用，单独承担职工的工伤和生育保险费用）。企业对其职工承担福利责任，使就业者享有职业福利，一定程度上可以减少职工陷入贫困的风险，同时也减轻了政府的社会保障支出压力。除此之外，企业还应重视采取“家庭友好型”政策（family-friendly），为职工提供弹性工作时间、幼儿照料设施、亲子假期等，使员工（尤其是女职工）能够更好地兼顾工作与家庭生活。

第二，承接政府部门部分社会保障服务的供给。政府引入私营主体，通过与私营部门签订合同由其来承接一部分社会保障职能，已经是当今国际社会常见的做法。社会保障服务的私营化能够很好地将公共部门的公益目标与私营部门的高效率结合在一起，在提高效率的同时又不排斥公平，因此，可以成为政府提供社会保障的有效途径。不过，私营部门的营利性特征决定了政府采取私营化模式时，必须分辨清楚哪些服务可以交由私营部门来做，哪些不适合，特别是要避开涉及资金运营的领域。在实施社会保障服务私营化时，政府只是将社会保障服务

① 杨团．社会政策研究范式的演化及其启示//杨团，葛道顺．中国社会政策研究十年论文选．北京：社会科学文献出版社，2009：8.

的经营权和管理权转交给了私营部门，而最终公共责任还需要政府来承担，因此，为避免被委托方出于个体私利而使社会保护本身的公共性异化，政府要通过相关法律法规的制定和日常监管来规范私营部门的行为。

第三，为社会弱势人群提供社会福利。企业作为社会的产物，理应对社会需求做出回应。企业可以投身公益慈善事业，通过提供资金、技术、设备、人力等方式为其他社会成员提供社会福利。一方面，企业可以向基金会、非营利组织等公益慈善机构捐资捐物，由这些机构来开展针对各类弱势人群的支持活动。另一方面，企业也可以创办自己的基金会或是直接支持各类公益项目。要想使我国企业在社会保障领域发挥积极作用，一方面要改进慈善捐赠法、完善慈善捐赠制度，为企业社会责任的承担提供良好的外部环境，另一方面，企业自身也要提高认识、尽量减少短期人道主义援助，实现捐赠行为的长期性、稳定性。

（三）培育和发展非营利组织

非营利组织不仅可以弥补“市场失灵”和“政府失灵”，在社会保障领域扮演“拾遗补阙”的角色，而且也有自身的优越性。在一些可以同时由政府或非营利组织承担的社会保障项目中，由非营利组织来承接反而效果要比政府更好。

首先，非营利组织可以拓宽社会保障资金的来源渠道。非营利组织扎根于民间，它可以将触角延伸至社会的各个角落，将政府难以动员的社会闲散资源聚合起来。而且通过与国外 NGO 建立合作关系，非营利组织还可以有效撬动海外资源。因此，非营利组织介入社会保障领域，可以有效改善社会保障支出单纯依靠政府财政拨款的状况，缓解政府财政支出压力。

其次，非营利组织可以提供多元、个性的社会保障服务。由于贴近民众，非营利组织往往会揭示出隐藏的问题，使人们关注被忽视的脆弱群体，填补政府在社会保障领域的“盲区”；而且与政府相比非营利组织行动更为灵活，它们可以根据不同地区、不同情况迅速做出反应，并在计划开展过程中随着实际情况的变化及时进行调整，甚至根据对现实条件和机会的分析来进行实验和创新，这些创新为扩大社会保障覆盖面提供了有用的模式，同时也能够有效克服政府开展社会保护项目运作成本高、极容易出现“寻租”现象等弊端。

最后，非营利组织有助于保障公民权利的实现。通常弱势群体的声音很难进入到公共事务的决策程序，非营利组织可以为公民意愿的表达提供一个良好的平台。它们可以把有关社会保护方案和项目的信息传达给难以触及的群体，向他们解释自身拥有的权利，并动员他们主张自己应得的权益，或者是推动这些弱势群体自我组织起来，确保他们能为自身利益采取行动。这样就使得公民（特别是弱势群体）的声音能够进入政府议程中引起政府关注，并得以有效解决，由此确保公民权利的实现。除此之外，非营利组织通过监督、审计项目方案的运行，以及对项目官员进行问责等，有助于维护公民的权利。

近年来我国非营利组织发展迅速，但是绝大多数非营利组织是自上而下成立的、具有官方背景的“官办”非营利组织，通常又被称为“二政府”，而真正意义上的非营利组织受双重管理体制的限制，很难获得合法身份，又被称为“草根NGO”。合法身份的缺失，严格限制了它们活动的开展。因此，未来为更好地发挥非营利组织在社会保障领域的作用，一方面要加快政府职能的转变，彻底切断政府与非营利组织之间的“隐性利益链”，实现“官办”非营利组织的去行政化；另一方面，要尽快建立健全相关法律法规，进一步完善对非营利组织的税收优惠政策、降低注册登记门槛，为非营利组织的发展营造良好的外部环境。同时非营利组织也要加强自身能力建设，促进社会保障领域中政府、市场、第三部门“三足鼎立”局面的形成。

（四）保护和激活家庭责任

社会保护的一个重要理念是要激活而非取代那些能够有效发挥作用的传统的、非正式的支持体系。家庭便是一种传统的制度。不论是否存在正规的社会保护机制，家庭都是人们在遇到困难、需要帮助时最直接的求助对象，家庭在福利供给中所具有的及时性和柔性关怀特征是政府、市场等其他社会保护主体所无法代替的。可以说，家庭以外的社会保护主体都只是在不同程度上、以不同的方式对家庭责任的分担，而无法取代家庭在社会保护中的功能和责任。

我国一直以来崇尚家庭本位。受传统儒家文化的影响，与西方国家相比，家庭或是整个家族在为人们提供保障方面发挥着不可替代的作用。当人们面临失业、生病、丧失劳动能力而没有经济来源时，家庭是其成员最先求助的对象。因此家庭常被亲切地称为“避风港”“港湾”。除了提供经济支持外，家庭在儿童看护，老年人、残疾人照料等服务支持方面也同样发挥着重要作用，特别是在养老方面，家庭成员给予老年人的情感支持、精神慰藉是养老机构等其他正规保障机制所无法给予的。因此，未来我国社会保障政策的发展仍需要尊重和依托家庭，一方面要重新激活家庭原有的功能，充分发挥家庭在养老、育幼等传统领域的作用。另一方面，要支持家庭、增强家庭功能，意识到家庭功能的有效发挥还将有助于提高劳动力素质、减少未来社会成本。①

综上所述，中国未来的社会保障政策不仅要着眼于贫困的解决，更要重视贫困风险的化解；不仅局限于为低收入人群提供收入保障，还应致力于人力资本的投资，促进公民自我发展能力的提升；它不只要通过治疗或改造的方式对处于劣势处境的个体进行干预，还应聚焦于更广泛的社会情境，对社会过程与社会结构进行干预，保障公民基本权利的实现；它不应再局限于国家自上而下的再分配抉择，而是要谋求国家干预与社会自我保护之间的有机结合。简言之，中国社会保障的未来走向应当是，由消极、滞后的社会保障政策走向更加开放、包容的社会保护政策。

① 张秀兰，徐月宾．建构中国的发展型家庭政策//张秀兰，等．中国发展型社会政策论纲. 北京：中国劳动社会保障出版社，2007：110.

结　语

社会政策从根本上来讲，是为应对社会问题而产生的。在不同的社会发展阶段，生产方式的不同、与之相伴随的社会问题的不同，导致所需要的社会保护机制也不同。从工业革命时期旨在应对劳资矛盾的社会保险、到工业化时期保护公民免受市场侵害的全面社会保障、再到解决发展中国家结构调整过程中出现的问题的社会安全网、最后到当前风险社会中的社会保护，可以看出，不同时期问题焦点不同，导致社会政策的模式也不同。社会保护在国际发展议程中的兴起，既是对传统社会保障、社会安全网等社会政策在应对贫困、不平等等社会问题方面的无效性的回应，也是对全球化背景下日益增多的风险和不确定性进行管理的现实需要。

与沿用已久的社会保障概念相比，社会保护更具包容性、开放性和可操作性。新的社会保护政策不再局限于传统“社会保障=社会保险+社会救助+社会津贴”的刻板的思维定式，将基于权利和义务对等的保险金缴纳情况或是就业史等条件绝对化，而是扩大到面向所有公民提供普及化的基本社会支持，主张获得社会保护是每位公民的一项基本权利。社会保护也不再局限于通过提供收入支持来缓解贫困、失业、疾病、养老、工伤等与劳动力市场相关的社会风险，确保结果公平。新的社会保护政策更强调贫困的预防，以及公民能力的提升和社会权利的实现，以此来扩大弱势群体社会参与的机会。总而言之，与传统社会保障政策相比，社会保护政策在基本理念、政策内容、干预手段等方面均发生了重要改变。社会保护的目标定位由生存型转向了发展型；政策重心由资源分配转向了对社会关系（权利和地位）的分配；干预手段由国民收入再分配转向了融合经济和社会含义的发展；供给主体由一元转向了多元，等等。社会保护的这一新变化甚至可以用库恩的范式的转变来形容。

从我国的情况来看，当前中国正处于特殊的转型时期，其他国家可能在几十年甚至百年内出现的问题在转型期中国几乎同时出现。中国既要应对经济转轨、社会转型过程中产生的内生性问题，又要对经济全球化带来的外部冲击做出回应。中国所面临的社会问题的纷繁复杂性客观上要求用于解决社会问题的社会保障也必须全面转型。一方面，为应对全球化背景下国家面临的既要提升国际竞争力，又要满足国民日益增长的生活需求的双重压力，社会保障政策需要由传统的再分配范畴向经济生产范畴转变。要着眼于通过对人力资本的投资，使社会支出能够对经济发展起到积极作用，实现经济政策和社会政策的融合。另一方面，面对社会排斥、城乡差距、地域差距等问题，社会保障政策要由对经济资源的分配转向对社会关系（权利和地位）的分配。传统社会保障政策的收入再分配措施只能满足公民的基本需要，却不能完全解决公民被排斥于主流社会及工作环境之外的问题，因此，改革后的新的社会保障政策要更重视赋权、增权，以及对不平等社会关系的变革，从而确保每位公民都能够承担其社会角色，参与到日常活动中，以实现社会的包容。简言之，未来中国社会政策要由现有的消极的社会保障政策向积极的社会保护政策转变，使得社会政策在应对贫困问题的同时还能够促进经济的增长和社会的包容性发展。由社会保障向社会保护转变，既符合当前中国国情，也符合国际上社会政策发展的潮流。值得注意的是，在借鉴国外社会保护经验时我们必须采取辩证的态度，避免对国外社会保护理论与实践的全盘引进。要立足于中国正处于转型期的特殊国情，清醒地意识到目前存在的城乡差距、地域差距、产业差距以及与之紧密相连的社会群体的差距，在吸收借鉴他国先进理论与经验的基础上，充分发挥自身的聪明才智，构建符合中国国情的、“本土化的”社会保护体系。

总之，社会保障作为现代社会发展的产物，必须随着时代、形势的变化而变化。一旦社会保障机制僵滞，无法随着经济、社会的变革进行适应性调整，必然会阻碍一国的发展。从我国目前的情况来看，从社会保障走向社会保护，构建与时代发展和人民需求相适应的社会保护体系，是应对复杂社会问题、不断提升人民群众生活质量的现实需求。从长远来看，则是实现中华民族伟大复兴的中国梦的必然选择。只有把人民群众的利益放在第一位，依据社会保护理念与经验来改革现有社会保障制度，确保人民群众的基本生活需求得到满足、基本权利得到保障，确保所有公民都能公平地参与到发展中，并能够合理分享改革发展的成果，才能够激发人民群众的热情和活力，才能够实现社会的和谐发展、增强社会凝聚力，最终才能够促进中国梦的实现。

最后，需要说明的是，社会保护本身并不是最终目的，而只是取得良好成果的途径。顺应时代发展要求，构建与我国国情相吻合的社会保护体系，最终目的是实现真正意义上的人的发展，推动由传统的“为发展而发展的”现代化向“为人的发展而发展”的现代化的转变。人的发展是经济发展和社会发展的最终归宿，只有关注人（而且是所有的人）、促进人的发展，才是真正意义上的发展。只有实现了人的全面发展，使全体公民都能参与到发展中，共享发展成果，才能够实现中华民族伟大复兴的中国梦。

参考文献

一、英文文献

[1] Armstrong J., et. al. Towards an East Asian social protection strategy. Washington D. C.: Human Development Unit, East Asia and Pacific Region, the World Bank, 1999: 22.

[2] Arnall, A., et. al, Adaptive social protection: mapping the evidence and policy context in the agriculture sector in South Asia. Brighton: Institute of Development Studies at the University of Sussex, 2010.

[3] Asian Development Bank (ADB) Social Protection. Asian Development Bank Working Paper, 2001.

[4] Barrientos, A. and Hulme, D. Social protection for the poor and the poorest: concepts, policies and politics. Development in Practice, 2013, 23 (1): 151-152.

[5] Brière, B. d. L. and Rawlings, L. B. Examining conditional cash transfer programs: a role for increased social inclusion? World Bank Institute, 2006.

[6] Babajanian B. and J. Hagen-Zanker. Social protection and social exclusion: an analytical framework to assess the links. Brighton: Institute of Development Studies at the University of Sussex, 2012.

[7] Carmona M. S., The need to include a rights-based approach to social protection in the post-2015 development agenda. Geneva: the United Nations Human Rights Office, 2013.

[8] Clert, C. Evaluating the concept of social exclusion in development discourse.

European Journal of Development Research, 1999, 11 (2): 176-199.

[9] Coady, D. , M. Grosh and J. Hoddinott. Targeting of transfers in developing countries: review of lessons and experience. Washington D. C. : the World Bank and IFPRI, 2004: 42 , 84.

[10] Cain, E. , HelpAge International, UK. Social protection and vulnerability, risk and exclusion across the life-cycle//OECD. Promoting pro-poor growth: social protection. Paris: OECD, 2009.

[11] Conway, T. and A. Norton. Nets, ropes, ladders and trampolines: the place of social protection within current debates on poverty reduction. Oxford: Blackwell Publisher, 2002.

[12] Conway, T. , A. de Haan and A. Norton. Social protection: new directions of donor agencies. Overseas Development Institute (ODI), 2000.

[13] Cleirigh, E. O. Affordability of social protection measures in poor developing countries//OECD. Promoting pro-poor growth: social protection. Paris: OECD, 2009.

[14] Cook, S. From rice bowl to safety net: insecurity and social protection during China's transition. Development Policy Review, 2002, 20 (5).

[15] Cecchini S. and R. Martinez. Inclusive social protection in Latin America: a comprehensive, right-based approach. Economic Commission for Latin America and the Caribbean, 2012.

[16] Carter, M. R. and C. B. Barrett. the economics of poverty traps and persistent poverty: an asset-based approach. Journal of Development Studies, 2006: 178-199.

[17] Carneiro P, E. Galasso and R. Ginja. The impact of providing psycho-social support to indigent families and increasing their access to social services: evaluating Chile solidario. World Bank Working Paper, 2009.

[18] Diaz C. P. The Puente programme, a bridge between the family and its rights, cited in social protection and inclusion: experiences and policy issues. Geneva: ILO, 2006.

[19] Devereux, S. and Sabates-Wheeler, R. Transformative social protection. IDS Working Paper, 2004 (232).

[20] DFID. Social protection in poor countries. Social Protection Briefing Note Series No. 1, Department for International Development, UK, 2006.

[21] Department for Work and Pensions. Public service agreement for department for work and pensions 2001-2004. London: the Stationery Office, 2001.

[22] Economic and Social Council. Enhancing social protection and reducing vulnerability in a globalizing world. New York: United Nations Economic and Social Council, 2000.

[23] Ewald, F. Insurance and risk//Burchell, G. , Gordon, C. and Miller, P. The foucault effect: studies in governmentality. London: Harvester Wheatsheaf, 1991: 203.

[24] European Council. Presidency conclusions. Lisbon: European Council, 2000.

[25] European Commission. Strengthening the social dimension of the Lisbon Strategy: streamlining open coordination in the field of social protection. http: //eur-lex. europa. eu/legal-content/EN/TXT/? qid = 1414828912832 &uri = CELEX: 52003DC0261.

[26] European Commission. A renewed commitment to social Europe: reinforcing the open method of coordination for social protection and social inclusion. Brussels: European Commission, 2008.

[27] European Commission. Taking stock of the Europe 2020 strategy for smart, sustainable and inclusive growth. Brussels: European Commission, 2014.

[28] Fritz W. Scharpf. The joint-decision trap: lessons from German federalism and European integration. Public Administration, 1988: 239-278.

[29] Frances Lund and Smita Srinivas. Learning from experience: a gendered approach to social protection for workers in the informal economy. Geneva: International Labour Office, 2000.

[30] Francois-Xavier Merrien. Social protection as development policy: a new international agenda for action. http: //poldev. revues. org/1525.

[31] GTZ. Health and social protection//OECD. Promoting pro-poor growth: social protection. Paris: OECD, 2009.

[32] Gentilini U. Mainstreaming safety nets in the social protection policy agenda: a new vision or the same old perspective? London: Chronic Poverty Research Centre, Manchester University, 2005.

[33] Garcia A. B. and J. V. Gruat. Social protection: a life cycle continuum investment for social justice, poverty reduced and sustainable development. Geneva: ILO, Social Protection Sector, 2003: 22-23.

[34] Ginneken, W. Managing risk and minimizing vulnerability: the role of social protection in pro-poor growth. Geneva: ILO, 2005.

[35] Gilbert, N. The transformation of the welfare state: the silent surrender of public responsibility. New York: Oxford University Press, 2002: 83-92.

[36] Harvey, P. Cash and vouchers in emergencies. London: Humanitarian Policy Group, ODI, 2005.

[37] Harvey, P. Social protection in fragile states: lessons learned//OECD. promoting pro-poor growth: social protection. Paris: OECD, 2009.

[38] Hagemejer, K. and C. Behrendt. Can low income countries afford basic social security//OECD. Promoting pro-poor growth: social protection. Paris: OECD, 2009.

[39] Holzmann, R. and S. Jorgensen. Social risk management: a new conceptual framework for social protection and beyond. Social Protection Discussion Paper Series, the World Bank, 2000.

[40] Holzmann. R. Risk and vulnerability: the forward looking role of social protection in a globalizing world. Washington, D. C.: the World Bank, 2001.

[41] Holzmann, R., L. Sherburne-Benz and E. Tesliuc. Social risk management: The World Bank's approach to social protection in a globalizing world. Washington D. C.: Social Protection Department, the World Bank, 2003.

[42] Hall A. L. and J. Midgley. Social policy for development. Sage Publications Ltd, 2004: 273-274.

[43] Hulme, et al. Social protection, marginality, and extreme poverty: just give money to the poor? //Braun V., etc. Marginality: addressing the nexus of poverty, exclusion and ecolog. Berlin: Springer-Verlag, 2014.

[44] Irish Aid. Social protection in the context of HIV and AIDS //OECD. Promoting pro-poor growth: social protection. Paris: OECD, 2009.

[45] Institute of Development Studies. Promoting inclusive social protection in the post-2015 framework. IDS Policy Analysis, 2013.

[46] Krishna, A. and N. Uphoff. Mapping and measuring social capital: a conceptual and empirical study of collective action for conserving and developing watersheds in Rajasthan, India. Social Capital Initiative Working Paper No. 13, the World Bank, 1999.

[47] Kim and Choi. Does social protection crowd out social investment? Policy and Society, 2020.

[48] International Labor Organization. Introduction to social security. Geneva: International Labor Office, 1984.

[49] International Labor Organization. Social protection floor for a fair and inclusive globalization. Geneva: International Labor Office, 2012.

[50] Leavy J. and D. Chopra. An analysis of the adaptive social protection baseline survey. Brighton: Institute of Development Studies at the University of Sussex, 2012.

[51] Liam Clegg. The IMF record on social protection: pro-poor or poor? Development and Change, 2020.

[52] Laura Alfers and R. Moussie. The ILO world social protection report 2017-2019: an assessment. Development and Change, 2020.

[53] McKinnon R. Social risk management: a conceptual fallacy of composition. Palgrave Macmillan Journals Stable, 2002.

[54] Madsen. P. K. The Danish model of "flexicurity" —a paradise with some Snakes. Brussels: European Foundation for the Improvement of Living and Working Conditions, 2002.

[55] Midgley, J. Growth, redistribution and welfare: towards social investment. Social Service Review, 1999.

[56] Martorano B., and M. Sanfilippo. Innovative features in conditional cash transfer: an impact evaluation of Chile solidario on households and children. New York: UNICEF, 2012.

[57] Norton, A., Conway, T. and Foster, M. Social protection concepts and approaches: implications for policy and practice in international development. Working paper, 2001 (143).

[58] Ortiz, I. Social protection in Asia and the Pacific. Manila: Asian Development Bank, 2001.

[59] Ortiz, I. Social Protection Strategic Framework. New York: UNICEF, 2012.

[60] OECD. Social protection, poverty reduction and pro-poor growth//OECD. Policy guidance notes: social protection. Paris: OECD, 2009.

[61] OECD. Maintaining momentum: OECD perspectives on policy challenges in Chile. Paris: OECD Publishing, 2011.

[62] Ouma, S. The role of social protection in the socioeconomic development of Uganda. Journal of Social Development in Africa, 1995, 10 (2): 5-12.

[63] Osgood, J., V. Stone, and A. Thomas. Delivering a work-focused service: views and experience of clients. DWP Research Report, 2002 (167).

[64] Prowse, M. Towards a clearer understanding of vulnerability in relation to chronic poverty. Working Paper, 2003 (24).

[65] Shepherd, A., Barrientos, A. and Marcus, R. Policy paper on social protection. London: UK Department for International Development (DFID) Overseas Development Institute, 2004.

[66] Samson, M. Social cash transfers and pro-poor growth//OECD. Promoting pro-poor growth: social protection. Paris: OECD, 2009.

[67] Sabates-Wheeler, R. and N. Kabeer. Gender equality and the extension of social protection. Geneva: ILO, 2003.

[68] Sepúlveda M. and C. Nyst. The human rights approach to social protection.

Helsinki: Ministry for Foreign Affairs of Finland, 2012.

[69] Thakur S. G. Gender and social protection. //OECD. Promoting pro-poor growth: social protection. Paris: OECD, 2009.

[70] The European Working Group on Social Protection and Decent Work in Development Cooperation, et al. Addressing chronic poverty: linking social protection, economic growth and EU development cooperation. Brussels: Roundtable on Social Protection on International Anti-Poverty Day, 2007.

[71] United Nations. Enhancing social protection and reducing vulnerability in a globalizing world. Washington D. C.: United Nations Economic and Social Council, 2000.

[72] UNDP. Human development report. New York: UNDP, 1999: 36.

[73] The World Bank. World development report 2000/2001: attacking poverty. Washington D. C.: the World Bank, 2001.

[74] Van Ginneken, Wouter. The extension of social protection: ILO' s aim for the years to come//T. Conway, A. de Haan and A. Norton. Social protection: new directions of donor agencies. London: Department for International Development, 2000: 33-48.

[75] Van Ginneken, Wouter. Social security for the excluded majority: case studies of development countries. Geneva: ILO, 1999: 21.

[76] Voipio T. Social protection for poverty reduction: the OECD/DAC/POVNET view. Institute of Development Studies, 2007.

[77] The World Bank. The contribution of social protection to the millennium development goals. Washington D. C.: The World Bank, 2003.

[78] The World Bank. World development report 1990: poverty. New York: Oxford University Press, 1990: 90.

[79] The World Bank. Social protection sector strategy: from safety net to spring board. washington D. C.: the World Bank, 2000: 20.

[80] Wheeler R. S. and L. Haddad, Reconciling different concepts of risk and vulnerability: a review of donor documents. Sussex: Institute of Development

Studies, 2005.

[81] Walker, A. Social protection and vulnerability, risk and exclusion across the life-cycle//OECD. Promoting pro-poor growth: social protection. Paris: OECD, 2009.

[82] Zastrow, C. and K. Ashman. Understanding human behavior and the social environment. Chicago: Nelson-Hall Publishers, 1997.

二、中文文献

(一) 图书

[1] 安东尼·哈尔，詹姆斯·梅志里．发展型社会政策．北京：社会科学文献出版社，2006.

[2] 安东尼·吉登斯．失控的世界．南昌：江西人民出版社，2001.

[3] 埃斯平·安德森．福利资本主义的三个世界．北京：商务印书馆，2010.

[4] 安东尼·吉登斯．第三条道路：社会民主主义的复兴．郑戈，译．北京：北京大学出版社，2000.

[5] 阿马蒂亚·森．以自由看待发展．任赜，于真，译．北京：中国人民大学出版社，2002.

[6] 阿玛蒂亚·森．贫困与饥荒．上海：商务印书馆，2001.

[7] 北京大学法学院人权研究中心．以权利为基础促进发展．北京：北京大学出版社，2005.

[8] 彼得·泰勒-顾柏．新风险 新福利：欧洲福利国家的转变．北京：中国劳动社会保障出版社，2010.

[9] C. A. 坦基扬．新自由主义全球化：资本主义危机抑或全球美国化?．王新俊，王炜，译．北京：教育科学出版社，2008.

[10] 陈振明．公共管理学：一种不同于传统行政学的研究途径．北京：中国人民大学出版社，2003.

[11] 陈振明．政策科学：公共政策分析导论．北京：中国人民大学出版社.

[12] 德沃金．至上的美德：平等的理论与实践．冯克利，译．南京：江苏人民

出版社，2003.

[13] 丁开杰．社会排斥与体面劳动问题研究．北京：中国社会出版社，2012.

[14] 费孝通．乡土中国 生育制度．北京：北京大学出版社，1998.

[15] 国际劳工组织．2009 年世界劳工报告．北京：中国财政经济出版社，2011.

[16] 国际劳工组织，中国社会保障学会．世界社会保护报告．北京：中国劳动社会保障出版社，2019.

[17] 韩庆祥，亢安毅．马克思开辟的道路——人的全面发展研究．北京：人民出版社，2005.

[18] 哈特利·迪安．社会政策学十讲．上海：上海人民出版社，2009.

[19] 卡尔·波兰尼．大转型：我们时代的经济与政治起源．冯钢，刘阳，译，杭州：浙江人民出版社，2007.

[20] 李惠斌，杨雪冬．社会资本与社会发展．北京：社会科学文献出版社，2000.

[21] 林卡，陈梦雅．社会政策的理论和研究范式．北京：中国劳动社会保障出版社，2008.

[22] 罗素．西方哲学史（下卷）．上海：商务印书馆，1981.

[23] 路易莎·戈斯林，迈克尔·爱德华兹．发展工作手册．北京：社会科学文献出版社，2007.

[24] 绿色和平，乐施会．气候变化与贫困——中国案例研究．乐施会内刊，2009.

[25] 理查德·蒂特马斯．社会政策学十讲．长春：吉林出版集团有限责任公司，2011.

[26] 罗伯特·诺齐克．无政府、国家与乌托邦．何怀宏，等，译．北京：中国社会科学出版社，1991.

[27] 迈克尔·谢若登．资产与穷人．北京：商务印书馆，2005.

[28] 迈克尔·希尔．理解社会政策．刘升华，译．上海：商务印书馆，2005.

[29] 米·简勒．解析社会保障．郑飞北，杨慧，译．上海：格致出版社，2012.

[30] 彭华民．社会福利与需要满足．北京：社会科学文献出版社，2008.

[31] 钱宁．社会正义、公民权利和集体主义——论社会福利的政治与道德基础.

北京：社会科学文献出版社，2007.

[32] 钱宁．现代社会福利思想. 北京：高等教育出版社，2006.

[33] 钱运春．西欧生产方式变迁与社会保护机制重建. 上海：上海社会科学院出版社，2011.

[34] 汝信，等．2012年社会蓝皮书. 北京：社会科学文献出版社，2012.

[35] R. 米什拉．资本主义社会的福利国家. 北京：法律出版社，2003.

[36] 尚晓援．中国社会保护体制改革研究. 北京：中国劳动社会保障出版社，2007.

[37] 萨比娜·阿尔基尔，等．贫困的缺失维度. 北京：科学出版社，2010.

[38] 世界银行．1999/2000年世界发展报告——迈进21世纪. 北京：中国财政经济出版社，2000.

[39] 世界银行．2000/2001年世界发展报告：与贫困作斗争. 北京：中国财政经济出版社，2001.

[40] 世界银行．2004年世界发展报告：让服务惠及穷人. 北京：中国财政经济出版社，2004.

[41] 世界银行．全球化、增长与贫困. 北京：中国财政经济出版社，2003.

[42] 宋惠昌．现代人权论. 北京：人民出版社，1993.

[43] 苏振兴．拉美国家社会转型期的困惑. 北京：中国社会科学出版社，2010.

[44] 田德文．欧盟社会政策与欧洲一体化. 北京：社会科学文献出版社，2005.

[45] T. H. 马歇尔，安东尼·吉登斯，等．公民资格与社会阶级. 南京：江苏人民出版社，2008：84，92.

[46] 托尼·布莱尔．新英国——我对一个年轻国家的展望. 北京：世界知识出版社，1998.

[47] 唐钧．社会治理与社会保护. 北京：北京大学出版社，2018.

[48] 徐月宾．社会政策理论与实践. 北京：中国劳动与社会保障出版社，2007.

[49] 亚洲开发银行．亚洲社会保护：研究结果和政策. 马尼拉：亚洲开发银行，2010.

[50] 杨团，葛道顺．中国社会政策研究十年论文选. 北京：社会科学文献出版社，2009.

[51] 约翰·罗尔斯．正义论．何怀宏，等，译．北京：中国社会科学出版社，1988.

[52] 张来明，葛延风．新时代中国社会保护重点领域改革：进展、问题、政策建议．北京：中国发展出版社，2018.

[53] 张碧琼．经济全球化：风险与控制．北京：中国社会出版社，1999.

[54] 张晓山，等．中印农村社会保护比较：基于村庄调查的实证研究．北京：社会科学出版社，2011.

[55] 张秀兰，等．中国发展型社会政策论纲．北京：中国劳动社会保障出版社，2007.

[56] 赵立人．德国社会保险与福利．成都：四川人民出版社，1991.

[57] 周建明．社会政策：欧洲的启示与对中国的挑战．上海：上海社会科学院出版社，2005.

[58] 朱俊生，等．中国社会保护政策减贫效应研究．北京：首都经济贸易大学出版社，2013.

[59] 朱宇，林李月，等．流动人口的流迁模式、权益问题和社会保护：以福建省为例．北京：中国海洋大学出版社，2013.

[60] 庄巨忠．亚洲的贫困、收入差距与包容性增长．北京：中国财政经济出版社，2012.

[61] 詹姆斯·米奇利．社会发展：社会福利视角下的发展观．上海：格致出版社，2007.

（二）期刊和学位论文

[1] 贝娅特·科勒-科赫．对欧盟治理的批判性评价．金玲，译．欧洲研究，2008（2）：95.

[2] 包先康．我国社会政策碎片化与民生困境．安徽师范大学学报（人文社会科学版），2016（5）：1-8.

[3] 岑子彬．《贝弗里奇报告》的社会保障理念及其启示．重庆科技学院学报，2010（15）：85-86.

[4] 程中培，乐章．美好生活的社会保护水准：社会政策体系中基本生活需要标

准的建构. 求实，2020（3）：21.

[5] 崔红志．印度农村社会保护政策实施效果及其启示——基于奥里萨邦萨森村的考察. 湖南农业大学学报（社会科学版），2013（2）：62-66.

[6] 陈纯仁．论马克思主义需要理论. 湘潭：湘潭大学，2008：9.

[7] 曹淑芹．智利克服贫困的新举措——“智利团结计划”. 拉丁美洲研究，2005（4）：42.

[8] 杜玉华，文军．从福利为本到资产为本：社会政策发展的新趋向. 河北学刊，2010（4）：121.

[9] 丁东红．现代西方人本主义思潮. 中共中央党校学报，2009（4）：18.

[10] 邓大松，张怡．社会保障高质量发展：理论内涵、评价指标、困境分析与路径选择. 华中科技大学学报，2020（7）：32-37.

[11] 丁元竹．欧盟的社会政策、社会保护现状及发展趋势. 经济参考，2001（5）：41-44.

[12] 杜育红．人力资本理论：演变过程与未来发展. 北京大学教育评论，2020（18）：90-100.

[13] 高丽，等．新时代社会主要矛盾、社会保护与社会工作的专业回应. 学习与实践，2019（4）：125-127.

[14] 顾昕．从社会安全网到社会风险管理：社会保护视野中社会救助的创新. 社会科学研究，2015（6）：66-69.

[15] 葛道顺．我国社会工作制度：变迁中的建构. 东岳论丛，2012（10）：24-30.

[16] 关信平．论我国社会救助制度的结构调整与制度优化. 山西大学学报（哲学社会科学版），2020（5）：93-98.

[17] 关信平．重大疫情中困难群众的脆弱性及相关社会保护基本法治框架建设. 社会建设，2020（7）：72-75.

[18] 关信平．当前我国反贫困进程及社会救助制度的发展议题. 陕西师范大学学报（哲学社会科学版），2019（5）：28-36.

[19] 关信平．改革开放 40 年我国社会政策的探索与发展. 人民论坛（学术前沿），2019（22）：70-78.

[20] 黄洪，李剑明．困局、排斥与出路——香港边缘劳工质性研究//黄洪．香港边缘劳工近年的发展．内刊，2001：18.

[21] 胡鑫．精准扶贫中社会保障制度的合理利用．人民论坛，2019（1）：21-24.

[22] 景天魁．底线公平与社会保障的柔性调节．社会学研究，2004（6）：34.

[23] 克莱尔·肖特．消除贫困与社会整合：英国的立场．国际社会科学杂志（中文版），2000（4）：54.

[24] 莱娜·拉维纳斯．21 世纪的福利国家．周艳辉，译．国外理论动态，2014（7）：9.

[25] 李薇．保障与发展的双赢——社会保护政策框架下的城市反贫困战略研究．中共桂林市委党校学报，2008（1）：51-54.

[26] 李旭琴．街头官僚在公共政策执行中的偏差及矫正．北京工业大学学报，2009（3）：50.

[27] 李海金．构建中国的益贫性社会保护政策框架．前言理论，2016（5）.

[28] 林华．从性别视角看拉美国家的社会保护．拉丁美洲研究，2010（4）：31-35.

[29] 林义，林熙．国外农村社会保障制度改革的新探索与启示．国家行政学院，2010（4）：112-114.

[30] 刘娜．断裂型社会排斥：农民工社会福祉融入的制度、区域与阶层困境．山东社会科学，2019（4）：80-84.

[31] 刘琳娜，何瑾．论包容性增长的社会建设维度．河南师范大学学报，2012（5）：43.

[32] 刘璐婵，林闽钢．全球化下社会保护的兴起与政策定位．广西经济管理干部学院学报，2011（2）：1-6.

[33] 刘耀东，施雪花．新公共管理中的有限人本主义．学术论坛，2010（5）：40-44.

[34] 楼清清．贝弗里奇社会保障思想研究．金华：浙江师范大学，2009：38.

[35] 厉以宁，蒋承．人力资本释放与深化改革．北京大学教育评论，2020（18）：2-8.

[36] 陆柯萍．英国执行局化改革对深圳行政三分制改革的启示．江西行政学院学报，2004（6）：12.
[37] 彭华民，黄叶青．福利多元主义：福利提供从国家到多元部门的转型．南开学报，2006（7）：41.
[38] 房连泉．智利的收入分配与社会政策．拉丁美洲研究，2012（4）：25.
[39] 蒲新微．社会福利的时代图景变迁与中国未来走向．社会科学辑刊，2020（3）：119-126.
[40] 闫欣．建立国家社会保护底线．中国社会保障，2014（1）：44-45.
[41] 施世骏．欧盟新治理模式与社会政策发展："开放协调法"兴起的历史脉络与政策意涵．台湾社会福利学刊，2004（11）：3.
[42] 尚晓援．中国社会安全网的现状及政策选择．战略与管理，2001（6）：1.
[43] 史威琳．社会保护政策及其对缓解儿童贫困的作用．新视野，2010（2）：33.
[44] 宋雄伟．英国"公共服务协议"治理方式解析．中国青年政治学院学报，2012（4）：90.
[45] 宋宝安，刘赛特．我国农民工就业权利贫困与赋权反贫困策略研究——基于权利贫困理论．山东社会科学，2017（7）：103-107.
[46] 石智雷，朱明宝．农民工社会保护与市民化研究．农业经济问题，2017（11）：44-46.
[47] 石智雷，施念．城市化进程中的社会保护不平等——农民工、外来市民和本地市民的比较分析．经济社会体制比较，2019（2）：56-68.
[48] 谭英俊．柔性治理：21 世纪政府治道变革的逻辑选择与发展趋向．理论探讨，2014（3）：151.
[49] 唐钧．从社会保障到社会保护：社会政策理念的演进．社会科学，2014（10）：56-62.
[50] 唐钧．社会保护的历史演进．社会科学，2015（8）：46.
[51] 唐钧．社会保护的国际共识和中国经验．国家行政学院学报，2018（6）：64-69.
[52] 唐丽霞，赵丽霞，李小云．有条件现金转移支付缓贫方案的国际经验．贵

州社会科学，2012（8）：88-93.

[53] 王磊．从福利国家到社会投资国：发展型社会政策生成机理及其运行逻辑．东岳论丛，2020（3）：57-65.

[54] 王凯．非正式保险制度研究．成都：西南财经大学，2005：149-150.

[55] 王立．需要与公民资格．理论探讨，2012（6）：49.

[56] 王晓东．从“社会保障对接条例”到“开放性协调治理”．现代经济探讨，2013（12）：84.

[57] 王锦花．福利悖论：中国社会保护中的社会排斥——基于广州市的实证研究．武汉大学学报，2016（3）：44.

[58] 伍叶琴．重庆市下岗职工再就业培训问题探究．成都：西南师范大学学报，2003（2）：102.

[59] 肖萍．需要理论与城市残疾居民社会福利体系的建构．西北农林科技大学学报，2012（6）：131.

[60] 徐月宾，刘凤芹，张秀兰．中国农村反贫困政策的反思：从社会救助向社会保护转变．中国社会科学，2007（3）：40-45.

[61] 谢东梅．低收入群体社会保护的政策含义及其框架．商业时代，2009（21）：55.

[62] 熊跃根．转型经济国家社会保护机制的建构：中国与波兰的比较研究．学海，2008（3）：86-94.

[63] 徐月宾，张秀兰．中国政府在社会福利中的角色．中国社会科学，2005（5）：80-87.

[64] 于宁宁，陈盛伟．气象指数保险在发展中国家的实践与启示．新疆农垦经济，2011（1）：10.

[65] 杨安华．国外农村风险管理研究：一个分析框架．农业经济问题．2007（10）：99-100.

[66] 杨立雄，陈玲玲．欧盟社会救助政策的演变及对我国的启示．湖南师范大学社会科学学报，2005（1）：28.

[67] 殷辂．社会排斥的系统性、结构性及其价值支撑．中州学刊，2018（10）：72-78.

[68] 姚顺良．论马克思关于人的需要的理论. 东南学术，2008（2）：111-113.

[69] 姚云云，刘金良．我国社会福利发展诉求与政策回应. 西安电子科技大学学报，2013（1）：18.

[70] 岳经纶．社会政策学视野下的中国社会保障制度建设. 公共行政评论，2008（4）：72-80.

[71] 岳经纶．农民工的社会保护：劳动政策的视角. 中国人民大学学报，2006（6）：14-18.

[72] 赵力涛．保障流动人口权利须创新社会政策. 探索与争鸣，2014（1）：15.

[73] 翟彪．国外社会保障经验及其对我国的启示. 经济研究导刊，2011（11）：82.

[74] 张青．非正规就业群体社会保护的国际参照——发展中国家的视角. 辽宁大学学报（哲学社会科学版），2009（5）：120-124.

[75] 赵会，陈旭清．新时期贫困问题治理的新视角. 安徽师范大学学报，2017（9）：52-56.

[76] 张樨樨，徐子轶．“准市场”机制的应用研究——基于劳动力就业服务市场视角. 求索，2015（1）：117-119.

[77] 张秀兰，徐月宾．建构中国的发展型家庭政策. 中国社会科学，2003（6）：84-96.

[78] 张秀兰，等．改革开放 30 年：在应急中建立的中国社会保障制度. 北京师范大学学报，2009（2）：121.

[79] 张秀兰，等．社会政策创新与中国的策略选择. 江苏社会科学，2007（4）：43-46.

[80] 张岩 . 20 世纪 90 年代以来西欧社会党社会政策改革研究 ——以英国、德国、瑞典为例. 济南：山东大学，2014：4.

[81] 张旭．协同政府：公共管理改革的新趋势. 中共福建省委党校学报，2018（8）：76-85.

[82] 赵溪，郭春宁．英国残疾人社会福利政策及其启示. 残疾人研究，2014（2）：79.

[83] 赵迅，刘焕桂．弱势群体保护的人本主义诠释. 湖南大学学报，2009（1）：

116.

[84] 赵叶珠，胡世君．欧盟治理的新工具——开放式协调法的特点及应用. 科学与管理，2009（2）：18.

[85] 郑功成．中国社会保障 70 年发展（1949—2019）：回顾与展望. 管理世界，2020（4）：37-44.

[86] 郑功成．中国民生保障制度：实践路径与理论逻辑. 学术界，2019（11）：12-25.

[87] 郑功成．中国社会保障改革与经济发展：回顾与展望. 中国人民大学学报，2018（1）：39-49.

[88] 中国国际扶贫中心．有条件现金转移支付：减少当前和未来贫困. 国际减贫动态，2009（5）：6.

[89] 朱玲．试论社会安全网. 中国人口科学，1999（3）：11-16.

[90] 朱文龙．软法视角下中国与欧盟社会治理比较研究. 北京：对外经济贸易大学，2014：68.

（三）网络文献

[1] 国际劳工组织．体面劳动（2014-12-01）[2019-10-08]. http：//info. cec-ceda. org. cn/glxz/pages/20070810_9469_2. html.

[2] 经济合作与发展组织（OECD）官网.［2020-08-12］. http：//stats. oecd. org/Index. aspx？ DataSetCode＝FTPTC_I#.

[3] 联合国开发计划署．2013 中国人类发展报告.[2014-10-09]. http：//www. undp. org/content/dam/china/docs/Publications/UNDP-CH _2013% 20NHDR _CN. pdf，2014-10-09.

[4] 民政部．民政部关于开展适度普惠型儿童福利制度试点工作的通知. 2014-12-30.

[5] 全国老龄委办公室.［2020-05-20］. http：//www. cncaprc. gov. cn/channels/37. html.

[6] 瑞典官网——工作福利.[2014-06-30]. http：//www. sweden. cn/work/labormarket/employmentbasedbenefits/.

[7] 人民网. 国家卫健委：解决因病致贫因病返贫问题 打赢健康脱贫攻坚战. [2020-09-12]. http://health.people.com.cn/n1/2018/0425/c14739-29949739.html.

[8] 上海民政. 上海市城镇和农村居民最低生活保障情况汇总表. [2020-09-26]. http://www.shmzj.gov.cn/gb/shmzj/node8/node15/node58/node69/node87/index.html.

[9] 世界银行官网. 世界银行2012—2022年社会保护与劳动战略. [2020-01-19]. http://documents.worldbank.org/curated/en/2012/03/18500080/resilience-equity-opportunity-world-banks-social-protection-labor-strategy-2012-2022-consultations-report.

[10] 世界银行. 统计数据. [2019-09-08]. http://data.worldbank.org/indicator/SP.POP.TOTL/countries? display=graph.

[11] 2014全球就业趋势. [2020-09-20]. https://www.sohu.com/a/379364659_424476.

[12] 搜狐网. 中国贫困地区儿童营养及养育状况调查发布. [2020-09-30]. https://www.sohu.com/a/16393103_119827.

[13] 搜狐网. 2019年度《中国留守儿童心灵状况白皮书》在京发布. [2020-09-20]. https://www.sohu.com/a/366154012_351130.

[14] 孙洁. 社会保障制度的理论基础. [2014-11-04]. http://wenku.baidu.com/link? url=4vjjEuAz4AZumLeRwwlnuGfXwR7xPjMPtU2fD9yACKfjDTqd XIyeVj-YByc5ftvE_TqaCO-6l_PBd3IWKwwfwW9CmWNIES4XvBLzs0GQKRm.

[15] 新浪财经. 华盛顿共识、新自由主义与国际货币基金组织. [2019-12-03]. http://finance.sina.com.cn/review/yjfx/20081228/11585693645.shtml.

[16] 新华网. 世界人口老龄化问题与“国际老年人日”. [2020-08-01]. http://news.xinhuanet.com/ziliao/2003-06/30/content_944850.htm.

[17] 中国社保网. “香港社会保障制度简介”. (2014-06-01) [2020-04-29]. http://www.docin.com/p-102186301.html.

[18] 俞可平. 治理与善治引论. [2019-12-04]. http://www.chinareform.net/2010/0116/9805.html.

[19] 中国评论新闻网—国际时事．日本贫困率偏高六人中一贫民.（2009-10-22）[2019-12-21]. http：//www. chinareviewnews. com.

[20] 中国广播网．美国全国离婚率接近 50% 单亲妈妈已成普遍现象. [2020-10-01]. http：//china. cnr. cn/qqhygbw/201205/t20120514_509611536_1. shtml.

[21] 中国经济网．国家统计局：2019 年中国城镇化率突破 60% 户籍城镇化率 44. 38%. [2020-05-16]. http：//www. ce. cn/xwzx/gnsz/gdxw/202002/28/t20200228_34360903. shtml.

[22] 中国妇女报．女性就业现状及行业与职业分布性别差异. [2020-09-01]. http：//job. chsi. com. cn/jyzd/zcht/201303/20130308/396069750. html.

[23] 中国网．扶贫办：自然灾害依然是西部致贫反贫的主因. [2020-02-19]. http：//www. china. com. cn/economic/txt/2009-11/27/content_18968831. htm.

后　　记

本书是在我的博士毕业论文基础上修改而成的。2015 年 9 月我博士毕业后便忙于工作、结婚、生子，到准备出版书稿时，一晃 6 年时间已经过去。在修改书稿的过程中，记忆总会不自觉地拉回到读博时的那段时光。回想起当初撰写毕业论文的日子，感慨良多。

特别要感谢我的博士学位论文指导老师陈振明教授。从论文的选题到最后定稿，陈老师给予了我很多指导。我毕业论文的选题是导师陈振明教授拟定的。当时恰逢陈老师从欧洲高校考察归来，他发现在国外使用更多的是社会保护而非社会保障一词，而当时社会保护在国内还鲜少有人研究，更缺乏关于社会保护理论的系统性论述。因此，陈老师建议我来做相关方面的研究。由于缺乏中文参考文献，论文的写作主要靠查阅外文文献。这使得整个写作过程较为艰辛。在写作过程中，陈老师给了我很大的帮助。

虽然陈老师身兼数职，工作异常繁忙，但他依然秉持对学生高度负责的态度，在百忙中抽出时间对我的论文进行认真指导与严格把关。从完成初稿递交给老师到最后定稿，论文经过了数次的修改。每次都是导师点拨一次，自己稍有顿悟，继续修改，再批评点拨，再继续修改。就这样，一路磕磕绊绊，经历 N 次的被否定—修改—再否定—再修改后，终于定稿。再次感谢陈老师，没有导师的悉心指导，便没有我论文的顺利完成，也没有今日书稿的出版。同时，还要感谢陈老师将我引入社会保护的研究领域。正是博士期间对社会保护的研究，为我工作后研究方向的明晰奠定了基础。工作后我对贫困问题、后贫困时代社区治理问题等领域的研究都与与博士论文写作期间的积累密不可分。

在此，我还要感谢山西财经大学公共管理学院、山西省哲学社会科学规划办、山西省教育厅以及山西省社会科学院对书稿的出版给予经费资助。感谢武汉大学出版社工作人员对书稿的认真校对。没有他们的帮助，便没有此书的顺利问世。

最后，我还想写给自己。工作 6 年，角色从学生转变为老师，深深体会到当老师的不易。作为一名师者，要为学生传道授业解惑；作为一名研究学者，需要始终保持学习的心态不断提升自己的科研能力。此书的出版，既是为自己的学生生涯画上了一个圆满的终止符，同时也意味着一段新的探索研究之旅的开启。从教之路漫漫，吾将上下而求索。

赵　会

2021 年 7 月 15 日

于太原龙海方舟家园